포르노
판타지

포르노 판타지

포르노라는 신화 뒤에
숨어 있는 진실을 파헤치다

매트 프래드 지음
임가영 옮김

시그마북스
Sigma Books

포르노 판타지

발행일 2018년 10월 10일 1쇄 발행

지은이 매트 프래드

옮긴이 임가영

발행인 강학경

발행처 시그마북스

등록번호 제10 - 965호

주소 서울특별시 영등포구 양평로 22길 21 선유도코오롱디지털타워 A404호

전자우편 sigmabooks@spress.co.kr

홈페이지 http://www.sigmabooks.co.kr

전화 (02) 2062 - 5288~9

팩시밀리 (02) 323 - 4197

ISBN 979 - 11 - 89199 - 42 - 5 (03330)

THE PORN MYTH: Exposing the Reality Behind the Fantasy of Pornography

이 도서의 국립중앙도서관 출판예정도서목록(CIP)은 서지정보유통지원시스템 홈페이지(http://seoji.nl.go.kr)와 국가자료공동목록시스템(http://www.nl.go.kr/kolisnet)에서 이용하실 수 있습니다.

(CIP제어번호: CIP2018029457)

* 시그마북스는 (주)시그마프레스의 자매회사로 일반 단행본 전문 출판사입니다.

마리아,

나는 오로지 당신의 것입니다.

추천의 글

내가 열 살 때 일이었다. 어느 날 친구와 함께 자전거를 타고 동네를 돌며 말썽거리를 찾아 헤매다가, 곧 동네 주유소 뒷골목에 자리를 잡았다. 그곳은 동네 꼬마들의 오후 아지트로 인기가 높았는데, 구석져 뭘 하든 들킬 염려가 없었던 데다가 주유소와 가까워 사탕과 탄산음료를 구하기도 쉬웠기 때문이다. 그날따라 그곳엔 다른 아이들도 없었다. 그리고 얼마 뒤 벌어진 일은 내 기억 속에 영원히 각인되었다. 20년도 넘게 지난 일이지만 지금도 그때 봤던 이미지들을 생생하게 떠올릴 수 있을 정도니 말이다.

함께 있던 친구가 자전거에서 뛰어내리더니, 마치 자석이 끌어당기듯 쌓여 있던 잡지 더미에 이끌려 다가갔다. 벌거벗은 여성들의 사진이 수도 없이 실린 잡지였다. 그때 나는 그 잡지가 내게 어떤 영향을 미치고 있었는지 제대로 이해하지 못했다. 그저 두렵기도, 흥분되기도, 약간 혼란스럽기도 했던 것 같다.

그 후 몇 년 동안 나는 그때 보았던 것과 비슷한 것들을 더 많이, 더 자주 탐닉했고, 더 강력한 자극을 갈구하기 시작했다. 포르노에 잠식당하기 시작한 것이다. 이후 내가 포르노의 영향력에서 벗어나

다시 스스로를 통제할 수 있게 되기까지는 꽤 오랜 시간이 걸렸다.

열 살 때 내가 맞닥뜨린 자극은 오늘날 어린이들이 노출된 환경과는 비교할 수도 없다. 우리는 지금 역사상 그 어느 때보다 포르노를 구하기 쉬운 시대에 살고 있다. 게다가 오늘날의 포르노는 주유소 뒷골목에서 보던 잡지의 수준을 크게 넘어섰다. 이는 현대 사회의 문제 중에서도 가장 우려스러운 문제로 떠올랐으며, 그에 따라 포르노의 유해성을 증명하려는 연구도 시작되었다. 그 결과 이제 우리는 포르노가 성매매, 아동 성착취, 성범죄를 유발하는 데 한몫을 한다는 사실과 더불어, 청소년기 두뇌 발달에까지 영향을 미치며, 우리 사회 전반의 성에 관한 인식을 형성한다는 사실도 알게 되었다. 많은 젊은 남성들이 유례없는 수준의 성기능 장애를 겪고 있는데, 전문가들은 그 원인으로 빈번한 포르노 소비를 꼽고 있다.

그럼에도 여전히 많은 사람들은 포르노가 건전할뿐더러 정상적인 문화라는 생각을 고수하고 있다. 이러한 인식, 그리고 (이 책을 통해 틀렸음이 입증된) 포르노에 관한 다른 많은 잘못된 인식들을 모두 당연하게 받아들이고 있는 것이다. 그 결과 사람들은 섹스, 친밀감, 사랑과 같은 주제에 대한 왜곡된 생각과 언어에 익숙해진 반면, 이성과 의미 있고 충만한 관계를 형성하는 능력은 점점 상실해가고 있다. 정말 완곡하게 표현해서 그렇단 얘기다.

조금 더 강하게 표현하자면, 포르노는 수도 없이 많은 관계들을 상처 입히고 깨뜨렸다. 게다가 많은 가정을 파괴하고 삶을 피폐하게 만든 주범이기도 하다.

포르노는 이십대 초반이었던 내 사촌을 감옥에 가게 하는 데에도 일조했다. 중증 포르노 중독이었던 그에게 픽셀로 이루어진 화면 속 상대는 더 이상 그의 성적 욕망을 충족해줄 수 없었던 것이다.

대학에 다니던 시절, 포르노의 영향력에 관심을 가지고 주시하던 나와 동료들은 마침내 연구를 시작하기에 이르렀고, 연구 끝에 우리가 발견한 사실에 놀라움을 금치 못했다. 일생 동안 우리가 포르노를 무해한 취미생활로 여기도록 조종당했다는 사실에 화가 날 지경이었다.

연구를 통해 새롭게 발견한 지식은 우리의 삶을 송두리째 바꾸어놓았고, 우리는 포르노의 진실을 세상에 알릴 책무를 절감했다. 우리는 파이트더뉴드러그Fight the New Drug, FTND라는 기관을 설립해 청소년들을 대상으로 포르노의 유해성에 대해 교육하고 그들이 진정한 사랑을 좇을 수 있도록 돕는 일에 매진했다.

그 후로 우리는 전 세계 사람들의 가슴 아픈 사연이 담긴 수천, 수만 통의 이메일을 받았는데, 그들의 이야기에는 포르노가 얼마나 해로울 수 있는지 잘 보여주는 사례들이 실려 있었다. 그중 한 가지를 여기 소개한다.

저는 지난 10년 동안 거의 매일 포르노를 봤습니다. 지금은 스물세 살이고요. 스물한 살에 결혼을 했는데 지금까지 아내와 잠자리를 가진 적이 없습니다. 하고 싶지 않아서가 아니라 할 수 없기 때문입니다. 도저히 포르노를 끊을 수가 없습니다. 결혼한 지 벌써 2년이 지났는데 아내와 성관계를 가지려고 하면 발기가 되질 않죠. 잠자리를 가지려고 시도할 때마다 아내 눈에 고통이 스치는 걸 보는 게 괴롭습니다. 지난 10년을 되돌릴 수만 있다면 뭐든 하고 싶어요. 포르노 대신 사랑을 선택할 수 있다면 뭐든 하겠습니다. 내가 가진 모든 걸 다 바쳐 아내를 사랑하고 싶어요. 하지만 포르노 중독 때문에 모든 게 망가졌죠. 결국 내가 바뀔 때까지 별거하거나 이혼을 하기로 합의하는 지경에 이르렀습니다. 지난 수년 동안 나는 포르노 외에는 흥분을 느낄 수가 없었습니다. 다시 되돌릴 수만 있다면, 사랑을 선택할 수만 있다면 무슨 짓이든 하겠습니다.

다음은 고등학교에 다니는 십대에게 받은 메시지다.

저는 포르노 중독자입니다. 하루도 빠짐없이 포르노를 봅니다. 섹스 채팅에 쓴 돈만 100달러도 넘을 거예요. 내 생활을 스스로 통제할 수 없다는 무력감마저 듭니다. 아무리 절제하려 노력하고, 스스로 '통제하고' 있다고 생각하려고 해도 마음 한편으로는 계속 포르노를 갈망하고 있습니다. 게다가 점점 더 수위가 높은 걸 찾고 있죠. 이건 살아도 사는 게 아니라는 사실을 깨달았습니다. 이제 정말 변하고 싶어요. 아니, 변해야만 합니다.

오늘날 자라나는 세대가 직면한 포르노 문제는 이전 세대들의 문제와는 차원이 다르다. 포르노는 대중이 인식하는 것보다 훨씬 더 빨리 확산되고 있으며, 그 접근성 또한 대단히 높아졌다. 그럼에도 그

동안 포르노가 야기하는 문제가 공중 보건 또는 공공 정책에 관한 논의에서 중요하게 다뤄진 적이 없었던 이유는 우리가 윤리적 또는 종교적 해결책에만 의존해왔기 때문이다. 하지만 이제 더는 이 문제를 좌시해서는 안 된다.

포르노가 인간의 두뇌, 사람 사이의 관계, 사회에 어떤 악영향을 끼치는지 연구 결과가 발표되자 이 문제를 해결하려는 열정을 가진 개인들이 포르노에 관한 문화적 통념을 바꾸려는 시도를 주도하게 되었다. 이들은 사람들이 텅 빈 껍데기 같은 포르노를 멀리하고, 대신에 진정한 사랑을 추구할 수 있도록 돕고 있다.

이제 우리는 새로운 종류의 사랑을 받아들일 준비가 되어 있다. 친밀함에 대한 비뚤어진 관념 또는 이기적인 욕망에 때 묻지 않은 사랑, 뒤틀린 욕심과 불건전한 충동에 이끌리지 않는 사랑이 바로 그것이다. 이미 수백만 명의 사람들이 포르노의 진짜 얼굴을 알아보고 더 이상 포르노의 영향력에 지배당하지 않겠다는 선언을 하고 나섰다. 그리고 이 책 역시 그 움직임의 일부라고 할 수 있겠다.

이 책은 당신이 포르노에 관한 왜곡된 환상과 현실을 구분할 수 있게, 더 나아가서는 진정한 사랑을 되찾을 수 있게 도와줄 것이다. 저자 매트 프래드는 포르노 중독과 성기능 장애 확산에 일조한 거짓 믿음들을 능수능란하게 반박하며, 우리가 그 거짓 믿음에 맞서 싸울 수 있도록 영감을 제공한다.

다만 이쯤에서 냉정하게 생각해볼 문제가 하나 있다. 이러한 정보를 알게 된 것 자체로 큰 진전을 이룬 것이라고 생각하는 이들도 있을 것이다. 하지만 이는 문화적 규범을 바꾸기 위한 길고 지난한 과정에서 겨우 첫 한 걸음일 뿐이다. 여전히 할 일은 산더미같이 남아있다. 하지만 그래도 괜찮다. 우린 할 수 있으니까. 포르노가 무해한 취미이자 그저 삶의 방식 중 하나일 뿐이라는 인식이 널리 수용되기까지 여러 해가 걸렸다. 그러니 그렇게 자리 잡은 대중의 인식을 되돌리는 데에도 그만한 시간과 노력이 필요한 것은 당연한 일이다. 독자 역시 우리와 함께할 각오가 되었는지 묻고 싶다.

그렇다면 이 책을 읽어주길, 이 책에서 제시하는 방법들을 실생활에서 활용하고 그 과정에서 얻은 교훈을 다른 사람들과 공유하길 바란다.

클레이 올슨
파이트더뉴드러그의 CEO 겸 공동 설립자

들어가는 글

이 책은 포르노는 좋은 것이라는 환상을 포함해 대다수가 믿고 있는 포르노의 거짓들을 다루고 있다. 하지만 본론으로 들어가기에 앞서, 잠시 나방에 대한 이야기를 해볼까 한다.

1869년에 곤충학자 레오폴드 트로벨롯은 미국의 실크 산업 성장에 박차를 가하고 싶다는 욕심에 유럽의 집시나방을 보스턴에 들여오는 큰 실수를 저지르고 말았다. 먹성 좋은 집시나방 떼가 보스턴의 숲을 파괴하기까지는 십 년이 채 걸리지 않았다. 여러 차례 집시나방을 박멸하려는 시도가 있었지만 그때마다 번번이 실패로 돌아갔고, 그 후 수백 년 동안 집시나방은 통제 불가능한 해충의 대명사로 자리 잡았다. 그러다가 1960년대와 1970년대에 과학자들이 새로운 방법을 창안했다. 생물학자들은 수컷 집시나방이 암컷 집시나방의 냄새, 즉 페로몬에 이끌린다는 사실을 알아냈다. 그 후 과학자들은 암컷 집시나방의 페로몬을 모방한 인조 합성물을 대량으로 개발했고, 그렇게 만든 페로몬을 묻힌 작은 짚단들을 집시나방에게 잠식당한 숲 상공에 흩뿌렸다.

이 전략이 수컷 집시나방에 미친 영향력은 실로 어마어마했다. 고

농축 페로몬에 압도된 나머지 암컷이 있는 방향을 감지하지 못하거나, 아예 암컷이 발산하는 저농도의 천연 페로몬을 인지하지 못할 정도로 감각이 둔감해지고 만 것이다. 둘 중 어떤 이유에서든 집시나방은 재생산에 실패했고, 나방의 개체 수는 급격히 줄어들었다.

이때 사용한 인조 페로몬은 현대 사회의 포르노와 유사한 측면이 있다. 인위적인 고농축 페로몬이라는 측면과, 지나치게 노출되었을 때 현실을 혼동하거나 실제 성행위에는 무관심해진다는 측면에서 특히 그렇다. 이 책은 포르노의 유해성에 대해 고발하는 전 세계인들의 이야기는 물론, 포르노에 도덕적 거리낌을 느끼지 못하는 이들의 이야기도 담고 있다. 또한 신경과학 분야에서의 발견과 심리학자들의 임상 실험 결과, 전문 카운셀러들의 상담 결과 등을 통해 포르노가 우리의 정신 건강과 문화에 미치는 영향에 대해 얼마나 많은 분야에서 우려를 표하고 있는지도 보여준다. 신경외과 의사 도널드 힐튼은 이렇게 말했다. "포르노그래피는 시각적 페로몬이자 연간 무려 천억 달러에 달하는 수익을 거두는, 인간의 성적 취향을 변화시키는 마약이다."[1]

2011년 테드토크TED talk(미국의 비영리 재단에서 운영하는 강연회-옮긴이 주)에 출연한 심리학자 필립 짐바르도는 성관계를 두려워하는 남성과, 여성과 직접 의사소통하는 것을 어색해하거나 아예 그 방법을 모르는 남성들이 점점 늘고 있다는 연구 결과를 소개하며, 그 이유로 불균형적인 인터넷 사용, 특히 포르노를 새로 접하는 사람들의 폭증을 꼽았다. 그는 "소년들의 뇌가 전혀 새로운 방식으로, 그러니까 디

지털 세상에 맞추어 재설계되면서 그들은 변화와 새로움, 흥분에 탐닉하게 되었다"고 설명했다.[2]

앞의 인용 문구들이 지나친 과장처럼 느껴지는 사람도 있을 수 있겠다. 포르노가 뇌에 작용하는 마약이라니. 디지털 세상에 맞추어 뇌가 재설계된다고? 포르노에 지저분한 측면이 있다는 사실은 인정한다. 물론 포르노에 지나치게 빠져드는 사람도 있을 테고, 포르노를 활용하거나 직접 만드는 불쾌한 사람들도 당연히 존재할 것이다. 그렇다고 해도 이렇게까지 난리를 피울 일인가? 포르노는 그냥 합의한 성인들이 관람에 동의한 성인들 앞에서 하는 섹스일 뿐인데. 아닌가?

포르노란 무엇인가

포르노를 정의한다는 건 참으로 어려운 일이다. 여러 이유가 있는데 그중 한 가지는, 포르노에 대한 다양한 정의가 관련 법안의 입법 과정에 영향을 미치기 때문이다. 지나치게 광의에서 포르노를 정의하면 적법한 예술의 형태까지 처벌 대상의 범주에 포함될 수 있다. 반면 지나치게 협의에서 포르노를 정의하면 포르노 지형의 다양성을 간과하고 법망에서 놓치는 수가 있다. 이제는 유명해진, "그게 포르노인지 아닌지는 내 눈으로 확인해야만 알 수 있겠다"는 포터 스튜어트 대법원 판사의 말은 유머감각을 잘 살린 설명이긴 하지만, 그 말이 포르노에 대한 구체적인 정의라고 보기는 어렵다.

지금이야말로 포르노의 역사에 대한 설명이 필요한 시점인 것 같다. 영어에 '포르노그래피^{pornography}'라는 단어가 처음 등장한 건 19세기 중반이었다. 당시 이 단어의 정의는 '매춘부가 쓴, 혹은 매춘부에 대한 글 또는 판화'였고, 따라서 포르노는 어떻게 보면 매춘의 연장선상에 있는 개념이었다. 당시 포르노의 제작 의도는 소비자들이 매춘부 대용으로 포르노를 활용하도록 하는 것이었다. 즉, 성적 흥분을 불러일으키는 용도로 만들어진 상품이었다는 뜻이다.

포르노는 사람의 성기와 실제 성행위, 혹은 유사 성행위를 적나라하게 묘사한 시각적 자료를 담고 있었고, 포르노의 목적은 심미적 자극이 아니라 성적 자극을 유발하는 것이었다. 조금 더 간단하게 설명하자면, 포르노는 성적 흥분을 유발하기 위한 목적으로 성행위를 묘사한 자료였던 것이다.

거대한 포르노 시장

이 책은 여러 가지 측면에서, 원래 나왔어야 했던 시기보다 약 20년가량 뒤처진 게 사실이다. 물론 광범위한 문화적 변혁이야 언제든 일어날 수 있겠지만, 현재의 추세를 따져봤을 때 포르노의 입지는 앞으로도 굳건할 것으로 보인다. 당신이 지금 다른 행성의 어느 바위 밑에 거주하고 있는 게 아니라면, 포르노의 사용이 얼마나 만연한지는 이미 알고 있을 것이라고 생각한다. 그리고 포르노가 만연한 만큼 포르노 시장도 거대해졌다. 요컨대 수일 내에 사라질 수 있는 시장이 아니라는 뜻이다.

포르노가 창출한 수익을 측정하는 건 어려운 일이다. 프리 스피치 코얼리션Free Speech Coalition(포르노 산업 종사자들의 모임)에 따르면, 주류 뉴스 매체가 포르노 업계의 총 수익을 측정하려고 시도해봤지만 그들 역시 정확한 수치를 얻을 수는 없었다고 한다.[3] 그럼에도 포르노 시장이 막대한 부를 축적하고 있다는 건 모두가 아는 사실이다. 포르노 산업은 미국에서만 연간 130억 달러를 창출한다.[4] 제품이나 서비스에 성적인 요소를 더했을 때 매출이 올라간다는 뜻이 담긴 '성은 잘 팔린다'는 오랜 격언이, 섹스가 그 자체로 당신의 주력 상품이 되는 순간 글자 그대로의 의미를 갖게 된 것이다.

포르노가 엔터테인먼트 업계에서 따돌림당하던 시절은 지났다. 이제 포르노는 모두가 흔히 즐기는 유흥거리로 자리 잡았다. 신경과학자 오기 오가스와 사이 가담은 전 세계적으로 트래픽이 가장 많이 발생한 100만 개의 웹사이트를 꼼꼼히 조사했는데 그중 42,337개의 웹사이트가 섹스와 관련이 있다는 사실을 발견했다. 연구원들은 또한 가장 자주 검색된 단어 4억 개를 분석했고, 그 결과 약 여덟 번 중 한 번 꼴로 성적인 내용을 담은 콘텐츠가 검색되었다는 사실이 드러났다.[5] 밀레니얼 세대(18-30세) 남성의 63퍼센트, 그리고 여성의 23퍼센트가 일주일에 적어도 몇 차례 포르노를 본다고 응답했는데, 이 연구 결과에는 그보다 적은 빈도로 포르노를 보는 사람들의 응답 결과는 포함되지도 않았다.[6]

인터넷 안전 운동가 도나 라이스 휴즈는 이렇게 일갈했다. "온라인 포르노는 이커머스 상품 중 처음으로 일관적인 성장세를 이어간 상품이다."[7] 포르노 시장 성장의 핵심적인 요인은 인터넷 기술의 성장이었다. 월드와이드웹의 익명성 덕분에 남들 모르게 포르노를 접하기가 더 쉬워진 것이다. 포르노 소비자들이 시장의 큰 부분을 차지하고 있기 때문에 자연스레 파일 공유, 동영상 스트리밍, 모바일 동영상 등에 관련된 미디어 기술 발전 역시 가속화되었다. 「인포메이션 소사이어티」지의 기고가 블레이즈 그로닌과 엘리자베스 대번포트는 포르노 업계가 높은 품질의 웹사이트를 구축하는 데 있어 '선두를 달리고 있다'는 사실은 정보 기술 전문가들 사이에서는 이미 잘 알려져 있다고 말했다.[8]

포르노 산업의 큰손은 막대한 부를 거머쥔 거물들이다. 「플레이보이」나 「허슬러」 같은 잘 알려진 잡지사 외에도 타임 워너, 힐튼, 루퍼트 머독 역시 업계에 발을 담고 있다. 포르노는 이제 더 이상, 감옥에 갈지도 모르는 위험을 무릅쓰고 기꺼이 성적 자유를 좇던, 몇몇 사업 수완을 가진 문화 개척자들이 이끄는 산업이 아니다. XBIZ의 수석 에디터 스티븐 야기엘로윅스는 이렇게 말했다.

포르노의 기업화는 현재 진행형 혹은 미래형이 아니라 이미 일어난 일이다. 지금까지 그 사실을 눈치 채지 못했다면 이 업계에 당신에게 허락된 자리는 더 이상 없다. 마치 라스베이거스의 역사가 또 한 번 되풀이되는 셈이다. 라스베이거스에 터를 잡은 독립 경영자들과 변절한 갱

단, 앞선 생각을 가진 기업가들은, 그들보다 너 나은 수원을 가진 거대 기업들에 밀려났다. 이 거대 기업들이 전혀 새로운 차원의 성공을 거머쥐는 데에 필요한 새로운 규율을 제시함으로써 선구자들의 몰락을 초래한 것이다.[9]

포르노 산업이 거대 시장을 기반으로 두었다고 해서 시장의 성장 과정 자체에 부침이 없었던 것은 아니다. 2007년에 「블룸버그 비즈니스위크」지는 전 세계 포르노 시장의 수익이 200억 달러에 달한다고 추정하며, 그중 절반가량이 미국에서 창출되는 수익이라고 밝혔다. 그러나 그로부터 겨우 5년 뒤, 시장의 수익률은 기존 수준의 절반으로 떨어졌다. 인터넷 덕분에 무료 포르노를 접하기가 쉬워졌기 때문이다.[10]

포르노 제공업자 알렉 헬마이는 "무료 포르노가 소비자 심리를 바꾸어놓았다"고 말했다. 무료로도 포르노를 구할 수 있기 때문에 돈을 주고 포르노 콘텐츠를 구입하는 걸 꺼리게 된 것이다.[11] 다시 말하면, 포르노 산업의 수익률 감소는 포르노의 인기 하락 때문이 아니라 무료 포르노가 흔해졌기 때문에 나타난 현상일 뿐이었다.

온라인상에 유포된 무료 포르노 때문에 포르노 제작 기업들은 창의력을 발휘해야 했다. 여느 훌륭한 마케터들과 마찬가지로 '성인' 비즈니스 역시 소비자 행동심리학을 연구하는 데 지대한 관심을 쏟고 있다. 「어덜트 비디오 뉴스」지의 기고가 잭 모리슨은 포르노 기업들이 자신의 웹사이트에 더 많은 고객을 유치하기 위해 다름 아닌 사이버 섹스 중독환자들을 치료한 임상의들에게 조언을 구하고 있다고 밝혔다. 그리고 그 충고에 귀를 기울인 기업들은 막대한 수익 창출로 이어질 잠재력을 손에 넣게 되었다.[12]

포르노는 더 이상 블랙마켓이 아니다. 2천만 달러 규모의 인터넷 포르노 기업 '플라잉 크로커다일'의 CEO 앤드루 에드몬드는 이렇게 말했다. "섹스는 포르노 산업 밖에 있는 많은 사람들의 비즈니스 모델에도 영향을 미쳤습니다. 포르노 시장도 여타 다른 시장들과 마찬가지로 다층적인 구조를 이룬 정교한 시장이죠. 우리도 다른 포춘 500대 기업들과 똑같이 사업을 운영하고 있습니다."[13] 포르노 기업들은 그들만의 투자 기업을 보유하고 있고, 다른 기업들과 공동 마케팅을 기획하기도 하며, 트레이드 쇼를 준비하고, M&A에 나서기도 한다. 그들도 관리자, 경비 인력, 비서진들을 고용하고, 다른 주류 비즈니스 업계와 마찬가지로 자본을 축적한다.

거대 포르노 시장은 막대한 수익을 창출하며, 그들만의 대의를 따른다. 그리고 그건 바로 성적 쾌락을 향한 우리의 강렬한 욕망을 채워주는 것이다.

이 책의 의도가 아닌 것

혹시나 오해할까 봐 밝히자면, 이 책의 목적은 절대 우리의 성적 욕망과 그로 말미암은 기쁨을 앗아가려는 것이 아니다. 다만, 수도꼭지에서 물을 따르듯 섹스를 수문하거나, 상품화하지 않을 때 섹스가 주는 즐거움이 훨씬 더 커질 수 있다는 것이다. 당신이 포르노에 열광하는 소비자인 데다가 포르노가 좋은지 나쁜지, 옳은지 그른지에 대해 단 일 분도 생각해본 적이 없는 사람이라 해도, 내 목적은 당신을 규탄하는 것이 아니다. 물론 포르노에 대한 당신의 태도가 잘못되었다고 주저 없이 단언할 수 있지만 그럼에도 당신의 성적 만족을 향한 욕망 그 자체는 매우 좋은 무언가에 뿌리를 두고 있다고 말하겠다. 나는 우리 모두가 만족스러운 삶을 영유할 수 있기를 바란다. 또한 우리는 사회 구성원으로서 우리의 성적 욕망을 마땅히 존중해야 한다. 그런데 포르노는 그와 정반대의 것을 제시한다.

이 책은 포르노의 악마성에 관한 종교적 논문도 아니다. 모든 사람들은 궁극적 실재에 대해 고유한 의견을 가지고 있고, 나 역시도 예외는 아니다. 독자들 모두가 그렇듯 내게도 이상적인 인류 번영에 관한 나만의 의견이 있으며, 이 책 역시 전통적인 종교 기도서나 종교 권위자의 의견에 의존하지 않을 것임을 밝힌다.

이 책은 검열을 목적으로 한 책도 아닐뿐더러, 포르노의 합법성에 대해 반박하고 나설 생각은 없다. 우리는 세계 경제 시대에 살고 있으며 포르노는 지구상의 모든 국가에서 소비되고 있다. 국내법, 사법제도, 규제 기관들은 급속도로 발전하는 기술의 속도를 따라가지 못하고 있으며, 나에게 그 트렌드를 바꿀 만한 뾰족한 수가 있는 것도 아니다. 게다가 대단히 광범위하고 복잡한, 법이라는 주제를 다룰 만한 시간과 지면도 확보할 수 없었다.

한 가지 더 밝히자면 나는 포르노 검열에 사용된 방법 중 일부가, 일반 시민들을 불필요하게 범법자로 둔갑시켰던 1920년대 미국의 금주법과 닮았다고 생각한다. 나는 이 책을 통해서 그와 같은 일을 벌일 생각은 전혀 없다. 물론 법은 중요하다. 하지만 이 책에서 내 목표는 포르노와 관련하여 만연한 그릇된 인식에 도전하는 것이다. 요컨대 내가 이 책을 통해 주장하려는 것은 (물론 논쟁할 만한 가치가 있기는 하지만) 포르노를 언론의 자유의 범주에 두고 보호해서는 안 된다는 것이 아니라, 포르노가 과연 격렬한 비판을 받아 마땅한 표현의 형태인지를 따져보자는 것이다.

이 책이 의도하는 것

이 책의 목표는, 포르노는 좋은 것, 아니면 적어도 나쁜 것은 아니라는 통념이 거짓임을 까발리는 것이다. 그리고 그 과정에서 공공연하게 언급되는, 또는 암묵적으로 받아들여지는 포르노에 대한 가장 흔한 믿음들을 조목조목 반박해나갈 것이다.

이 책은 포르노 산업 자체에 대해서, 포르노가 인간에게 미치는 생리적인 영향에 대해서, 그리고 우리의 관계에 미치는 영향에 대해서 광범위하게 다룬다. 그러나 섣부른 판단은 금물이다. 언뜻 보면, 이 책의 요지를 "포르노를 잘못 쓰면 해로울 수 있다"는 것으로 오해할 수 있다. 포르노를 남용했을 때는 그에 따른 부정적인 결과들이 있을 수 있고, 좋은 목적으로도 나쁜 목적으로도 쓰일 수 있는 총기와 마찬가지로 포르노가 도덕적으로는 중립적인 성격을 띤다고 말이다. 이것은 이 책의 요지가 아니다.

포르노에 관한 낭설이 존재하는 이유는, 그 거짓말들이 포르노가 더 널리 수용되는 데에 도움을 주기 때문이다. 전통적인 가치를 고수하려는 사람들의 경우, 이 거짓말을 믿음으로써 패배주의에 잠식당하기도 한다. 그들은 이렇게 말한다. "포르노의 시대가 도래했다. 포르노의 손아귀에서 벗어날 방법은 없다." 보다 개방적인 가치를 선호하는 사람들은 이 거짓말을 포르노 사용을 정당화하는 데 활용한다. 덕분에 이들은 자신들의 양심을 속이고 포르노의 본질을 못본 척할 수 있게 된다.

이 책은 한 가지 근본적인 추정을 기반으로 한다. 무언가를 발전하게 하려면, 그것의 본질을 잘 살릴 줄 알아야 한다는 것이다. 어두운 옷장 속에 토마토를 심어놓고 탄산음료를 양분으로 주면서 토마토가 잘 자라기를 기대해서는 안 되는 것과 마찬가지다. 그건 토마토의 본질을 거스르는 행동이다. 마찬가지로, 관계가 있어야만 존재할 수 있는 섹스를 관계에서 떼어내 상품화한 뒤 개인, 가족, 사회가 번영하길 바라는 것은 어불성설이다. 인간으로서의 본질에 핵심이 되는 우리의 '성적 취향'을 산업화하여 사람이 상품으로 전락한 문명을 탄생시킨다면, 과연 그러한 문명에서 인간이 행복을 누렸다고 기록될 수 있겠는가.

하지만 그게 바로 현재 우리의 모습이다. 우리는 인간의 몸이 현실에서, 그리고 가상 세계에서 사고 팔리는, 성이 상품화된 시대에 살고 있다. 프라스티튜션 리서치 앤 애듀케이션Prostitution Research and Education(1995년에 설립된 비영리 기관으로 매매춘, 포르노그래피, 인신매매 등을 주제로 연구하고 다른 연구자, 피해 생존자, 대중, 정책 입안가들에게 교육과 컨설팅을 제공한다-옮긴이주)의 장을 맡고 있는 멜리사 팔리는 성매수 남성들에 대한 연구 도중 성매수를 하지 않는 남성들을 구하기가 어려워 연구팀이 곤란을 겪었다고 말했다. 대단히 많은 남성들이 포르노, 폰 섹스, 랩 댄스 및 기타 성과 관련한 서비스들을 사용하고 있어서, 팔리의 팀은 연구에 참여할 통제그룹 100명을 채우기 위해 성상품 비매수자에 대한 정의를 다시 느슨하게 내려야 했다.[14]

섹스의 목적

포르노의 진짜 문제는 지나치게 많은 것을 보여주는 데 있는 게 아니라 지나치게 적게 보여준다는 데 있다고들 한다. 그리고 나 역시도 그 말에 동의한다. 그렇다면 무엇을 지나치게 적게 보여준다는 얘기일까? 포르노는 인간의 '인간다움'을 거의 숨기다시피 한다. 포르노는 섹스를 일차원적으로 취급한다. 인간과 인간의 성기를 동일시함으로써 인간의 가치를 낮추고, 그들을 절정에 이르기 위한 도구로 취급한다. 결국 포르노는 우리가 간절히 원하는 진짜 '친밀함'을 제공할 수 없다.

포유류 중 일부일처제를 고수하는 동물은 극히 드물다. 하지만 인류는 짝을 짓는다는 점에서 독특한 포유류 종이다. 에모리대학교 의과대학의 정신건강의학과 교수 래리 J. 영 박사는 "부모 자식 간에 핵가족을 이루는 것도 모자라 쌍을 이루어 사회적 연대를 꾸리고 그 연대를 오랜 기간 유지한다는 점에서 인류는 다소 별난 종이라고 할 수 있다"고 말했다. 그는 "이 특성은 의심할 여지없이 우리 인류의 생물학적, 유전적 특징에서 비롯된 것이다"라고 덧붙였다.[15]

생명과학의 발전, 특히 신경학의 발전 덕분에 우리는 체내에서 분비되는 신경 화학 물질인 옥시토신과 바소프레신이 강력한 애착 형성에 중요한 역할을 한다는 사실을 알게 되었다.

예를 들어 출산 및 모유 수유 과정에 여성의 몸에서 옥시토신이 분비되어 모자 간에 강력한 유대감을 형성하게 한다. 그리고 인간의 경우, 이 신경 화학 물질들은 성관계를 맺는 동안에도 천천히 분비되어 오르가슴을 느끼는 동안 대량으로 분출되며, 이렇게 분출된 화학 물질은 인간의 기억과 성적 쾌락의 원천을 신경학적으로 '연결해주는' 역할을 한다.

심지어 인공적으로 촉발시킨 옥시토신 역시도 같은 효과를 낸다. 신경과학 분야의 권위 있는 국제 학술지 「저널 오브 뉴로사이언스」는 최근 한 연구 결과를 발표했다. 해당 연구에 참여한 남성들을 두 그룹으로 나누어 한 그룹에는 나잘 스프레이를 통해 옥시토신을 투여했고, 다른 그룹에는 위약을 투여했다. 투약 후 두 그룹의 남성들이 모인 방 안에 각각 매력적인 여성을 한 명 들여보냈다. 결과는 매우 흥미로웠다. 옥시토신을 투여받은 기혼 남성들의 경우 서로와도, 그리고 매력적인 여성과도 물리적으로 거리를 유지했다. 위약을 투여받은 미혼 남성들의 경우 물리적 거리를 유지하려고 노력하지 않았다. 일부일처제를 추구하는 남성에게 그 매력적인 여성의 사진을 보여줬을 때도 동일한 반응이 나타났다. 그가 자기 자신과 여성의 사진 사이에 거리를 유지한 것이다.[16]

클레어몬트대학원 신경경제학 연구센터의 초대 센터장인 폴 자크는 이 연구 결과가 인간의 뇌와 동물의 뇌가 어떻게 다른지에 관한 중요한 사실을 보여준다고 설명했다. 즉, 인간의 뇌는 장기적으로 유지되는 로맨틱한 관계를 형성하도록 설계되었다는 것이다. 이 신경화학 물질은 오랜 기간 유지되는 로맨틱한 연대를 형성할 목적으로 분비된다. "휴 헤프너(플레이보이 엔터프라이즈 주식회사의 창업자이자 남성 잡지 「플레이보이」의 창간자-옮긴이주)는 예외적인 인간으로, 남성의 롤모델이라고 보기 어렵다."[17]

인간은 지구상의 모든 생명체들과 구분되는 성적인 독창성을 가지고 있다. 우리 뇌의 확장된 대뇌겉질 덕분에 우리는 간단한 행동을 통해 짝과의 연대감을 의식적으로 향상시킬 수 있다. 미소, 눈 맞춤, 언어를 사용한 칭찬, 피부 접촉, 경청, 도움, 애정 표시, 포옹, 키스, 성관계 등의 행동과 이와 유사한 활동들은 실제로 우리 뇌의 사랑 발전기를 점화시킨다. 이러한 행동을 하기로 선택함으로써 우리는 연대의 호르몬과 신경전달물질을 계속해서 분출할 수 있는 것이다.[18]

이 연대, 그리고 생식이라는 생물학적 목적은 인간에게 성욕이 생긴 이유다. 이 두 가지가 우리 성욕의 본질이라는 뜻이다. 따라서 성적 욕망을 이 목적과 반대되는 방식으로 사용하는 것은 타인에게 그리고 우리 스스로에게 폭력을 휘두르는 것과 마찬가지다.

포르노가 선사하는 쾌락

우리의 뇌는 성활동이 일어날 때, 그리고 포르노를 볼 때 화학 물질을 분비한다. 그 둘은 유사한 효과를 내긴 하지만 포르노로 말미암아 분비되는 화학 물질은 다소 왜곡된 효과를 발생시킨다. 신경과학자 윌리엄 스트루더스는 이렇게 썼다. "남성이 파트너가 없는 상태에서 성적인 행동을 반복하면, 이 남성은 사람이 아니라 이미지에 유대감과 매력을 느끼게 된다."[19] 행동 치료사 안드레아 쿠스제위스키는 이렇게 말했다. "섹스와 마찬가지로 포르노 역시 신경 화학 물질을 유발한다. 그리고 '포르노로 말미암아 분비되는 화학 물질은 동일한 쾌락을 계속해서 갈구하게 한다. 결과적으로 포르노 사용자가 새로운 포르노를 끊임없이 탐닉하게 되는 것이다.'" 배우자에게 느끼는 것과 같은 깊은 유대감을 포르노를 상대로 느끼게 되는 것이다.[20]

　인간의 사고에 대한 깊은 연구 끝에, 우리는 건강한 성적 욕망은 단지 성기에서 느껴지는 특정한 종류의 쾌락만을 목적으로 하는 것이 아니라는 사실을 밝혀냈다. 그건 마치 섹스를 상호 간의 자위 수단으로 격하시키는 것과 다름없다. 상대방을 내가 갈망하는 또 다른 인격체가 아니라 그저 욕망을 채우기 위한 자극제로 보는 것이니 말이다. 영국의 미학자 로저 스크루톤은 우리 문화 속에서 형성된, 섹스에 관한 거짓된 믿음이 포르노가 성장하게 된 자양분을 제공했다고 주장했다. 그는 이를 성행위의 도구화, 즉 상대방을 경험을 위한 도구로 치부하는 현상이라고 설명했다.[21]

역설적이게도, 이러한 태도는 포르노가 섹스의 발끝에도 못 따라가는 이유이기도 하다. 진짜 사람과 성관계를 나누는 과정에서 우리는 우리의 행위가 단순히 이기심에서 비롯된 것이 아니라, 서로가 서로에게 쾌락을 선물하고자 하는 숭고한 마음에서 비롯된 것이라는 깨달음을 얻게 되기 때문이다.

내 주장이 소설 속에나 나오는 숭고한 이야기라고 생각하는 사람도 있을 것이다. 하지만 나는 우리가 타인을 욕구 충족의 대상이 아니라 가치 있는 존재로 대할 때 세상은 더 나은 곳이 된다고 믿는 사람이 더 많기를 바란다. 성 요한 바오로 2세의 말을 인용하자면, "사람을 대하는 올바르고 적절한 태도는 사랑뿐이다."[22] 이 말에 동의하는 사람도 있을 것이고, 동의하지 않는 사람도 있을 것이다. 동의하지 않는 사람들, 그러니까 사람이 상품화되고 사용된 뒤 버려지는 것이 옳다고 믿는 사람들에게는 포르노가 문제 될 이유가 전혀 없을 것이다.

그러나 나는 이렇게 주장하고 싶다. 인간과 동물은 모두 생존 본능을 지녔다. 하지만 인간과 동물을 구분 짓는 것은, 인간이 독창적인 뇌와 몸을 가진 덕에 우리가 어떤 행동을 할지 스스로 선택할 수 있다는 점이다. 다른 생명체들과 달리 우리는 성의와 의무에 대해 말할 수 있다. 우리는 자기 자신과 타인을 구분하는 자각을 경험할 수 있으며, 과거를 돌아보고 미래를 내다볼 수 있다. 남녀가 함께하는 섹스는 자유롭고 완전하며 신뢰를 기반으로 한, 자기 자신을 위한 선물이 될 수 있다.

몸 존중하기

프로비던스대학교의 영문학 교수 앤서니 에솔렌은 인류가 동물보다 고등한 형태의 생명체이므로 인간의 몸은 더 고귀한 대우를 받아 마땅하다고 말했다. 동물과 달리 인간은 물리적인 몸과 비물리적인 영혼을 가지며, 덕분에 인간이 생각을 하고, 상상을 하고, 자유 의지를 가질 수 있게 되었다는 것이다. 몸은 인간의 일부이기 때문에, 그 주인과 동일한 숭배를 받아 마땅하다. 따라서 "'나는 인간을 존중한다'고 말한 뒤, 인간의 몸을 도구로 여겨 그 몸을 찍은 포르노 이미지에 탐닉하는 등 인간의 몸을 그 인간과 별개의 것으로 취급하는 것은 모순이다. 아름다운 것을 사랑하는 동시에 그것을 더럽히고 싶어 하는 사람은 없다."[23]

우리는 포르노의 인간 상품화를 반대하는 것이지, 성적 표현 자체를 반대하는 것이 아니다. 우리가 포르노에 반대하는 것은 인간의 존엄성을 지지하기 위해서다. 예술적 목적에서든 오락적 목적에서든 우리가 다른 사람의 사진을 찍을 때, 그 이미지는 보는 사람들로 하여금 인간의 신비함과 인간성의 깊이를 찬양하도록 하는 것이어야 하지, 그 사람을 몸의 각 부분들로 구성된 싸구려 상품으로 보이게 해서는 안 된다.

앞의 주장에 동의한다면, 아니 적어도 그 말에 동의할 가능성이 있다고 생각한다면 이 책을 계속해서 읽어주시라. 지금부터는 포르노의 진실을 가리는 모든 잘못된 통념들을 하나하나 반박해나갈 것이다. 그 과정에서 포르노가 무해한 취미생활이 아니라는 것을 증명할 다양한 통계, 사례 등을 제시해 이 주장을 뒷받침할 것이다.

매트 프래드

추천의 글 • 006

들어가는 글 • 012

PART 1

포르노 문화

01 포르노는 '어른들'의 유흥거리에 불과하다? • 034

02 포르노를 반대하는 건 섹스를 반대하는 것이다? • 041

03 포르노는 여성들에게 권력을 쥐여준다? • 048

04 포르노와 누드화는 같은 것이다? • 058

05 수영복 에디션과 남성용 잡지는 포르노가 아니다? • 063

06 포르노를 반대하는 건 종교인뿐이다? • 068

PART 2

포르노 업계

07 포르노 제작자들은 배우를 보호한다? • 074

08 포르노 배우들은 성 노예가 아니다 • 080

09 포르노 배우는 다재다능한 님포매니악이다? • 090

10 아동 포르노만 아니면 문제가 되지 않는다? • 097

11 많은 사람들이 공짜로 포르노를 본다? • 102

PART 3
포르노 그리고 우리의 성

12 여성들은 포르노로 말미암아 고통받지 않는다? • 108

13 자위를 하지 않는 건 남성 건강에 해롭다? • 116

14 포르노는 성폭력을 예방한다? • 123

15 포르노는 중독성이 없다? • 135

16 성애물은 하드코어 포르노의 건전한 대체물이다? • 143

17 애니메이션 포르노에는 실제 사람이 등장하지 않기 때문에 괜찮다? • 149

PART 4
포르노 그리고 관계

18 포르노는 판타지에 불과하다 • 156

19 결혼이 포르노 강박을 치료해줄 것이다? • 164

20 아내가 섹시하면 남자는 포르노에 빠지지 않는다? • 170

21 포르노는 성적 쾌락을 돕는 보조제로 사용되어야 한다? • 176

PART 5
포르노와의 전쟁

22 포르노로부터 아이들을 보호하는 건 불가능하다? • 182

23 배우자가 포르노를 본다는 걸 알면 신뢰는 회복할 수 없다? • 197

24 나는 결코 포르노 중독을 벗어나지 못할 것이다? • 208

부록 • 223

참고문헌 • 277

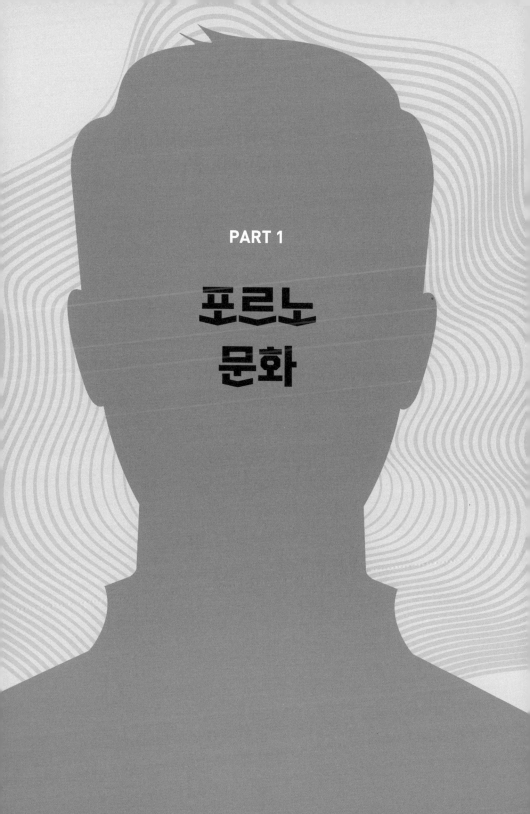

PART 1

포르노
문화

01

포르노는 '어른들'의
유흥거리에 불과하다?

"오늘은 신사 클럽gentlemen's club에 갈 생각이라네." 100년 전 영국에서 누군가 이렇게 말했다면, 그건 그가 동류의 신사들과 함께 휴식을 취하고, 독서를 하고, 실내 게임을 즐기고, 식사를 하고, 가십거리를 나누는 장이었던 상류층 신사들의 모임에 참석한다는 뜻이었다. 오늘날 미국에서 신사 클럽에 간다는 말은, 지린내와 절망의 냄새를 동시에 풍기는, 어두운 조명이 깔린 술집으로 스트립쇼를 보러 간다는 뜻이다.

마찬가지로 50년 전 공공 도서관의 '성인물 코너'는 아가사 크리스티 또는 존 스타인벡 같은 작가들의 소설을 찾는 사람들이 방문하는 곳이었다. 하지만 요즘은 '성인물 코너'에 간다고 말하면, 모두들 당신이 포르노를 찾고 있다고 생각할지 모른다.

포르노는 종종 '어른들의' 유흥거리로 범주화되곤 한다. '성숙한' 관객들을 위한 콘텐츠라는 건데, 그 말이 풍기는 뉘앙스는 '어린이에게는 아직 적합하지 않은' 유흥거리다. 그러나 사실 포르노는 어른들에게도 적합하지 않다. 헤로인 역시 '어린이에게 적합하지 않지만' 그렇다고 해서 18세 이상의 성인들에게 건강한 건 아니지 않은가.

포르노 옹호자들이 즐겨 쓰는 표현 중에 '포르노는 책임감 있는 성인들을 위한 세련된 유흥거리'라는 말이 있다. '즐겨 쓴다'고 말한 건 다소 절제된 표현으로, 사실대로 말하자면 그들은 마치 주문이라도 되는 것처럼 이 말을 반복해서 외운다. 포르노를 스카치나 도스토옙스키를 즐기는 사람들처럼 성숙한 취향을 가진 이들이 즐길 만한 유흥거리라고 믿게 하려는 것이다. 포르노 배우 겸 제작자 론 제레미는 주저 없이 이렇게 말한다. "포르노는 서로 합의된 성인들이, 관람에 동의한 성인들 앞에서 하는 섹스다."[1]

그렇다면 이렇게 질문하지 않을 수 없다. '성인' 또는 '성숙한' 인간을 규정하는 것은 무엇인가? 단순히 18세 이상, 즉 법이 정한 성인의 나이인가?

우리는 어떤 것이 최상의 상태 혹은 이상적인 상태에 이르렀을 때 '성숙하다'는 표현을 사용한다. 와인의 경우 발효 과정에서 최상의 상태에 도달해 마시기 좋게 익었을 때 우리는 '숙성된 와인'이라고 표현한다. 더 이상 충동적이거나 순진하지 않고, 행동이나 태도가 '성장한' 사람들을 지칭할 때도 '성숙한' 사람이라는 표현을 쓴다. 스트립 클럽의 후원자들은 그 시설들을 '신사 클럽'이라고 부름으로써 그곳에서 그들이 하는 활동은 소년의 티를 벗은, 남자다운 것이라는 말을 하고 싶어 한다.

신경과학자를 붙잡고 성숙한 인간의 뇌는 어떤 모습인지 묻는다면, 그는 전전두엽 피질이라고 알려진 뇌의 영역에 대해 언급할 것이다. 이마 바로 안쪽에 위치한 전전두엽 피질은 뇌의 관리자 역할을 한다. 전전두엽 피질은 인간의 의지력을 담당하며, 좋음과 나쁨, 더 나음, 최선 등에 대한 판단을 기반으로 앞으로 할 행동을 결정하기도 한다. 중뇌로부터 감정, 충동, 욕구 등이 밀려들면, 전전두엽 피질은 그 감정들을 통제하는 관리자 역할을 수행한다. 25세가 되면 해당 영역의 뇌는 성숙기에 접어든다. 즉 그 나이가 되면 더욱 정교한 사고와 감정 통제가 가능해진다는 얘기다. 난데없이 웬 신경과학이냐고? 포르노가 뇌의 전전두엽 피질에 미치는 영향에 관한 놀랄 만한 연구가 진행 중이기 때문이다.[2]

우리의 뇌는 성적 자극에 반응한다. 포르노 시청으로 말미암은 자극을 포함한 성적 자극이 가해지는 동안, 뇌에서는 도파민 분비량이 급격히 증가하고, 이로 말미암아 날카로운 집중력과 성적 갈망에 대한 인지가 생긴다. 도파민은 뇌에 기억을 각인하는 역할도 한다. 따라서 우리가 성적으로 흥분했을 때 뇌는 과거에 경험한 성적 쾌락을 다시 얻으려면 어떻게 해야 하는지를 기억한다. 이때 과거의 경험은 연인과의 경험과 서재에 놓인 노트북 컴퓨터를 통해 얻은 경험 모두를 포함한다.

하지만 최근 과학자들은 우리의 뇌가 포르노에 지속적으로 노출되면, 뇌가 감당하기 어려운 수준의 비정상적인 흥분을 겪게 되고 결국 자극에 무뎌지게 된다는 사실을 발견했다. 해부학 및 생리학을 가르치는 개리 윌슨 교수에 따르면, 약물 남용 역시 이와 동일한 현상, 즉 뇌가 점점 둔감해지는 현상을 유발한다.[3] 과거에 경험한 쾌락에 도달하기 위해서는 점점 더 많은 약물을 투여하거나 더 강력한 약물을 투여해야 하고, 그렇게 중독의 악순환이 시작되는 것이다. 윌슨은 이 화학적 과잉 자극이 인간의 뇌에 중대한 변화를 가한다고 말한다. 그리고 그 변화는 약물 중독자뿐만 아니라 포르노 사용자의 뇌에서도 동일하게 일어난다.[4]

그 변화 중 하나는 수행 통제에 핵심적인 역할을 하는 전전두엽 피질의 부식이다. 신경외과 의사 도널드 힐튼은 과학자들이 연구를 통해 발견한 사실을 설명했다. 2002년에 발표된 코카인 중독에 관한 이 연구에서 과학자들은 코카인 사용자들의 뇌 곳곳이, 특히 전두엽의 통제 영역이 수축되어 있는 것을 발견했다. 2004년부터 진행된 연구 결과 역시 메스암페타민 중독자들의 뇌에서 발생한 유사한 변화를 보여주었다. "하지만 마약이 뇌에 손상을 가했을 것이라는 건 이미 예상하고 있었습니다." 힐튼이 말했다. "그러니 이 연구 결과들이 그리 놀랍지는 않았죠." 정작 연구자들을 놀라게 한 것은 비만을 유발할 정도로 과식을 하는 사람들의 뇌에서도 동일한 결과가 나타났다는 사실이다. 2006년에 발표된 연구에서 연구자들은 비만 인구의 전두엽 수축이 코카인 및 메스암페타민 중독자들의 뇌에서 발견된 것과 매우 유사한 양상을 띤다는 사실을 알아냈다. 2007년에 발표된 연구에서는 중증 섹스 중독자의 뇌 역시 동일한 손상을 입었다는 사실이 밝혀졌다. "총 네 건의 연구가 진행되었는데 두 건은 약물, 두 건은 생활 측면에서의 중독에 관한 연구였습니다. 각기 다른 학술 기관의 각기 다른 연구팀에서 네 건의 연구를 실행했고, 각각의 연구는 5년 사이에 각기 다른 과학 저널의 피어 리뷰를 거쳐 발표되었습니다. 그리고 네 건의 연구 모두 중독이 뇌의 전두엽에 물리적인 영향을 끼친다는 사실을 입증했습니다."[5]

뇌의 전두엽이 약화된 상태에서는, 포르노를 향한 갈망이 치솟을 때 그 욕망을 통제하려는 의지가 거의 생기지 않는다. 신경과학자들은 이 문제를 전두엽 기능 저하, 즉 환자가 충동 조절 및 갈망 통제 능력을 서서히 상실하는 현상이라고 설명한다.[6] 요점은, 포르노 사용자의 경우 인간이 성숙기에 접어들었을 때 성숙한 행동을 하게 만드는 뇌의 영역이 서서히 약화된다는 것이다. 마치 포르노 시청으로 뇌가 어린아이의 것으로 되돌아가는 셈이다. '어른들의' 엔터테인먼트는 실제로는 어른들을 어린아이로 만든다.

성적 일탈을 신사다운 행동으로 꾸미는 것은 약자가 자신의 수치스러운 행동을 정당화하려고 시도하는 것과 다르지 않다. 1953년 「플레이보이」의 첫 호가 발행되어 잡지 가판대를 채운 이래로, 휴 헤프너는 이중 전략을 취해왔다. 잡지 배부 업체에는 이 잡지를 소프트코어 포르노로 마케팅했지만, 타깃이 된 독자층에는 이 잡지가 상류층 남성들을 위한 '라이프스타일 매거진'이라고 홍보한 것이다. 이 전략은 대중이 포르노를 보는 시각을 바꿔놓기 시작했다.

잡지에 실린 사진들은 유일한 볼거리 중 하나라기보다 다양한 볼거리 중 하나였다. 잡지는 누드 사진을 보며 자위를 하도록 이끄는 대신 철학에 대해 논하고, 중산층 계급에 어울리는 음식을 소비하는 '문화 엘리트'의 세계로 독자를 초대했다. 무심한 듯 첨가된 상류층 생활의 지표들(칵테일, 오르되브르, 피카소 등)은 사실 의도적으로 배치한 것으로, 존경받는 중산층 계급이 보는 잡지라는 아우라를 풍기게 만들었다. 누드 사진이 없는 「플레이보이」는 성공하지 못했겠지만, 함께 실린 기사와 광고들 역시 못지 않게 중요한 역할을 했다. 자칭 '미국 중산층 남성'들에게 포르노에 탐닉할 당위성을 부여해주었기 때문이다.[7]

성인용품점에 뒷문이 있는 이유는 무엇일까? 성적으로 억압된 사회의 종말을 꾀하는, 시대를 잘못 타고난 혁명가들이 드나드는 곳이기 때문일까? 아니면 그보다 더 간단한 이유, 즉 그곳을 드나드는 사람들이 자신이 부끄러운 일을 하고 있음을 스스로 알기 때문일까?

다음 중 어떤 활동이 더 '성숙하고' 어른스러운 행동 같은가?

1. 단점과 흠결이 (그리고 자신의 단점과 흠결에도) 있기는 하지만 당신이 대난히 아끼고 사랑하는, 실제 살과 피를 가진 여성과 일생 동안 사랑을 나누는 것.
2. 밤중에 몰래 빠져나와 인터넷에 올라온 사진들을 뒤적이고, 몇 시간 동안 30초짜리 티저 영상들을 찾아 웹사이트들을 헤매고, 화면 속 픽셀을 보며 쾌락을 찾는 것.

포르노와 같은 상업적 섹스에 탐닉하는 것은 '어른스러운'이라는 형용사와는 전혀 어울리지 않는다. 말보다 행동이 더 중요한 법. 제아무리 1미터 50센티미터 크기의 네온사인이 '신사 클럽'이라고 우겨도 진실은 변하지 않는다.

02

포르노를 반대하는 건
섹스를 반대하는 것이다?

1980년대에 '섹스에 긍정적인 페미니즘^{sex-positive feminism}'이라는 용어가
탄생했다. 와이파이, 브로드밴드 네트워크, 4G 등을 통해 도처에서
포르노를 접하게 된 시대가 도래하기 전, 포르노에 관한 의제가 페미
니스트 공동체를 바꾸기 시작했다. '섹스에 긍정적인 페미니즘'은 일
부 페미니스트가 흔히 가졌던 반 포르노 정서에 대항하여 등장한 개
념이었다.

'섹스에 긍정적인 페미니즘'이라는 용어를 고안한 작가 엘렌 윌리
스는 이 용어의 기원에 대해 이렇게 설명했다. "당시 섹스에 관한 페
미니즘 기조는 반 포르노 정서가 주를 이루었습니다. 우리는 그와 같
은 반 포르노 운동에 대항하기 시작했죠. 우리가 보기에 "포르노는
여성에 대한 폭력이다"라는 주장은, 섹스를 원하는 건 남성들이고 여

성들은 그저 감내할 뿐이라는 인식이 주를 이루던 빅토리아 왕조 시대에나 어울리는 발상이었습니다."[1] 그렇다면 포르노에 반대하는 페미니스트들은 지금까지 여성에게 복종을 강요하는 가부장적인 남성과 억지로 잠자리를 가져왔느냐는 것이다. 이들에 따르면, 포르노에 반대한다는 것은 여성에게 "포르노에 나오는 여성들처럼 행동하면 안 됩니다. 섹스를 즐기는 여성상이라니요. 부끄러운 줄 알아야 합니다. 참 부끄러운 일이죠"라고 말하는 셈이며, 여성들에게 남성이 지배하는 세상에 살고 있다는 믿음, 섹스는 남성들을 위한 것이라는 통념을 주입시키려는 가부장적인 문화에 놀아나는 짓이다.

보다 최근 일을 예로 들자면, 이제는 유명해진 듀크대학교 출신 포르노 스타 벨라 녹스(본명은 미리엄 윅스)가 인터뷰를 통해 여러 차례 밝힌 감상도 이 같은 주장과 맥을 같이한다.

> 섹스에 부정적인 페미니즘과 섹스에 긍정적인 페미니즘 사이에는 좁힐 수 없는, 안타까운 균열이 존재합니다. 섹스에 부정적인 페미니스트들은 섹스, 특히 포르노는 여성차별적이며, 남성들의 권력투쟁의 산물이라고 믿죠. 반면 나처럼 섹스와 독특한 성적 취향, 성적 환상에 긍정적인 페미니스트들은 진보와 평등을 쟁취해내는 일에 있어 다른 무엇보다도 성적 자유가 중요하다고 믿습니다.[2]

다시 말해, 녹스가 포르노 스타라는 점 외에도 그녀와 반 포르노 연대 사이의 차이점은, 녹스의 경우 포르노가 여성들에게 권력을 부여한다고 생각한다는 것이다. 포르노는 섹스가 (심지어 거칠고 여성 주도적인 섹스라면 더더욱) 남성과 여성이 함께 즐길 수 있는 것이라는 주장을 골자로 하니까 말이다. 그녀에 따르면 이외의 주장들은 모두 '섹스에 부정적인' 주장이다.

솔직히 말하자면, 나는 녹스가 즐기는 '독특한 성적 취향' 측면에는 공감하지 못하겠다. 하지만 나나 당신의 개인적인 성적 취향과 관계 없이 포르노에서 보여주는 장면들은 공포스럽기 그지없다. 침실에서 창의력을 발휘해 연인과 쾌락을 즐기는 것과 누군가를 학대하며, 그걸 촬영하는 것을 쾌락으로 삼는 남성에 의해 입에 억지로 재갈을 문 채 그에게 얻어맞는 것은 별개의 문제다.

핵심은, 과연 우리가 포르노가 성차별적인 미디어임을 밝히면서도, 동시에 섹스에 반대하지 않을 수 있는가 하는 것이지 성적 쾌락을 얻기 위한 나의 개인적인 취향, 혹은 녹스의 취향이 중요한 것은 아니라는 점을 밝힌다. 녹스에게 무례하게 굴려는 의도는 없다. 다만 한 가지 명확히 짚고 넘어가고 싶은 점은, "자신이 남성에게 학대당하는 장면을 영화로 만들어 스스로 수백만 남성들의 자위 도구가 되기를 자처하는 그녀의 행동은 성적으로 억압된 가부장 제도에 맞서 싸우는 것이 아니라 그들에게 놀아나는 것일 뿐이다."

성적 억압의 대항마로 포르노가 필요하다고 말하는 것은, 거식증의 치료법으로 폭식을 제시하는 것과 마찬가지다. 포르노가 섹스를 찬양하는 것은 폭식증 환자가 음식을 찬양하는 것과 같다. 두 경우 모두 찬양받아 마땅한 것들은 찬양의 대상으로 삼지 않고, 건강하기

는커녕 오히려 위험한 무언가에 빠져들게 한다는 점에서 같다. 우리는 모든 종류의 섹스를 포르노의 매개로 삼음으로써 성을 산업화하고 상품화한 뒤 탐욕스럽게 소비한다. 이건 섹스를 찬양하는 태도가 아니라 오히려 그 값어치를 낮추는 태도다.

벨라 녹스 같은 여성들의 이야기에 담긴 선정성을 고려했을 때 그들의 말에 귀 기울이는 건 의미가 없다고 생각하기 쉽다. 그래서 이해를 돕기 위해, 조금 더 평범한 사람의 이야기를 사례로 들어보려고 한다.

텍사스대학교의 언론학 교수 로버트 젠슨은 2008년 라스베이거스에서 열린 성문화박람회Adult Entertainment Expo, AEE에 참석했다. 그는 수많은 포르노 기업 부스들 중에서 우연히 '발랄하고 건강한 일반인 소녀들이 자신의 평범한 집에서' 촬영한 '진짜, 열정적이며, 각본 없는' 섹스 영상을 공개한다고 홍보한 한 호주 웹사이트 업체의 부스에 들어서게 됐다. 그곳은 진한 화장, 가짜 가슴, 포토샵 대신 '격렬한 섹스, 놀라운 아름다움, 친근한 얼굴들의 끝없는 향연'이 펼쳐지는 곳이었다. 그 업체는 옆집 소녀 같은 친근한 이미지를 가진 여성들이 등장하는 포르노를 제공하고 있었다. 몰려든 관객 수를 보아하니 다양한 성적 취향의 바닷속에서도 우위를 점하는 서비스임에 틀림없어 보였다.

젠슨의 눈에도 이 여성들은 달라 보였다. 그들에게서는 전형적인 포르노 스타들의 모습을 찾아보기 어려웠다. 성형으로 만든 몸매나 엄청난 높이의 하이힐, 방송용 메이크업도 없이 그들은 팬들과 수다를 떨고 심지어 체스를 두기까지 했는데, 그건 자신들이 섹시한 만큼 머리도 좋다는 것을 과시하기 위함이었다. 그들은 평범한 여성들 같아 보였다.

젠슨은 그 여성들 중 몇 명을 인터뷰했는데, 그때마다 그들은 매번 비슷한 이야기를 했다. 그들은 자신의 몸을 좋아하고, 자신이 성적으로 매력이 넘친다고 생각하며, 포르노 업계에서 자신들의 정체성을 스스로 통제할 수 있다는 사실을 자랑스럽게 생각한다고 했다.

젠슨은 이 여성들과 편안한 분위기에서 토론을 이어갔다. 그는 그들에게 남성들이 주로 자위용 도구로 사용하는 이미지를 판매하는 게 여성들에게 어떤 이익을 주는지 물었다. 그 행위가 전 세계 여성들의 입지를 어떤 식으로 높여주는가 하는 질문이었다. 젠슨은 대화가 매번 찬성 대 반대 구조로 갈리는 바람에 주제를 계속 바꿔야 했다고 말했다. 다음 날, '옆집 소녀 이미지를' 가진 한 포토그래퍼가 젠슨에게 전날 나누었던 대화로 일부 여성들이 언짢아하더라고 전했다. 그녀는 이렇게 말했다. "이 여성들은 스스로 출연 결정을 내린 똑똑한 여성들이에요. 당신도 그 점을 존중해주길 바랍니다." 젠슨은 그가 여성들을 존중했기 때문에, 그리고 그들을 현명한 여성들이라고 생각했기 때문에 아주 정중한 태도로 토론을 이끌어갔다고 대답하며 그 토론이 어땠길래 그러느냐고 물었다. 포토그래퍼는 그들이 '지식 자랑'은 피하고 싶어 하더라고 답했다.

젠슨은 그녀의 말에 수긍했다. 어쨌든 이 박람회는 포르노를 홍보하기 위한 목적에서 열린 것이지 포르노의 장점에 대한 토론을 위해 열린 건 아니었으니까. 젠슨은 한 발 물러서서 지켜보기로 했다.

여성들에 대한 인터뷰를 금지낭한 시 몇 시간 뒤에 해당 부스의 쇼 타임이 시작되었다. 압도적으로 남성이 주를 이룬 청중 앞에서 네 명의 여성 커플이 서로 키스하고 애무하기 시작했다. 그 순간 이 호주 여성들과 나머지 AEE 박람회 부스 간의 연관성이 명확해졌다. 행사에 참여한 다른 기업들의 부스에서와 마찬가지로, 온갖 종류의 카메라와 휴대전화를 손에 든 남성들이 부스를 에워싼 채, 야한 행동을 하는 여성들을 촬영하기 위한 최고의 앵글을 차지하기 위해 경쟁했다. 이 여성들이 전형적인 포르노 스타들과 다를지 모르나 그들의 '걸 온 걸 액션 Girl on Girl Action(남성 관객들을 위한 레즈비언 섹스를 묘사하는 업계 용어)'은 업계의 표준과 크게 달라 보이지 않았다. 그리고 그들을 지켜보던 남성들 역시 다른 부스의 팬들과 똑같이 행동했다.

젠슨은 그 순간 아주 중요한 사실을 다시 한 번 확인할 수 있었다. 어쨌든 포르노는 수익 극대화를 목적으로 여성들의 몸과 성을 남성 소비자들에게 제공하는 시장 거래라는 것. 시장의 틈새는 다양할지 모르나, 그 기저에 깔린 개념은 동일하다. '자위에 안달 난 사람들'을 가장 많이 끌어모으는 게 모두의 목적인 것이다. 단지 포르노 이미지들을 보며 자위하는 남성들 중 일부는 전형적인 포르노 스타를 선호하고, 또 일부는 옆집 소녀 같은 여성들의 이미지를 좋아하는 것뿐이다.[3]

핵심은 현대의 포르노는 산업이라는 것이다. 포르노 시장은 수익을 창출하기 위해 몸을 상품화한다. 내가 포르노에 반대하는 이유는, 섹스에 찬성하기 때문이다. 여성 혐오적인 포르노가 됐든 여성들만 출연하는 젠틀한 포르노가 됐든, 문제의 핵심은 매체인 포르노에 있다. 포르노는 여성들의 몸을 남성들의 자위 수단으로 제공하는 비즈니스다. 이런 포르노에 반대하는 것은 섹스 자체를 반대하는 일이 아니라 남성을 연인이 아닌 소비자로 만드는, 일방적인 섹스 습관에 반대하는 일이다.

03

포르노는 여성들에게
권력을 쥐여준다?

베티 도슨은 여러 측면에서 시대를 앞선 여성이다. 도슨은 1970년대부터 소규모 그룹의 여성들을 상대로 자위하는 법에 대해 가르치는 워크숍을 여러 차례 주최했다. 그녀의 첫 번째 책『자위의 해방: 자기애에 관한 명상Liberating Masturbation』은 이제 페미니스트들의 고전이 되었다.

예상했겠지만, 도슨 역시 포르노에 대해 확고한 의견을 가진 사람이다. 그녀는 어린이들이 포르노에 노출되는 것에 반대하고, 포르노가 최고의 성교육 교재는 아니라는 점에는 동의했지만, 결국 포르노도 "사회적으로 강요된 일부일처제가 야기한 지루함을 해소하는 최고의 방법이 자위임을 인정하는 과정의 연장선"이라고 믿었다. 그녀는 남성들이 자신만의 판타지를 스스로 만들어낼 수 있다면 더 좋다고 생각하긴 했지만, 종종 포르노를 보며 자위하는 것도 전혀 문제 될 것은 없다고 생각했다. 그녀는 "서약을 깨고 쾌락을 좇는 것을 수치스럽게 여기는 문화 속에서, 포르노는 최고의 탈출구"라고 주장한다.[1]

도슨에 따르면, 포르노는 남성들을 위한 유흥거리일 뿐만 아니라 여성들에게 권력을 쥐여주는 도구이기도 하다. 포르노에는 여성의 성적 자유를 통제하려는 사회적 규범에 도전할 만한 저력이 있기 때문이라는 것이다.

> 포르노 제작을 통해 여성의 성적 권력을 되찾는다는 건 정말 독창적인 생각이었습니다. 페미니스트들은 고대 이집트의 여성 사제, 성스러운 신녀들, 레스보스 섬의 여전사들, 수메르 궁전의 귀족 창녀 등에 대한 역사관을 재정립할 수 있었죠. 여성들의 발전을 위해서 우리는 모든 권위에 의문을 제기해야 합니다. 우리의 성적 행동을 통제하려는 모든 규율에 기꺼이 맞서야 합니다. 평소대로 행동해서는 그저 현상 유지만 될 뿐이죠.[2]

포르노가 여성들에게 권력을 쥐여준다고 주장하는 사람들은 다음과 같은 이론을 펼친다. 포르노 제작에 직극적으로 즐겁게 참여하는 특별한 여성들은 여성 해방을 위해 새롭게 등장한 고귀한 사제다. 이 여성들 덕분에 우리는 한계를 넘어서는 것이 '지나치게 비정상이며, 과도할 정도로 즐거운 것, 또는 지나치게 천박한 것'이라는 성적 규준의 족쇄를 벗어던질 수 있게 된 것이다.

한편으로 생각하면, 도슨은 믿는 구석이 있었는지 모른다. 포르노 업계의 대변인을 자처할 만한 여성을 찾는 건 쉬운 일이니 말이다. 포르노 제작자, 사업가, 배우들은 자신이 일을 얼마나 사랑하는지, 자신이 하는 일에 얼마나 당당한지 이야기한다.

어떤 의미에서 이 여성들은 실제로 권력을 쥐고 있다고 볼 수 있다. 그들은 포르노에 반대하는 책을 쓰는 나같은 남성보다 돈도 더 많이 벌고 사회적 지위도 높으니까. 그러나 달리 생각하면, 이들은 여성들로부터 힘을 빼앗는 바로 그 시스템에 자양분을 공급하는 사람들이라고 볼 수 있다.

이 상황에서 '여성의 권력 신장'이라는 표현이 사용될 수 있는 유일한 조건은 그 단어의 정의를 다시 내리는 것뿐이다. 그리고 이런 식의 언어 오용이 "각각의 페미니스트는 저마다의 페미니즘을 추구한다"는 주장을 골자로 하는 페미니즘의 새 물결을 이끌고 있다.[3] 이런 종류의 초개인주의는 우리에게 소위 '포르노를 통한 권력 신장'을 누리는 여성을 인정해줄 것과, 그렇지 않은 나머지 여성들을 무시할 것을 요구한다.

습관적으로 포르노에 의존하는 남편을 둔 수백만 여성들에게 물어보라. 이 여성들이 포르노 덕분에 권력 신장을 경험했을까? 부부상담사이자 가족상담사인 질 매닝 박사는 북미 여성들이 정신적으로 분열된 시기를 살아가고 있다고 말한다. 그들은 감히, 관계는 상호 존중과 신뢰, 동등한 힘과 애정 어린 사랑을 근간으로 형성되는 것이라는 현대의 은유를 믿는 실수를 저지르고 말았다. 그런데 포르노는 어떤가? 무례함, 위선, 힘의 쏠림, 무심함 등 여성들의 믿음과 정확히 반대되는 개념들을 담고 있지 않은가.

> 어느 북미 여성이 남편이 자기 몰래 포르노를 사용해왔다는 사실을 알게 되는 순간, 그녀는 여성으로서의 자아가 파괴되는 경험, 남편에 대한 신뢰가 무너져내리는 경험을 하게 될 뿐만 아니라, 그녀가 쌓아올린 관계라는 세계가 뿌리째 흔들리는 경험을 하게 된다. 배우자와의 관계뿐만 아니라, 그녀 주변의 더 큰 세상 속 관계까지 영향을 받는 것이다. 게다가 그녀는 자신의 소위 '현대적인 남편'이 정신적으로 얼마나 분열되어 있는지를 난데없이 깨닫게 된다.[4]

다시 말해, 남편이 포르노를 사용한다는 사실을 발견하는 순간 아내는 대단히 의기소침해질 수 있다. 게다가 포르노에서 배운 것을 침실에서 활용하려는 남성들은, 포르노식의 섹스가 실제로는 얼마나 고통스럽고 스트레스를 주는 일인지 알지 못할 때가 많다. 포르노는 남성들의 성욕을 끌어올리는 데에서 그치지 않고 그들의 공감 능력을 감소시키는 역할까지 한다.[5] 포르노 소비자들이 자신이 소비하는 포르노 속 여성 비하를 감지하지 못하는 것을 보면, 그들이 얼마나 자기 자신의 쾌락에만 사로잡혀 있는지 알 수 있다. 로버트 젠슨은 이렇게 썼다. "여성을 존중받아 마땅한 사람, 또는 온전한 인간으로 여기게 되면, 발기하고 사정하는 데에 방해가 된다."[6]

비슷한 맥락에서, 포르노를 성적 기준으로 삼은 채 자란 남성들과 소년들에게 둘러싸여 살고 있는 수백만 여성들에게 물어보자. 이 여성들은 포르노가 자신의 손에 '권력을 쥐여줬다고' 느끼는가? 세계적인 베스트셀러 『무엇이 아름다움을 강요하는가』의 저자 나오미 울프는 요즘 젊은이들과 대화를 나눈 경험에 대해 이야기했다.

주제가 발표된 뒤, 대학 캠퍼스를 채운 젊은 여성들이 "자신들은 경쟁 상대가 안 된다는 사실을 스스로 인정한다"고 말했다. 모공도 이렇게 넓고, 가슴도 이렇게 작고, 심지어 ('더! 더 해줘요!'라고 외치는 건 불사하고) 성욕도 충분치 않은 현실 속 여성이 어떻게 사이버 기술을 입은 완벽하고, 다운로드할 수 있고, 성욕이 넘치는 데다가, 순종적이고 소비자들의 입맛에 딱 맞게 행동하는 여성들과 경쟁할 수 있겠는가? 인류의 역사를 돌아보면, 에로틱한 이미지가 투영하려고, 숭배하려고, 혹은 따라잡으려고 노력하던 대상은 대체로 실제 여성의 벌거벗은 몸이었다. 인류 역사상 처음으로, 이미지가 가진 힘과 환상이, 실제 벌거벗은 여성의 몸이 주는 환상을 넘어선 것이다. 오늘날 현실 속 벌거벗은 여성은 그저 인기 없는 포르노에 불과하다.[7]

이 묘사를 그저 응원이 필요한, 냉소적이고 상상력이 부족한 여성들의 경험으로 치부해서는 안 된다. 포르노는 한 사람의 미적 개념을 형성한다. 프랑스 신경과학자 세르지 스톨레루는 성적 자극에 대한 지나친 노출은 건강한 젊은 남성의 정력을 소진시킨다고 보고했다. 판타지 없이는 발기 불능 상태로 만들어버리는 것이다.[8] 「더 저널

오브 섹스 앤 메리털 테라피The Journal of Sex and Marital Therapy」 역시 유사한 결과를 발견했다. 남녀 실험군에 「플레이보이」와 「펜트하우스」에 등장한 섹시한 여성 모델의 사진을 보여주었더니, '평균'적인 사람들의 매력에 대한 판단력이 현저히 줄어들었다.[9] 포르노는 미에 대한 우리의 기준을 완전히 바꾸어놓는다.

물론 자신이 데이트하거나 결혼한 상대가 포르노를 사용하는 것에 대해 아무렇지 않게 생각하는 여성들도 있을 수 있다. 하지만 한 겹만 껍질을 벗겨보면, 아칸소대학교의 애나 브리지스 박사가 남편의 행동을 이해한다고 응답한 여러 여성들을 인터뷰한 이유를 깨닫게 된다. "남자들은 다들 포르노를 보잖아요." 그들은 종종 이렇게 말한다. "바람 피우는 것보다야 낫죠", "적어도 하고 싶을 때마다 날 찾진 않으니까요." 이건 포르노 미디어를 통해 권력을 쟁취한 여성들이 할 만한 발언이 아니다. 브리지스 박사는 이들은 그저 자신의 감정을 합리화한 것뿐이라고 설명한다. 이와 같은 의식의 흐름은 특정한 행동을 정상적인 것, 또는 건강한 것처럼 보이게 만들려는 '합리화를 위한 믿음'일 뿐이다.[10] 아이러니하게도 종종 포르노가 이러한 믿음을 주입시키고 강화하는 역할을 한다. 사회 통념에 어긋나는 섹스를 규준으로 삼은 미디어에 지속적으로 노출되면, '남자가 그렇지 뭐' 하는 생각에 빠지기 쉽다.

마지막으로 우리는 포르노에 출연하는 여배우들에 대해서도 생각해볼 필요가 있다. 그들은 자신들의 일을 통해 '권력의 신장'을 경험했을까?

업계에서 벨라 녹스로 알려진 미리엄 윅스는 자신의 일을 사랑한다고 말했다. 포르노 덕분에 진정 자신을 위한 이름을 갖게 되었고, 자신의 이름을 딴 브랜드를 갖게 되었으며, 듀크대학교 학비를 마련할 수 있게 되었다는 것이다. 그녀는 많은 포르노 배우들이 꿈만 꾸는 스타덤에 올랐다. 여러 면에서 포르노를 통해 권력을 얻었다고 볼수도 있다.

그러나 최근 출연한 다큐멘터리에서 녹스는 이 업계에서 일하면서 대단히 시니컬하고 부정적인 사람이 되었다고 말했다. 자신을 팔아넘기거나 성매매를 시키려는 사기꾼은 없는지 늘 경계해야 하고, 몇 시간이나 섹스를 하고, 종종 고통스러운 신체적 가혹행위도 견뎌야한다. 역겨운 남자들과의 섹스를 감내해야 할 때도 있었고, '전문성'이 없는 남성들과 섹스를 해야 할 때도 있었다. 그녀는 또한 진정한 자신의 모습을 잃어버릴 위기에 처해 있다고, 벨라 녹스라는 자아가 자신을 잠식하고 있다고 말했다.[11]

아마 포르노 업계에서 제나 제임슨 만큼 성공한 여성은 없을 것이다. 수차례 성인영화상을 수상한 그녀는, 플레이보이 사단에 매각되기 전까지 연간 3천만 달러의 수익을 올린 포르노 웹사이트 '클럽 제나'의 설립자이기도 하다.[12] 그녀의 책 『포르노 스타처럼 사랑하는 법How to Make Love Like a Porn Star』은 「뉴욕타임스」 베스트셀러 자리를 6주 이상 차지했다.

제임슨은 자신이 포르노 업계에 몸담을 수밖에 없었던 이유에 대해 설명했는데, 그녀가 쓴 책을 읽어보면 그녀가 누린 권력이 얼마나 컸는지 알 수 있다. 저서 『포르노 스타처럼 사랑하는 법』에서 그녀는 '위키드 픽처스'와의 댄싱 투어 도중 깨달은 사실에 대해 썼다. 어느 날 저녁 비키니 바에서 공연장을 둘러보다가 그녀는 문득 이렇게 생각했다. '이 남자들은 내 쇼를 보러 온 게 아니구나. 그냥 벗은 몸을 보고 싶었던 거야. 이 세계에서 존경받고 있다는 건 정말 착각에 불과했어.'[13]

그녀의 책을 보면 이와 같은 깨달음을 얻는 게 쉬운 일은 아니라는 사실을 알 수 있다.

여행은 내 인생에서 아주 중요한 부분을 차지한다. 어떨 땐 일 년 내내 여행만 하는 것 같기도 하다. 하지만 여행이 내게 어떤 영향을 주는지에 대해서는 확신할 수 없다. 아니 사실은 그런 것들을 돌아볼 시간이 없었던 것 같다. 그게 가장 큰 문제였다. 돌아보기. 나는 마음을 닫는다. 거울 속에서 나를 쏘아보는 내 인생과 눈을 마주치고 싶지 않다. 내 선택의 결과가 어떤 기분을 주는지 느껴볼 짬을 내지 않는다. 아마 수치심이 들까 봐 두려운 것 같다. 내가 기억하는 한 나는 단 한 번도 내 고통을 돌아본 적이 없다. (중략) 삶이 내 뒤를 추격해오는 동안 내 영혼은 병들어갔다. 그래, 병들어버렸다. 정말 통증이 느껴지는 기분이다. 정작 마땅히 그 기분을 돌봐야 했던 내가, 성공을 위해, 인정받기 위해 노력하느라 늘 너무 바빴기 때문이다. 아주 오래전에 부서져버린 내 안의 무언가를 이제라도 고쳐보려다가 실패할까 봐 너무 두렵다. 그래서 나는 내가 온전한 것처럼, 마치 스스로가 자랑스러운 것처럼, 강한 것처럼 위장한다. (중략) 셔츠 자락으로 눈물을 닦아내려고 고개를 숙이다가 내 손에 쥔 펜을 보고 거의 웃음을 터뜨릴 뻔했다. 내 고통을 쏟아내는 데 쓰인 이 펜은 래디슨 호텔에서 준 펜이다. 그래, 참 적절한 마무리다.[14]

앞의 글이 권력을 쟁취한 여성이 쓴 글이라고 볼 수 있을까? 아니다. 이 여성은 두렵고, 불안하고, 인생이 선사한 트라우마를 떨쳐내고 싶은 마음이 간절하다.

전문 포르노 배우였던 그녀는 은퇴한 뒤(여전히 웹캠 모델 활동을 하고 있긴 하지만) 두 아들을 둔 엄마가 되었다. 앤더슨 쿠퍼는 한 인터뷰에서 그녀에게 만약 딸을 낳았는데 아이가 포르노 배우가 되고 싶어한다면 어떻게 할 것인지 물었다. "딸아이를 옷장에 묶어두겠어요." 그녀가 대답했다. "여성이 감당하기가, 아이가 받아 마땅한 존중을 얻기가 너무 어려운 업계이기 때문이죠. 이 자리에 오기까지 정말 필사적으로 노력했어요. 내 딸에게는 그런 일을 겪게 하고 싶지 않습니다. 어떤 부모도 자신의 아이가 그런 일을 하도록 하지 않을 거예요."[15]

어째서 포르노의 여왕조차 포르노 업계가 여성들이 존중받기 어려운 곳이라고 생각하는 걸까? 왜냐하면 포르노 업계는 '여성은 남성의 쾌락을 위해 사용되는 수단에 불과하다는 전제'를 근간으로 설립되었기 때문이다. 그런 산업이 업계에서 가장 중노동을 하는 노동자에게 어떻게 진정한 권력을 쥐여줄 수 있겠는가?

다시 한 번 복습 차원에서 질문하자면, 세상에 포르노를 통해 권력 신장을 경험하는 여성이 있을까? 물론 있을 것이다. 그것이 포르노가 여성 전체에게 권력을 쥐여준다는 뜻일까? 아니다. 오히려 그 반대다. 페미니스트이자 작가인 게일 다인스는 그 둘 사이의 핵심적 차이를 열정적으로 설명했다.

> 급진주의 페미니즘은 여성 개인의 권력 쟁취가 아니라 여성 전체의 해방에 대해서 이야기한다. 억압받는 여성이 한 명이라도 있으면 그녀를 위해 싸우는 게 우리의 일인 것이다. 우리는 더 잦은 섹스나 더 나은 오르가슴이 여성 해방의 답이라고 보지 않는다. 우리는 세계의 빈곤층, 기아 인구, 문맹 인구, 과도한 노동 및 강간 피해 인구의 주를 이루는 시스템 자체의 종말을 원한다. 여성의 몸은 끝도 없이 사고 팔리는 수준까지 상품화되었다. 대대적인 사회 구조 변화만이 급진주의 페미니스트들을 만족시킬 수 있다.[16]

'페미니스트 포르노'라는 단어는 그 자체로 모순이다. 돈을 목적으로 당신의 몸을 착취하는 업계에서 일하는 것으로는, 당신을 억압하는 시스템을 먹여 살리는 일밖에 하지 못한다. 포르노 업계가 제시하는 여성 권력에 대한 모든 주장은 새롭게 가면을 쓴 업계의 홍보 수단에 불과하다.

04

포르노와 누드화는
같은 것이다?

1969년에 마빈 밀러는 포르노물 인쇄와 배송으로 천만 달러를 벌어들였다. 그가 오십 명의 직원들에게 제시한 한 가지 엄격한 기준은, 바로 무료 샘플을 주지 않는다는 것이었다. 블랙마켓 포르노는 사업에 해를 끼친다.

밀러는 1960년대에 로스엔젤레스에서 포르노 무역업으로 수백만 달러의 수익을 거둔, 선택받은 몇 안 되는 사람 중 하나였다. 그는 자사의 우편 광고를 받은 사람의 15퍼센트를 고객으로 흡수할 수 있었다고 주장했는데, 그것이 우편 주문량이라는 것을 감안했을 때 놀라운 수치가 아닐 수 없다.

물론 그 많은 수익이 아무런 대가 없이 생긴 건 아니었다. 사업을 시작한 뒤 처음 몇 해 동안 그는 음란물 우편 발송 혐의로 서른 번 체포되었다. 1968년 한 해 동안 낸 과태료만 20만 달러에 달했다. 그의 우편 광고에는 종종 벌거벗은 여성이 도발적인 포즈를 취하고 있는 사진 등 그가 판매하는 책자 속 사진들이 들어 있었고, 그중 일부는 곧장 미성년자들의 손에 들어갔다.

법정에서 밀러는 자신이 만드는 책자가 '사회적 가치를 보완하는' 역할을 한다고 주장했다. 밀러가 아주 신중하게 고른 이 단어들은 1957년 대법원의 로스 대 국가^{Roth v. United States} 판결에서 큰 반향을 일으킨 것이었다. 이 사건은 '음란물'로 간주되던 책자를 재정의했고, 그 결과 그 책자는 수정헌법 1조의 보호를 받지 못하게 되었다. 대법원의 결정 이후 포르노 제작자들은 자신들의 잡지와 책에 스토리 라인을 더해, 음란 서적으로 보일 수도 있는 책에 사회적 가치가 담겼다고 주장할 수 있게 되었다. 그러나 지역 사회와 사법 기관은 밀러와 같은 남성들을 음란물 유포 혐의로 계속해서 법정에 세웠다.[1]

마빈 밀러의 법정 방어는 포르노와 '성애물' 또는 '누드 예술' 사이를 가르는 아주 가느다란 선의 존재를 돋보이게 만들었다. 그 둘이 분명 다르다는 걸 직관적으로는 알지만, 그 차이점을 콕 짚어내는 일은 입법자들이나 예술 비평가들에게나 대단히 어려운 일이었다.

포르노 제작자들은 종종 자신들의 작품이 에로틱 아트의 연장선상에 있다고 주장한다. 그들에 따르면, 포르노는 태곳적부터 존재했고 앞으로도 영원히 사라지지 않을 것이다. 그들은 가장 추앙받는 고전 예술도 누드를 표방하고 있다는 점을 상기시키며 포르노와 고전의 공통점을 어필한다. 르네상스가 이러한 문화를 찬양했기 때문에 미켈란젤로의 다비드상도 누드고 시스티나 성당 벽화에 등장하는 다른 많은 인물화도 누드라는 것이다.

그럼 포르노와 누드 예술의 차이점은 뭘까? 먼저 그 정의가 다르다. '포르노그래피'라는 단어에는 그리스어에 뿌리를 둔 'porne', 즉 '매매춘' 혹은 '매춘부'라는 의미가 담겨 있다. 그리고 매매춘과 마찬가지로 포르노그래피 역시 지향하는 바가 확실하다. 바로 성행위에 도움이 되는 성적 자극을 만들어내는 것. 예술은 매춘부를 대체하기 위한 목적으로 만들어지지 않는다. 진정한 예술가들은 자신들이 기준으로 삼은 아름다움을 표현해 자신의 작품을 누군가 이해하고 감상해주기 바란다.

포르노 제작자는 누군가 그가 만든 성인물을 보고는 "영화가 정말 아름다웠습니다. 하지만 내게 감명을 주진 못했어요. 별로 흥분되지는 않던데요?"라고 말하면 혼란에 빠지거나 심지어 실망할지도 모른다. 반면 누군가 미켈란젤로에게 시스티나 성당에 그려진 그의 벽화가 성적 호기심을 조금 자극하긴 했지만 자신을 완전히 흥분시키지는 못했다고 말하면 대단히 불쾌해할 게 분명하다.

포르노 제작자와 예술가의 차이점은 그들의 의도가 무엇인가에 있다. 메릴랜드대학교의 철학과 교수이자 미학 전문가인 제롤드 레빈슨은 예술과 포르노 모두 성적 흥분을 유발할 수 있지만, 포르노는 성적 자극을 유발하려는 목적을 위해서만 만들어진다고 말한다. 포르노 제작자들은 소비자들을 '사정할 수 있는 생리적 상태'로 만드는 것을 목표로 한다.[2] 다시 말해 포르노의 핵심은 자위를 하게 만드는 것이다.

그렇다면 자신들의 상품에 예술적 가치가 담겼다고 주장하는 포르노 제작자들은 어떻게 된 일일까? 마빈 밀러의 우편 주문 사업은? 1971년에 밀러는 음란물 유포죄로 기소되었고 그의 사건은 결국 대법원까지 가게 되었는데, 대법원에서 내린 결정은 "밀러 대 캘리포니아^{Miller v. California}라는 유명한 판결로 기록됐다(작품 전체를 두루 살펴 문학적, 예술적, 정치적, 과학적으로 진지한 가치가 결여된 경우 음란물로 판단한다며 밀러에게 무죄를 선고한 판결. 이후 아동 포르노 등을 제외한 어지간한 포르노는 음란물로 단속할 수 없게 되었다-옮긴이주)." 1973년에 밀러가 재판에서 패소한 후 그의 사건은 캘리포니아 법원에 재유치되었고, 그 사이에 대법원이 안전 장치가 없는 '음란물'에 대한 정의를 다시 내린 것이다. 이제 어떤 것을 음란물로 판명하기 위해서는 다음의 세 조건, 아이러니하게도 '밀러 테스트'라고 불리게 된 음란물 판정의 세 가지 원칙을 충족해야 한다.

1. 현대 공동체의 기준을 준수하는 평범한 성인이, 해당 작품이 전체적으로 과도한 성적 흥미를 불러일으킨다고 판단하는 경우
2. 명백히 폭력적인 방식으로 성행위를 그리거나 묘사한 경우
3. 전반적으로 문학적, 예술적, 정치적, 과학적 가치가 결여된 경우

포르노와 예술을 가르는 선이 모호하다는 사실에는 이견이 없다. 혹자는 포르노의 예술적 가치가 그것을 보는 사람의 눈에는 보인다

고 말한다. 아마 그게 사실일지도 모른다. 하지만 어쨌든 포르노는 미를 추구하기 위해 창조된 예술 작품이 아니다. 그리고 진정한 예술은 자위를 목적으로 만들어지지 않는다.

05

수영복 에디션과 남성용 잡지는
포르노가 아니다?

1994년에 창간된 「로디드」지는 영국에서 가장 잘 팔리는 '청년 잡지', 즉 남성용 잡지다. 「로디드」의 스타일은 대서양을 중심으로 양쪽 대륙 모두에 반영되어 「맥심」, 「FHM」, 「넛츠」, 「킹」 등 많은 잡지에 영향을 미쳤다.

스스로를 로디드 에디터가 되기 위해 태어난 사람이라고 주장한 마틴 도브니는, 「로디드」에서 최장 기간 근무한 편집자로, 로디드 브랜드 자체를 체화하려고 노력했다.[1] 그는 술고래였고, 가벼운 섹스를 즐겼으며, 그의 스캔들은 「타블로이드」지를 장식했다. 그는 독단과 편견으로 가득 찬 「로디드」의 지시를 따르는 데에 가능한 한 많은 시간을 보냈다. LSD^{Lysergic acid diethylamide} (강력한 환각제-옮긴이주) 발명 40주년을 기념하기 위해 산^{acid}을 복용하기도 하고, 하바나의 폭주족들과 어울려 다니며 오토바이 시운전에 나서기도 했고, 헬리콥터를 탄 채 체르노빌의 방사능 노출 늑대들을 사냥하기도 했다.

도브니는 「로디드」의 정수는 남성들에게 그들의 사춘기가 영원히 지속될 수 있다는 판타지를 심어주는 것이라고 말했다. 서른다섯 살이 된 해에 도브니는 이렇게 말했다. "모두가 어른이 되려고 노력하며 인생을 낭비하는데, 그 좋은 시간을 왜들 끝내지 못해 안달인지 모르겠습니다." [2]

거의 나체나 다름없는 여성들의 사진과, 때때로는 완전히 벌거벗은 여성들의 사진으로 가득 찬 「로디드」는 오늘날 남성 잡지의 표본이었다. 하지만 「로디드」를 '포르노'라고 할 수 있을까? 미국 대법원의 포터 스튜어트 판사는 1958년 개봉 후 논란의 중심에 섰던 '연인들'이라는 작품을 '하드코어 포르노'로 봐야 하는지에 대한 판결을 앞두고 있었다. 그의 솔직한 판결은 지금까지도 회자되고 있다. "오늘날 그 짧은 묘사에 담긴 자료의 종류가 무엇인지 정의하려고 시도하는 건 의미 없는 일이기도 하고, 내가 가진 지식으로는 절대 불가능한 일이기도 하다. 하지만 그게 포르노인지 아닌지는 보면 안다. 그리고 이 사건에서 다룬 짧은 동영상은 포르노가 아니다." [3]

'포르노그래피'의 어원은 그리스어로, '매매춘' 또는 '매춘부'라는 뜻의 'porne'과 '글' 또는 '판화'라는 뜻의 'graphos'의 합성어다. 이 정의에 따르면 포르노그래피는 섹스, 보다 광범위하게는 '성적인 것'을 시각적으로 묘사한 것을 가리킬 뿐 아니라, 그 자체로 상업적인 섹스를 의미한다. 포르노그래피는 경제적 거래에 관한 개념인 것이다. 생산자들이 제작한 노골적인 성행위가 담긴 자료가, 성적 활동을 하려는 소비자들에 의해 구매되기 때문이다.

이 정의대로라면, 「로디드」와 같은 잡지는 그 의도와 활용 면에서 포르노로 볼 수 있다. 1950년대에 출간된 「플레이보이」의 창간호와 오늘날 「로디드」에 담긴 내용물을 비교해도 그 두 잡지가 크게 다르다는 생각은 하지 못할 것이다. 게다가 출판사와 독자의 의도 역시 크게 달라 보이지 않는다.

오늘날 남성 잡지 및 잡지의 독자들과 매매춘의 생산자 및 소비자들 사이의 또 다른 공통점은 그들이 여성을 대하는 태도에서 찾아볼 수 있다. 서리대학교와 미들섹스대학교의 심리학자들은 기소된 강간범들이 한 말과 남성 잡지에 실린 말들을 인용한 뒤, 일반인들에게 각각의 인용구가 둘 중 누구의 말을 인용한 것 같은지 선택하게 했다. 그리고 대부분의 사람들은 다음 인용구들이 누구의 말을 인용한 것인지 구분해내지 못했다.

"이건 내가 자주 쓰던 수법인데, 현행범으로 붙잡히고 싶지 않으면, 여자를 공원 벤치로 데려가 박살내버리면 된다."
"여자들은 묶이는 걸 좋아한다. 연약한 피해자 역할을 즐길 수 있으니까."
"대부분의 여자들은 낯선 사람과 침대로 들어가거나 차 뒷좌석으로 기어드는 걸 꺼린다. 하지만 보통은 잘만 꾀어내면 적극적으로 돌변한다."

"여자들은 지점토 같다. 잘 달구기만 하면 그걸 가지고 원하는 건 뭐든 할 수 있으니까."

앞의 인용구 전부와 여기 싣지 않은 훨씬 심각한 다른 인용구들까지 모두 남성 잡지에서 발췌한 글이다. 각각의 문장들은 잡지 전면을 가득 채운, 매혹적인 포즈를 한 여성들의 사진과 함께 실려 있었다.

「로디드」의 전 편집자 도브니는 몇 년 전 포르노가 청소년들에게 미치는 영향에 대해 조사한 이후 남성용 잡지를 다른 시각에서 보게 되었다. 신경과학자, 청소년 등 여러 사람들과의 인터뷰를 통해 도브니는 포르노를 경험한 청소년들이 얼마나 비뚤어진 인식을 갖게 되었는지를 확인했다. 조사 결과는 그에게 큰 충격을 주었고, 비탄에 잠긴 그는 이를 계기로 「로디드」를 떠나기로 결심했다. 그는 이제 포르노로부터 청소년들을 보호하는 일에 앞장서는 운동가가 되었다.

나는 2003년부터 2010년까지 청년 잡지 「로디드」에서 편집자로 일했다. 잡지에 실리는 누드 사진과 외설적인 사진들 때문에 소프트 포르노 제작자라는 비난을 받아야 했다. 「로디드」를 떠난 뒤 나는 내가 만든 잡지가 한 세대 전체를 더욱 외설적인 온라인 포르노의 세계로 이끌었을지 모른다는 생각에 괴로웠다. (중략) 다른 많은 부모들과 마찬가지로, 내 아들의 유년기가 포르노 때문에 망가질까 봐 두렵다. 그러니 이제는 맞서 싸워야 한다. 우리는 모든 종류의 최신 기술에 익숙해져야 한다. 황당하게 들릴지 모르겠지만, 우리는 아이들과 포르노에 관한 이야기를 나누는 첫 번째 세대가 되어야 한다. 아이들에게 포르노에 나오는 섹스는 가짜이며, 진짜 섹스는 성욕이 아니라 사랑을 기반으로 한 것이라는 사실을 알려주어야 한다. 이야기를 나누는 것만으로 아이들에게 새로운 기회가 생길 수 있다. 아무것도 모르는 척 모래 속에 머리를 처박고 있는 건 스스로를 속이는 짓일 뿐이다.[4]

06

포르노를 반대하는 건
종교인뿐이다?

들어가는 글에 썼듯이 이 책은 종교적인 근거를 들어 포르노를 공격하는 책이 아니다. 물론 당신이 읽고 있는 이 책은 거대 카톨릭 출판사에서 찍어낸 데다가, 내 이름을 구글에서 검색하면 염치없게도 내가 카톨릭 신자라는 사실이 들통나는 건 시간 문제다. 나는 포르노를 싫어하는 많은 사람들과 분주하게 일하고, 그들 중 대다수는 그 깊이는 다르지만 모두 신앙을 가진 사람들이다.

포르노를 반대하는 사람들이 대부분 종교인이기 때문에 종교인들만이 포르노를 반대한다는 믿음이 생긴 것은 사실이다. 예를 들어 심리학자 데이비드 레이 박사는 포르노 중독, 섹스 중독에 관한 모든 주장은 종교적 교리에 따른 성 도덕을 옹호하는 종교인들에게서 나왔다고 말했다.

그들은 대개 건강한 성생활의 모델을 제시하지 못하고, 만약 제시한다 하더라도 그 모델이 눈에 뻔히 보이게 보수적이거나 종교적인 믿음에 근거한 것이어서 끔찍할 정도다. 섹스 중독과 관련된 활동을 이끄는 지도자들은 대체로 그 자신이 섹스 중독이라고 알려진 증상에서 벗어난 사람들이거나 종교인들이다. 물론 그게 문제 될 건 없다. 그들이 활동가가 되는 건 문제없다. 하지만 그들은 도덕 시스템에 대해서만 의견을 낼 수 있지 의료 시스템에 대해서는 논할 자격이 없다.[1]

레이 박사는 도덕 시스템과 의료 시스템 사이의 간극, 그리고 각각의 시스템이 인류와 인류의 번영을 보는 시각에 대해 명확히 선을 그었다.

먼저 두 가지 문제를 명확히 짚고 넘어갈 필요가 있겠다. 첫째로, 누군가 종교적 교리에 따라 포르노를 반대하며, 포르노가 도덕성을 훼손시킨다고 주장한다 해도 그 사람의 대의가 잘못되었다고 볼 수는 없다. 19세기에 진행된 노예제 철폐 운동이 진행되는 동안에도 역시 많은 퀘이커 교도들이 대서양을 통한 노예 무역을 반대했는데, 평등을 가르친 종교 계율에 어긋나기 때문이었다. 종교적 동기를 가졌다고 해서 그들의 대의가 잘못된 것은 아니다.

두 번째로, 자유로운 사회에서는 종교적 교리에서 가르치는 도덕을 추구한다는 이유로 특정 사람들을 담화에서 배제하거나 그들이 담화에 기여할 수 있는 바가 없다고 치부해서는 안 된다. 도둑질과 살인에 반대하는 많은 사람들은 교회나 수도원에서 십계명을 배웠다. 그들이 종교적 가르침을 받았다고 해서 그들을 폭력 범죄에 관한 논의에서 배제해야 하는가? 예일대학교 로스쿨의 스티븐 카터 교수는 이런 식의 종교 사유화는 부당하다고 말한다.

> 종교적 대화를 배제하는 광장을 만들려는 노력은, 아무리 신중하게 진행한다 해도, 다른 모든 사람들과는 달리 종교를 가진 그들만은 자신들이 가장 중요하다고 여기는 그 가치를 버리고 나서야 대화에 참여할 수 있다고 선언하게 한다.[2]

종교가 있든 없든 모든 사람은 인류의 번영이 어떤 모습이어야 할지에 대해 각자 의견을 가질 수 있고, 자신의 의견을 광장에 있는 모두와 공유할 수 있어야 한다. 이러한 우려를 배제하고 나서야 우리는 비로소 거짓을 명확히 들여다볼 수 있다. 자, 그럼 묻겠다. 종교인들만 포르노를 반대한다는 것이 사실인가?

몇 년 전 「GQ」 매거진은 남성들이 포르노를 끊어야 하는 이유에 대해 생각하게 하는 기사를 발표했다. 같은 해에 바로 그 「GQ」는 '21세기 가장 섹시한 여성' 100명의 도발적인 사진을 제공하는 동시에, 독자들에게 섹시한 여성들의 사진을 보며 자위하는 건 별로 좋은 생각이 아니라고 조언했다. 대체 왜 이런 조언을 했을까? 「GQ」 매거진의 편집자들은 Reddit.com에서 세를 늘리고 있는 노팹[NoFap]이라는 그룹에 대해 우연히 알게 되었다. 노팹은 (대부분) 남성들로 이루어진 온라인 공동체로 서로 포르노와 자위를 끊는 내기를 진행하고 있었다.

이 공동체는 종교와는 무관한, 포르노와 자위를 끊으면 자신들의 전반적인 건강과 행복도가 어떻게 개선되는지 보고 싶던 회원들에 의해 시작되었다. 노팹 회원의 약 64퍼센트가 극단적인, 혹은 일탈적인 포르노에 빠져 있었다. 해당 그룹의 27-31세 남성 중 19퍼센트가 조루증을 겪었고, 25퍼센트가 파트너와의 섹스에 완전히 흥미를 잃은 상태였으며, 31퍼센트는 절정에 이르는 데에 어려움을 느꼈고, 34퍼센트는 발기 불능을 경험했다. 노팹 공동체에 가입한 뒤 포르노를 끊은 회원의 60퍼센트가 성기능이 개선되었다고 답했다.[3]

나는 운 좋게도 노팹 공동체의 설립자이자 스스로를 불가지론자라고 소개한 알렉산더 로즈와 이야기를 나눌 기회를 얻게 되었다. 인터뷰를 한 시점에 노팹 회원들 대부분은 무신론자 혹은 불가지론자들이었고, 현재 노팹의 온라인 회원은 15만 명을 훌쩍 넘어섰다. 노팹을 시작한 계기에 대해 묻자, 로즈는 이렇게 말했다. "사랑이 나의 동기입니다." 그는 사람들이 포르노를 벗어나 자유롭게 사는 걸 보고 싶다고 했다. 그는 포르노 없는 삶이 훨씬 좋은 삶이라는 것을 진심으로 믿고 있었다. 포르노와 담배를 비교하며 그는 그 둘 모두를 "언제 하든 몸에 해로운 것"이라고 말했다.

로즈와 그의 온라인 공동체에 속한, 종교를 믿지 않는 수천 명의 회원들 같은 남성들만 포르노를 거부하는 건 아니다. 성욕에 문제가 생긴 남성들만이 포르노가 문제라고 생각하는 건 아니라는 뜻이다. 수천 명의 여성들도 이 남성들에 합세했다. 1960년대, 1970년대, 그리고 1980년내에 전 세계는 포르노가 일으키는 사회적 병폐에 맞서 열정적으로 목소리를 높이는 새로운 페미니즘의 부상을 목도했다. 그리고 이 여성들은 종종 조직화된 종교에 반대하는 목소리를 내기도 했다.

결론을 말하자면, 종교인들만 포르노에 반대하는 건 아니다. 개인적 경험을 통해, 또는 사회과학 및 의학 연구를 통해 포르노가 인류의 행복에 해롭다는 사실을 깨달았기 때문에 반대하는 사람들도 있다.

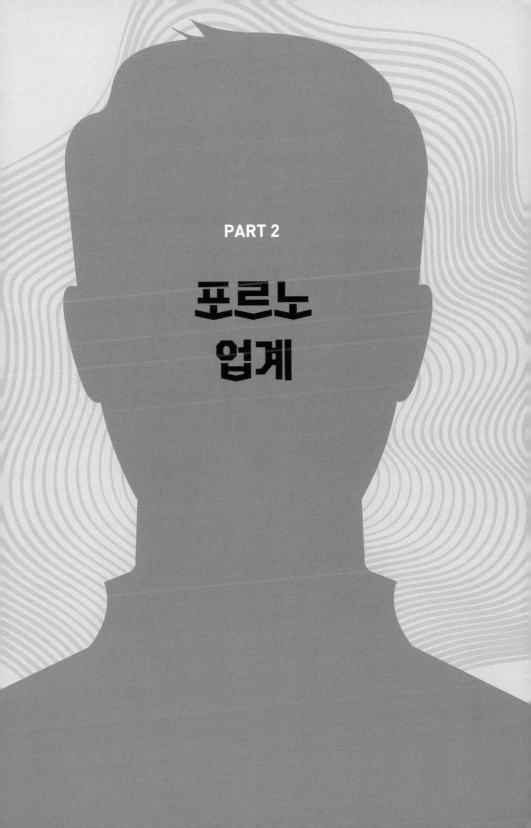

PART 2

포르노 업계

07

포르노 제작자들은
배우를 보호한다?

캘리포니아에서는 포르노 영화 속 콘돔 사용이 수년간 열띤 논쟁의 대상이었다. 2009년 말 '에이즈보건재단^AIDS Healthcare Foundation'은 성인 영화 산업 종사자들에게 콘돔 사용을 의무화할 것을 골자로 한 청원을 제출했다. '성인영화 산업 내의 안전 섹스법^Safer Sex in the Adult Film Industry Act'은 캘리포니아 유권자들 사이에서 지지를 얻었지만 주 상원위원회는 이 법안을 결국 기각시켰다.[1]

포르노 업계에서 가장 잘나가는 여성 감독 중 한 명인 킴벌리 케인은 포르노 배우들의 입장에서는 에이즈보건재단이 오히려 일을 복잡하게 만들고 있다고 말했다. 중앙 성병 검사기관이자 LA 포르노 배우들의 데이터 은행이었던 AIM 헬스케어는 법적 비용을 감당하지 못하고 2010년 문을 닫았다. 그 이후로 여러 검사기관들이 우후죽순으로 생겼지만 데이터베이스가 일괄적으로 관리되지 않는 상황에서 HIV 감염자를 추적하는 건 어려운 일이었다.

더군다나 에이즈보건재단은 포르노 배우들을 독립 사업자 개념과 반대되는, '근로자'의 범주에 포함시켰다. 케인은 이와 같은 범주화가 부적절하고, 위험하며, 황당한 처사라고 말했다. 대부분의 배우들은 한 해 동안에도 동시에 여러 회사와 일하며, 한 번 일한 회사와 1년 안에 다시 일하는 경우도 드물다. 즉 포르노 배우들은 모두 독립적인 사업자라는 것이다. 또한 포르노 스타가 근로자라면, 그들을 고용한 기업이 근로자를 상대로 성병 검사를 실행하는 것은 불법이다. 게다가 근로자들은 '직업안전위생관리국^{OSHA}'의 기준을 준수해야 하기 때문에 촬영 시 콘돔뿐만 아니라 덴탈 댐, 장갑, 고글, 마스크까지 착용해야 한다. 포르노 업계가 외과 의사를 주인공으로 한 포르노를 대량으로 만들어낼 계획을 세운 게 아니라면 실행 불가능한 조건인 것이다.[2]

이 논쟁의 핵심에는 배우들의 안전이 있다. 배우들의 HIV 감염이 포르노 업계에 악영향을 미칠 것이라는 사실을 의심하는 사람은 없다. 그렇다면 업계 지도자들이 포르노 스타들의 안전을 위해 할 수 있는 모든 일을 하고 있다고 믿어야 하는 게 아닐까? 하지만 이 주장은 왜 이렇게 의심스러울까?

안전^{Safe}. 참 흥미로운 단어다. 그렇지 않은가? 라틴어에 뿌리를 둔 이 단어는 '다치지 않은, 건강 상태가 좋은, 온전한'이라는 의미를 가지고 있다. 이 단어가 흥미롭다고 말하는 이유는, 포르노 업계의 무엇을 떠올려도 그곳이 여성들이 (이 문제에 있어서는 남성들도) 다치지 않고, 건강하게, 온전한 상태로 일할 수 있는 환경을 제공할 리가 없다는 생각이 들기 때문이다.

2013년 이후 해당 업계를 대상으로 진행된 모든 검사 결과와는 별개로 포르노 업계 기준에 따르면, 배우들을 상대로 한 검사 결과 HIV, 클라미디아, 임균에 관해서만 음성 판정을 받으면 그들은 영화에 출연할 수 있다. 2012년 이후로 매독에 대한 불안감이 번져 매독 검사는 점점 정기화되고 있다. 반면 간염에 대해서는 업계에서 크게 신경 쓰지 않는다.[3] '성인물 업계 의료보건재단Adult Industry Medical Health Care Foundation, AIM'의 설립자 샤론 미첼 박사는 포르노 스타의 66퍼센트가 헤르페스 바이러스 보균자라고 밝혔다(헤르페스 2형은 단순 포진 바이러스 2형이라고도 알려져 있다. 감염자와의 성 접촉을 통해 감염되며, 감염되면 성기 주위에 물집이 발생하고 통증이 생긴다-옮긴이주).[4]

감염 및 질병 발생 가능성은 차치하고서라도, 성 노동은 그 자체로 큰 우려를 낳고 있다. 포르노에는 기본적으로 피처 필름과 곤조 필름 이렇게 두 가지 하위 장르가 존재하는데, 피처 필름은 줄거리와 등장인물, 갈등, 갈등 해소 등의 요소가 긴 정사 장면을 둘러싸고 있다. 곤조 필름은 줄거리 따위로 시간을 낭비하지 않는다. 어느 포르노 잡지는 곤조 필름에 대해 이렇게 설명했다.

곤조는 포르노 장르에서 압도적으로 우위를 점한다. 줄거리를 기반으로 한 피처 필름에 비해 제작비가 저렴할 뿐 아니라, 본론으로 바로 들어가 곧장 흥분에 빠지고 싶은, 혼자 즐기는 소비자들 대다수가 선택하는 장르이기 때문이다. 진짜 연기와 줄거리, 대화를 원하는 사람은 최신 넷플릭스 영화를 찾아보면 될 일이다.

"곤조는 늘 한계를 초월합니다." 업계 리더 렉싱턴 스텔레가 말했다. 그중 최악은 가학적 섹스다. 이 영화들이 여성의 몸의 한계를 시험하고 (파괴하기) 때문만이 아니라, 대다수 가학 섹스 포르노에서 펼쳐지는 행위가 비위생적이기 때문이다. 로버트 젠슨에 따르면, 곤조 필름 속 여성은 "자기 자신의 건강 같은 건 중요하지 않다는 듯 행동하거나, 그녀의 건강 따위는 안중에도 없는 남성이 던지는 무언의 강요를 수용하는 모양새를 보인다. 어느 쪽이든 그 영화 속 여성은 인간 취급을 받지 못한다."[5]

ABC 방송 간판 토크쇼 '프라임타임'과의 인터뷰에서 유명한 곤조 배우 벨라도나는 영화 촬영 전에 정신적으로, 그리고 육체적으로 어떤 준비들을 해야 했는지 이야기했다. "촬영이 있기 전날부터 프로세스가 시작됩니다. 5시부터는 아무것도 먹지 않죠. 관장을 두 번 하고요, 다음날 아침에도 아무것도 안 먹습니다. 몸에서 물을 완전히 짜내기 위한 것이죠."[6]

다니엘 윌리엄스는 업계에 몸담았던 몇 년 동안 잔혹한 행위를 여러 차례 목격했다고 말했다. 그녀는 곤조 배우들이 견뎌야 했던 육체적 학대를 이렇게 묘사했다.

한동안 업계에 몸담았던 한 포르노 배우는 영화 촬영 중 과도한 항문 성교로 항문 근육이 파열돼 그 조직이 촬영 세트장에 떨어졌다. 일부 여배우들은 생식기에 상처를 입어 불임이 되기도 했다. 한 남성 포르노 배우는 극단적이고, 거친 섹스를 하는 도중에 성기 근육이 파열되는 사고를 겪었다.[7]

전직 포르노 배우 에밀리 이브는 업계에 있을 때 그녀가 겪었던 신체적, 정신적 피해에 대해 이렇게 묘사했다.

내가 찍었던 장면 중에 시체 역할을 해야 하는 장면이 있었습니다. 죽은 채로 강간당하는 장면이었죠. 온몸에 멍이 든 채 집에 오거나, 거친 장면을 촬영할 때는 가끔 피가 날 때도 있었어요. 그들은 나를 때리고, 침 뱉고, 내게 끔찍한 말들을 내뱉었죠. 매 촬영이 끝날 때마다 집에 돌아와 울면서 잠이 들었어요. 내일은 어떤 일이 벌어질지 두려웠거든요.[8]

포르노 세트장에서 술과 마약이 자유롭게 사용된다는 사실은 새삼 놀랍지도 않다. 신체적, 정신적 고통을 마비시키기 위해서 술이나 마약에 의존하기도 하고, 마음을 마비시켜 촬영이 진행되는 동안 멍한 상태를 유지하기 위한 목적도 있다. 전직 포르노 배우 저지 잭신은 이렇게 말했다. "남자들이 내 얼굴에 주먹질을 하고 거칠게 옷을 벗겨내죠. 그러면 마음이 몸 밖으로 빠져나오는 기분을 느낍니다. 언제나 그런 식이죠. 영혼을 가진 사람이 아니라 물건 취급을 당하는 겁니다. 사람들이 마약을 하는 이유는 그런 취급을 견디지 못하기 때문이에요."[9] 실제로 많은 포르노 배우들이 엑스터시, 코카인, 마리화나, 자낙스, 베릴륨, 바이코딘, 그리고 술에 의존한다고 고백했다.

이게 바로 배우들의 안전을 위한다고 주장하는 포르노 업계의 잔혹한 현실이다. 차라리 할리우드의 스턴트맨이 더 안전한 직업일지 모른다.

포르노 업계는 안전과는 거리가 멀다. 포르노 배우 오로라 스노우가 이 업계에서 벌어지는 일들에 대해 한 말에 전적으로 동의를 표한다. "이 비즈니스는 신뢰가 아니라, 섹스와 돈 위에 세워진 비즈니스라는 사실을 기억하는 게 중요합니다."[10]

08

포르노 배우들은
성 노예가 아니다

매년 수많은 신예 포르노 배우들이 업계에 들어선다. 이 신예 배우들은 포르노가 꿈의 직업이었다고 말하며, 그들은 자신이 바라던 커리어 목표를 궁극적으로 달성했다고 주장한다. 아사 아키라도 그중한 명이다. 그녀는 자신의 책 『만족할 수 없는: 포르노-러브 스토리 Insatiable』에 자신의 경험을 적었다. "이 일 외에 다른 일은 하고 싶지 않다." 그녀는 이렇게 썼다. "섹스 장면을 촬영할 때마다 거의 매번, 나는 조금은 사랑에 빠진다. 사람들이 날 지켜보는 게 좋고, 내 모습이 전시되는 것도 좋다. 나는 사람들의 관심을 한몸에 받는 게 정말 좋다."

물론 그녀도 섹스에 열광하는 이미지를 제시하는 게 비즈니스에 좋다는 사실을 알고 있다. 하지만 그녀의 행동은 전략과는 거리가 멀다. 그녀가 포르노에 완벽하게 걸맞는 배우인 이유가 바로 이것이다. "난 과시욕이 강한 사람이다. 성욕도 강하고, 나르시스트적인 측면도 엄청나다."[1]

이 성공한 포르노 스타는 300편이 넘는 성인 영화에 출연했고 미국에서 가장 부유한 포르노 스타 중 한 명으로 꼽히기도 한다. 그녀의 연간 순수익은 150만 달러가 넘는 것으로 알려져 있다.[2] 그녀는 포르노 업계 기준으로도 극단적인 섹스 연기로 명성을 얻었다. 그리고 그녀 역시도 그녀가 문제를 일으키고 있다고 생각하는 사람들이 있다는 사실을 알고 있다. "그런 종류의 거친 섹스가 여성들의 지위를 격하시킨다고 보는 사람들이 얼마나 많은지 압니다." 그녀가 말했다. "하지만 그건 내 판타지였어요. 이 일이 나의 판타지를 채우는 방법이라면, 그게 어떻게 나 스스로를 격하시키는 일이 되겠어요?"

아키라도 자신이 기준이 될 수 없다는 사실을 알고 있다. 한 인터뷰에서 그녀는 바로 그 이슈에 대해 이야기했다. "포르노 업계에 대해 이야기할 때마다 내가 여러분이 생각할 수 있는 최상의 시나리오라는 점을 짚고 넘어가려고 하죠. 모든 사람이 나와 같은 건 아니에요."

그렇다면 다른 사람들은 어떻게 느낄까? 포르노 업계에 종사하는 다른 여성들은 자신의 경험에 대해 어떻게 생각할까? 법학자 캐서린 A. 맥키논이 이 사안에 대해 두려울 정도로 날카로운 통찰력을 공유했다.

모든 종류의 매매춘과 마찬가지로, 포르노에 등장하는 여성들과 아이들은 대부분 자신의 선택에 의해 영화에 등상한 것이 아니라, 선택의 기회가 박탈된 탓에 출연하게 된 것이다. 포르노 업계가 말하는 '동의'는, 이들이 모욕당한 뒤 제정신이 아닌 상태에서 '동의'했다는 뜻이다 (강간 사건에 등장하는 단어와 같다). 즉 발생한 일을 막지도 못하고, 탈출구도, 현실적인 대안도 찾지 못하는 상태에 놓인 사람들을 상대로 동의를 구한 것이다. 이들 중에는 심지어 어린 시절 성폭력을 당한 사람, 약물 중독자, 노숙자, 절망에 빠진 사람도 있다. 이들은 얻어맞거나 살해당하지 않기 위해, 또는 절망적인 재정 상태를 벗어나기 위해, 돈을 위해 자신에게 가해지는 성적 학대를 묵인하고 만다. 그리고 대부분의 경우 그 돈은 다른 사람의 수중으로 들어간다.[3]

맥키논에 따르면, 포르노 업계는 흔히 배우들이 자유 의지에 따라 영화에 출연했다는 말로 방어를 시작한다. 그들은 가난하고 힘없는 사람이 자발적으로 포르노 출연을 결정했다 해도, 그들의 경제 상황은 그 결정과 아무런 관련이 없다고 주장한다. 자유로운 선택의 결과라는 점을 찬양하는 것은 페미니스트적 이상향으로 여겨지기도 하는데, '여성들은 카메라를 향해 다리를 벌리는 것으로 그들의 자유 의지를 표현하기' 때문이다.[4]

일부는 이와 같은 주장이 일화 증거를 바탕으로 한 지나친 일반화의 오류라며 맥키논의 주장을 반박한다. 그러나 그건 사실과 거리가 멀다. 대부분 훌륭한 글들로 이루어진 문집 『상품이 아닙니다: 매매춘과 포르노그래피에 저항하는 페미니즘Not for sale』에 실린 방대한 연구 자료가 그녀의 주장을 뒷받침한다. 수천 명의 실제 여성들이 증언한 수천 개의 진짜 이야기가 일화에 불과하다는 주장을 계속해서 펼치는 것은 학문적으로도 정직하지 못한 일일 뿐 아니라, 증인들을 모욕하는 일이기도 하다.

그들의 이야기를 하나하나 살피다 보면 포르노와 성 노예 제도가 서로 닮았다는 사실을 서서히 깨닫게 된다. 둘 모두 남성들(그리고 점점 더 많은 수의 여성들)에 의해 운영되며, 이들은 여성들에게 가학적 섹스를 강요해 수익을 창출한다. 섹스는 '동의하에' 이루어질지 모르나, 그 과정에서 여성들은 전혀 동의하지 않은 학대에 노출된다. 이에 대한 전직 포르노 배우들의 묘사를 인용한다.

> 에밀리 이브: 그 장면 촬영이 끝나고 보니 목에서 피가 나더군요. 온몸에 멍이 들고 질이 찢어져 있었죠. 눈에도 멍이 들었고요. 내 자신이 얼마나 약한지, 얼마나 닳아버렸는지 느껴졌어요. 솔직히 말하자면, 다시 강간을 당한 기분이었죠.[5]
>
> 제시 서머스: 곤조 포르노를 통해 일을 시작했는데, 그 일은 내가 한 경험 중 가장 수치스럽고, 당황스럽고, 끔찍한 경험이었습니다. 한 번은 인터렉티브 DVD를 찍어야 했는데 열이 40도나 오르고 몸이 펄펄 끓는데도 몇 시간이고 촬영이 계속됐습니다. 눈물이 멈추지 않고, 그만두고 싶었는데도 에이전시가 허락해주지 않았어요. 약속을 어겨서는 안 된다고 하더군요.[6]
>
> 코리나 테일러: 한 남자 포르노 배우와 촬영하던 날이었어요. 도중에

그에게 멈추라고 소리치고, 싫다고 계속해서 비명을 질렀지만 그는 멈추지 않았습니다. 고통이 너무 심해서 쇼크 상태에 빠졌고 몸이 축 늘어져버렸죠. 그에게 맞서 싸울 힘이 더는 없었어요. 그 장면 촬영이 끝난 뒤에, 그들은 나를 집에 데려다주지도 않았어요. 나는 택시를 불러 병원으로 달려갔죠. 너무 고통이 심해서 검사를 받아야 했거든요. 하루가 지나고 빈스한테서 전화가 왔어요. 내가 당한 강간에 대해 입막음을 하려던 거죠. 그는 내가 지금 누굴 열 받게 하고 있는지 모른다고 나를 위협했고 실제로 무슨 일이 있었는지에 대해 자신이 추가 증인으로 나서면 내가 거짓말쟁이라는 사실이 입증될 거라고 했어요.[7]

니사: 그건 내 인생 최악의 장면, 그리고 최악의 순간이었어요. 나는 강간을 당했고, 언어적으로, 그리고 신체적으로 학대당했습니다. 인생에서 가장 끔찍하고 수치스러운 경험이었어요. 나는 충격과 공포 속에 빠져버렸죠.[8]

엘리자베스 롤링스: 에이전트가 내게 웹사이트용 촬영 외에 섹스를 제안하기까지 그리 오랜 시간이 걸리지는 않았습니다. 내가 그와 섹스를 하지 않으면 대가를 치르게 될 거라고 말했죠. 그 사람은 한 장면을 촬영한 직후에 자신의 이기적인 욕정을 채우려고 했습니다. 그의 아내가 아랫층에 있는데도요. 그는 나를 계속해서 위협했고 내가 복종하지 않으면 파산시키겠다고 말했어요. 카메라가 꺼진 뒤 섹스를 강요한 제작자가 그 사람 하나는 아니었습니다. 포르노 제작자들은 여성들을 착취해 자신의 욕

망을 풀고 여성들로부터 더 많은 장면을 취하기 위해 매매춘이라는 방식을 사용했습니다. 하지만 난 그 사람을 믿었죠. 그가 나를 아끼는 줄 알았어요. 그가 내게 이런 짓을 할 줄은 몰랐습니다.[9]

제시 쥬웰스: 포르노 업계에서 일하는 사람들은 현실 감각이 없습니다. 마치 좀비가 돌아다니는 것 같죠. 이 업계에서 자행되는 학대는 정말 말도 안 되는 수준입니다. 이 어린 여성들이 어떤 취급을 당하는지 보면 정말 끔찍하고 충격적이죠. 내가 그 업계를 떠난 이유도 내가 겪은 트라우마 때문이었어요. 포르노 업계에 몸담은 기간이 길지도 않았는데 말이죠.[10]

포르노 업계가 타인의 약점을 미끼로 사기를 치기 때문에 유해하다는 이유로 포르노를 반대하는 것은 시대에 뒤처진 주장이다. 이제는 일단 한 사람의 사진이 찍힌 뒤에는, 사진을 찍힌 사람의 주장 따위는 관심 밖으로 밀려난다. 그 사진은 이제 하나의 '아이디어'가 되었고, 따라서 헌법이 표현의 자유를 들어 보호하는 하나의 작품이 되었기 때문이다.

법학자 캐서린 맥키논은 포르노 찬성론자들의 전형적인 주장을 이렇게 묘사했다.

그들은 포르노를 비판하려면, 잡지 속에서, 또는 사회 전반에서 여성들이 어떤 취급을 받고 있는지에 대해 비판할 일이 아니라 그 작품 안에 담긴 '아이디어'를 비판하는 것이 옳다고 말한다. 이런 시각에서 보자면, 여성들에게 자행되고 있는 일에 대한 모든 비판은 도덕적 비판으로만 받아들여지게 되는데, 자유주의자라면 알겠지만 이러한 성격을 가진 비판은 팩트를 근거로 한 것이 아니라 단지 누군가의 의견 또는 개인적인 생각을 근거로 한 것처럼 비치게 된다. 이토록 방어적이고 비논리적인 체계는 자유주의의 핵심을 이루는 다섯 가지 관점(개인주의, 자연주의, 비의존주의, 이상주의, 도덕주의)에 시종일관 의존한다.[11]

그렇다면 맥키논이 언급한 친-포르노 페미니즘의 이 다섯 가지 핵심적인 관점이라는 게 무엇일까? 이 다섯 가지 관점은 상호 보완적인 관계를 이룬다.

1. **개인주의**: 우리는 자신이 속한 그룹의 일원으로 사는 것 외에 다른 선택의 여지가 없는 구성원들을 특별한 개인으로 취급한다. 이 중에는 어린 시절 학대당하거나 수차례 강간당한 사람도 있고, 사춘기 이전 혹은 사춘기 시절에 하드코어 포르노에 반복적으로 노출되었던 사람도 있다. 물론 궁핍하고 가난한 사람도 있다. 이 사람들 중 누구라도 자신들의 상처와 약점을 극복하고 포르노 세트장으로 향한다면, 이들이 가진 독특한 개성은 앞의 요소들을 아무것도 아닌 것으로 만들어버린다. 그들은 더 이상 강간 피해자도, 성인물에 지나치게 노출된 사람도, 혹은 가난한 사람도 아니게 된다. 그들은 그저 사람이 되는 것이다.

2. **자연주의**: 한 사람의 성장 배경 혹은 사회 경제적 상태를 이루는 요소들은 그 사람이 타고난 특성 그 이상도 이하도 아닌 것으로 그 의미가 축소된다. 이 요소들은 더 이상 사람의 몸을 상업적으로 활용하기 전에 고민해야 할 만한 사회적 요소가 아니라 그저 그 사람의 자연스러운 혹은 정상적인 상태로 여겨질 뿐이다.

3. **비의존주의**: 이 여성들, 그리고 남성들은 대단히 정상적인 성격을 가진 개인들일 뿐이라서, 포르노에 출연하겠다는 그들의 선택은 순전히 그들의 자유 의지로 내린 결정이라고 이해하면 된다. 이들의 상처와 약점 때문에 권력자들의 쉬운 먹잇감이 되었다고 생각하는 것은 옳지 않다.

4. **이상주의**: 따라서 포르노 무대 안팎의 배우의 삶은 그리 우려할 만한 것이 못된다. 중요한 것은 현실이 아니라 현실에 대한 '아이디어'다. 즉 모든 포르노 이미지가 그렇듯 에로틱한 아이디어가 중요하다는 얘기다.

5. **도덕주의**: 따라서 만일 포르노 미디어가 단순히 아이디어에 불과하다면, 도덕적으로 상대적인 것으로 취급되어야 한다. 합리적인 사람들은 이러한 아이디어에 남들과 다른, 그러나 합당한 입장을 취할 줄 알아야 한다.[12]

포르노 배우들의 진술을 몇 문장만 읽어봐도 포르노 업계에 들어서기 전 힘없고 불안했던 그들의 비극적인 상황을 짐작할 수 있다. 그리고 나면 포르노의 진정한 실체, 즉 성 착취 도구로서의 실체가 보이는 것이다.

그렇다. 포르노 업계에 종사하는 여성들 대다수는 업계의 밑바닥을 경험한다. 그렇다면 그와 같은 어려움을 겪으면서도 포르노 업계에 남기로 결정한 여성들은 왜 그런 결정을 내렸을까? 물론 그들 역시도 성욕으로 가득 찬 여성 혐오주의자 남성들을 상대해야 했다. 하지만 그들은 그와 같은 환경을 딛고 일어서 남성 중심적인 포르노 업계에서 자신의 커리어를 스스로 통제할 수 있게 되었다. 이 점을 고려했을 때 몇 가지 중요한 시사점들을 찾을 수 있다.

먼저, 강제 혹은 강요에 의해 업계에 남는 것보다 적극적 선택의 결과로 포르노 업계에 남는 것이 더 낫다고 여겨지기도 한다. 하지만 '합의에 의한 참여'는 이 주제를 평가하는 데 사용되는 다양한 요소 중 하나일 뿐이다. 전문 마약상들이 강요에 의해 그 일을 하지는 않을지 모르나 강요하지 않았다고 해서 그들의 커리어 선택이 옳았다고 볼 수는 없지 않은가.

둘째, 타인의 권력을 착취하여 만든 상품 덕에 권력을 갖게 된 누군가를 찬양하는 것은 사회적으로 책임감 있는 행동이 아니다. 여성 해방의 정수는 여성들이 선택권을 가지게 되는 것이며, 설령 그 선택이 포르노 업계에 남는 것이라고 해도 마찬가지라는 주장을 펼치는 사람들이 있다. 이 주장에 레베카 위스넌트는 현명한 답을 내놓았다.

페미니즘은 여성의 종속을 끝내는 데에 의의를 둔다. 다양한 분야에서 여성의 선택권을 확대하는 것은 분명 중요한 일이다. 그러나 그게 전부는 아니다. 사실, 모든 의미 있는 해방 운동에는 선택의 자유에 대한 요구 외에도 그 선택이 당사자에게 미친 영향은 물론 타인에게 미친 영향에 대해서까지 책임지게 하는 과정도 포함되어 있다.[13]

열광적인 포르노 소비자들을 위해, 포르노 배우들이 생계를 위해 감내하는 학대에 대해 다시 한 번 언급하고 싶다. 동의하에 이루어진 일인지와는 상관없이, 여성이 자신의 존엄성을 잊었더라도 존엄한 존재로 대하는 것은 중요한 일이다.

09

포르노 배우는
다재다능한 님포매니악이다?

가볍게 읽을거리를 찾고 있는 사람에게 레이니 스페이저의 『가장 핫한 포르노 스타 100인의 고백Confessions of The Hundred Hottest Porn Stars』은 그다지 추천하고 싶지 않은 책이다. 이 책은 카메라가 꺼진 뒤 펼쳐지는 업계 남녀의 일상에 대해 자세히 썼다. 커피 테이블 위에 장식용으로 놓아두기 좋은 하드커버 책에는 포르노 배우들의 섹스 어드벤처에 대한 가벼운 이야기들이 컬러 사진들과 함께 담겨 있다. 이게 바로 포르노 업계가 내세우고자 하는 이미지다. 타인의 쾌락을 위해 기꺼이 촬영에 나서는 섹스에 미친 여성들.

잘 알려진 여러 사례들을 보면 사실과 크게 동떨어진 것 같아 보이지 않는다. 18세에 포르노 업계에 몸담은 사샤 그레이는 업계에서 가장 성공한 여배우가 되었다. 첫해에 그녀는 'AVN 성인영화상Adult

Movie Awards'에서 여러 상을 수상했다. 다음 해에는 올해의 여배우 상을 수상한 가장 어린 여배우가 되었고, 그다음 해에는 포르노 잡지 「제네시스」가 그녀를 '가장 핫한 100명의 포르노 스타' 중 1위로 꼽았다. 포르노 업계에 뛰어들기 위해 LA로 이사하기 전, 그레이는 포르노 여배우를 양성하는 거물 에이전트 마크 스피글러에게 이메일을 보냈다. 그녀는 이메일에 자신이 포르노 영화에서 어떤 연기를 하고 싶은지를 적은 기나긴 목록과 함께 다음의 선언문을 동봉했다.

> 내가 본 포르노 대부분은 지루하기 짝이 없었고, 내게 육체적, 시각적 흥분을 주지도 못했습니다. 여성의 모습은 어때야 하는지, 침대 위에서 여자는 어떻게 해야 하는지의 한계를 넓혀가는 포르노 배우들도 몇 안 되더군요. 그래서 제가 그들 중 한 명이 되고 싶어졌습니다. 성적 상상력에 대한 저의 욕망은 말씀드릴 필요도 없고요. 저는 모든 종류의 더러운 섹스에 목이 말라 있습니다. 모두의 판타지를 채워줄 바로 그 사람, 제가 되겠습니다.[1]

그녀가 포르노 업계에 몸담은 기간 동안 그녀는 자신의 일을 천직으로 여겼다. "사람들에게 내가 얼마나 내 일을 사랑하는지 보여주고 싶어요." 그녀가 말했다. "이건 9시에 출근해서 5시에 퇴근하고, 퇴근 후에는 남편과 아이들과 함께 집에서 쉴 수 있는 종류의 일이 아니죠. 난 내 일이 좋습니다. 내 일이 절대 지루하다고 생각하지 않아요. 나는 내 일을 자랑스럽게 생각합니다."

미아 로즈도 마찬가지였다. 2006년 미아와 여동생 아바는 여러 편의 포르노 영화에 출연하기 시작했다. 그때까지 그녀가 잠자리를 가진 남성이 이미 98명에 이르렀기 때문에 카메라에 섹스 장면을 담는다고 크게 문제 될 건 없었다.[2] 그녀는 자신을 섹스 중독자라고 설명했다. "섹스는 내 삶에서 아주 큰 역할을 차지합니다. 난 섹스를 숭배하죠. 내게 섹스는 사랑하는 존재가 아니라 숭배의 대상이에요."[3]

보다시피, 일부 포르노 스타들은 섹스에 대한 열정으로 업계에 남는다. 하지만 전혀 다른 이유로 업계에 남는 배우들도 있다. '성인물 업계 의료보건재단'의 샤론 미치웰 박사는 클리닉을 운영하며 포르노에 출연하는 남녀 배우들을 정기적으로 진찰한다. 그녀는 포르노 업계에 접근하는 여성들에는 세 가지 종류가 있다고 말한다. 섹스 중독자, 돈 중독자, 유명세 중독자.[4]

엘리자베스 롤링스와 같은 사람들은 절망적인 인생을 벗어나려고 포르노 업계에 발을 담그기도 한다.

첫 번째 영화를 찍게 된 건 크레이그리스트(미국의 지역 생활정보 사이트에서 시작돼 전 세계로 확산된 온라인 벼룩시장-옮긴이주)를 통해 제안받은 웹사이트 광고를 통해서였어요. 난 돈이 필요했고 쉬운 일 같더군요. 거절할 이유가 없었죠. 잘못된 일이라는 건 알았지만 당장 현금이 필요했고, 불법적인 일도 아니었으니까요. 그래서 영화에 출연하게 됐죠. 하지만 몇 달 뒤 포르노 배우를 직업으로 삼기로 결정하기 전까지 아무에게도 그 사실을 알리지 않았어요.[5]

남녀의 정사 장면이 포함된 영화 한 편당 여배우들이 받는 돈은 700달러에서 1,200달러 정도이고, 남자 배우의 경우 그 돈의 절반 정도를 받는다.[6] 2003년 '프라임타임'의 다이앤 소여가 진행한 유명한 인터뷰에서 벨라도나는 이렇게 말했다. "난 열여덟 살이었어요. 머릿속에 돈 생각밖에 없었죠."[7]

높은 수익을 올리는 배우들은 포르노 영화 속 모습에만 갇혀 있지 않고 영역을 넓혀 자신의 이름을 딴 브랜드를 만들었다. 그들은 성인 용품 판매, 클럽 댄스, 고급 파티 개최, 섹스 칼럼니스트, 웹사이트 운영, 심지어 포르노 영화 제작 및 감독 등으로 직업의 지평을 넓혀가기 시작했다. 자신의 이름을 딴 브랜드를 성공시킨 대표적인 포르노 배우에는 제나 제임슨, 테라 패트릭, 제시 제인이 있다.

명성을 좇는 배우들도 있다. 포르노를 할리우드로 가기 전에 거치는 전 단계라고 생각하는 사람들이다. 하지만 포르노 업계와 할리우드에서 모두 활동할 수 있는 배우는 매우 드물었다. 미첼 박사는 특히 이 여성들에 대한 우려를 표현했다.

경험에 따르면, 가장 큰 도움이 필요한 사람들은 바로 이 명성에 중독된 사람들입니다. 그들은 과거에 결핍을 경험했을 가능성이 높거든요. 불행한 가정사가 있다거나, 어린 시절에 학대를 당했다거나 하는 경우죠. 그래서 18세 생일이 되는 순간 이들은 LA로 떠나는 겁니다. 포르노를 할리우드로 가는 뒷길이라고 생각하는 거죠.[8]

포르노 배우들의 승언만으로도 이들이 다재다능한 님포매니악이라는 잘못된 상식의 첫 번째 부분을 반박할 수 있다. 모든 포르노 배우가 넘쳐나는 성욕 때문에 포르노 업계에 진출하는 것은 아니다. 대부분 돈이 필요해서 뛰어든다. 명성을 원하는 사람들도 있다. 하지만 이 거짓된 믿음의 두 번째 부분은 문제가 될 뿐만 아니라 부정확하기도 하다. 바로 '다재다능한 님포매니악'이라는 개념에 대한 얘기다. 단어의 정의상, 과잉 성욕자는(보다 현대적 진단명으로 말하자면 색정증 환자는) 다재다능할 수 없다. 과잉 성욕은 질병의 한 증상이다.

명확하게 이야기하자면, 과잉 성욕은 섹스를 즐기거나 섹스를 자주 하고 싶어 하는 증상이 아니다. 과잉 성욕이 그냥 섹스에 대해 자주 생각하는 정도의 증상이 아니라는 것이다. 과잉 성욕은 성적 쾌락을 강박적으로 좇는 증상을 말한다. 임상의들에 따르면 과잉 성욕을 초래하는 요소들은 다양하며, 성격 장애, 섹스 중독, 강박증, 충동 조절 장애, 혹은 과거의 학대 경험 등이 그에 포함된다. 과잉 성욕증 환자들은 종종 정서적 안정을 얻기 위한 수단으로 성적 쾌락을 추구하기도 한다.

'전미 성교육자, 카운셀러, 테라피스트 협회American Association of Sexuality Educators, Counselors, and Therapists, AASECT'의 서부 지역 대표 스티븐 L. 브레이브맨은 어린 시절 경험한 성적 학대의 생존자들은 성인이 되고 난 뒤 무모한 섹스를 좇거나 아예 섹스를 포기하는 성향을 보인다고 말한다. "그들은 전형적인 모 아니면 도 식의 행동을 합니다. 흑백이 아주 뚜렷하죠. 성적으로 대단히 활발해지거나 아예 성생활과 담을 쌓아

버리거나 둘 중에 하나입니다."⁹

　성적 트라우마가 있는 포르노 스타를 찾는 건 어려운 일이 아니다. 크리시 모란은 6년간 포르노 업계에 몸담았고, 전성기에 그녀는 웹사이트로만 월 15,000달러의 소득을 올렸다. 하지만 그녀에게 포르노는 어린 시절 겪었던 성적 학대와 잇따른 데이트 폭력으로 말미암은 상처의 연장선일 뿐이었다. "저는 관계 중독자였습니다. 그런 관계를 수도 없이 거치다가 바닥을 찍고 말았죠. 이별을 견디기가 너무 힘들었거든요."¹⁰

　전직 포르노 배우이자 '핑크 크로스 재단Pink Cross Foundation'의 설립자인 셸리 루벤은 많은 포르노 배우들이 어린 시절 성적, 신체적, 언어적 폭력을 당한 경험이 있다고 말한다. 그녀는 이렇게 고백했다. "어린 시절 우리는 섹스가 우리를 가치 있게 만들어준다고 배웠어요."¹¹ 전직 포르노 배우 제니퍼 케첨은 포르노 업계의 많은 여성들이 어린 시절 강간, 학대, 방임을 겪었다고 말하며 루벤의 말에 동의를 표했다. 그녀는 이렇게 썼다. "어린 시절 학대당한 경험이 있는 여성들이 다 포르노 업계에 들어서는 건 아니지만 (신체적, 감정적, 또는 성적) 학대를 경험한 많은 여성들이 성적으로 위험을 감수하는 행동을 하곤 한다." 그리고 포르노 업계에 들어서는 건 그들이 감수하는 위험의 한 형태다.¹²

　물론 섹스를 숭배하는 남녀 포르노 배우들이 모두 학대의 산물이라는 뜻은 아니다. 하지만 포르노 업계는 그 특성상 성적으로, 그리고 관계에서 상처 입은 사람들에게 매력적인 곳이다. 이 업계에 종사하는 남녀 배우들의 행복을 우려하는 사람이라면 이 사실에 주목해야 한다.

우리에게 성 관련 장애로 고통받는 누군가를 기형적인 쇼에 출연시킬 자격이 있을까? 그건 마치 지속적으로 허기를 느끼게 하는 유전적 질병 프래더윌리증후군 환자를 찾아, 남들의 유흥거리로 전락시키기 위해 먹기 대회에 출연하라고 권하는 것과 마찬가지다.

모든 포르노 스타들이 성욕 과잉이라는 전제는 틀렸다. 그리고 색정증 환자들은, 그 정의에 따르면, 다재다능할 수 없다.

10

아동 포르노만 아니면
문제가 되지 않는다?

열세 살 난 앨리샤 코자키윅스가 온라인 채팅방에서 대화한 스콧 타이리는 친절하고 정중하며, 앨리샤를 존중하는 남자였다. 그녀가 그를 필요로 할 때마다 그는 컴퓨터 반대편에서 늘 그녀와 함께 있어주었다. 앨리샤 역시 그가 나이 많은 남성이라는 사실을 알고 있었지만 그건 중요하지 않았다. 그는 그녀의 친구였으니까. 이 남성은 십대들이 흔히 가진 취약성을 활용해 여러 차례 그녀를 공략했다. 결국 그는 그들의 대화에 성적인 이야기를 끼워넣기 시작했고 그녀는 그가 듣고 싶어 한다고 생각하는 말들을 앵무새처럼 따라했다. 그들의 채팅은 늦은 밤까지 이어졌고 종종 사진을 교환하기도 했으며 결국에는 앨리샤 역시 성적인 표현에 거리낌이 없어졌다.

2002년 새해 첫날, 타이리는 다섯 시간을 운전해 앨리샤를 만나러 왔다. 그녀는 그가 오고 있다는 사실을 알고 몰래 집에서 빠져나와 자기도 모르는 사이에 인생 최악의 악몽 속으로 스스로 걸어들어갔다. 그는 앨리샤를 납치해 "입 다물어", "착하게 굴어", "널 위해 트렁크를 치워놨어" 등의 협박을 해가며 오랜 시간 운전을 해 집으로 향했다. 늦은 밤 집에 도착한 타이리는 앨리샤를 지하실로 데려갔다. 그 후 며칠 동안 그는 앨리샤를 반복적으로 강간하고, 학대하고, 그녀를 상대로 변태적인 기구들을 사용했다. 그는 온라인 친구들 몇 명에게 자신의 포획물을 찍은 사진을 공유했다. 앨리샤는 그의 소유물이 되었을 뿐 아니라 다른 남자들의 포르노로 전락하고 만 것이다.

다행히 앨리샤의 사진을 본 남성 중 하나가 온라인 실종 신고자 목록에서 본 앨리샤의 얼굴을 알아보고 FBI에 익명으로 신고해왔다. 백만 번에 한 번 있을까 말까 한 구출 작전이 펼쳐졌다. 타이리는 1월 4일 자신의 직장에서 체포되었고, 앨리샤는 벌거벗은 채, 겁에 질려 타이리의 집 침대 밑에 숨어 있다가 발견되었다.

아동 포르노에 관한 이야기는 언제 읽어도 힘든 이야기다. 구출된 지 십여 년이 지난 지금 앨리샤는 온라인 성범죄자들에게 길들여지거나, 가족, 친구, 이웃에 의해 아동 포르노의 피해자가 된 수천 명의 아이들을 보호하는 일을 하고 있다. 아동 포르노에 대한 그녀의 발언은 문제의 정곡을 찔렀다. "아동 포르노라는 단어 자체가 그 본질을 흐리고 있다고 생각합니다. 아동 포르노라는 건 사실 아동 강간 범죄 현장을 찍은 이미지거든요."[1]

아동 포르노와 성인 포르노 사이에는 명확한 차이가 있다. 자신의 의지로 포르노 업계에 뛰어든 스물한 살의 여성과, 카메라 앞에서 강간당하는 열 살 소녀는 전혀 다르다.

그러나 우리가 이 사안에 대한 선택을 내릴 때 법적 정의는 별 도움이 되지 않는다. 다음에 대해 생각해보자. 남자친구와 함께 자신의 방에서 아마추어 포르노를 만드는 열일곱 살 여자아이와, 열여덟 살 생일이 지난 뒤에 똑같은 일을 벌인 여자아이는 어떻게 다를까? 전자는 불법이다. 후자는, 모든 조건이 동일하다면, 합법일 가능성이 있다. 하지만 대체 그 이유가 뭘까? 법에 따르면, 사회적 약자들은 동의할 능력이 부족하기 때문이다. 하지만 이 시나리오대로라면, 첫 번째 사례 속 소녀와 두 번째 사례 속 소녀의 정신적 성숙도에는 차이가 거의 없다.

동의 능력을 갖추려면 몇 살이어야 하는지에 대한 법적 세부사항에 대해 논하자는 게 아니다. 다만 열여덟 살이 지나면 마법이라도 일어나는 듯 생각하는, 허구에 가까운 개념의 허점을 짚고 넘어가고 싶다. 청소년기에 친척들과 남자친구들에게 성적 학대를 당한 소녀의 사례를 들어보자. 그녀는 이 트라우마의 여파로 성적으로 문란한 행동을 하기 시작했고, 열네 살이 되었을 때 자신을 상대로 한 성착취 영상을 온라인에 공유했다. 물론 이 영상이 문제가 되는 이유는 대부분의 나라에서 그것을 불법으로 보기 때문이기도 하지만, 대부분은 그 영상이 성적 학대를 당한 어린 소녀의 과거의 산물인 것을 알면서도 그 영상에 대고 자위를 한 사람들을 생각할 때 당혹감을 느낀다. 하지만 그 여성이 열여덟 살이었다면, 그 동영상이 동일한 성적 학대의 결과물일지라도, '이선 합법이니까, 안 그래?'라며 마음을 편하게 가져도 괜찮은 걸까? 이건 기저에 깔린 문제를 무시하기 위해, 흑백논리에 따른 법적 구분을 쉽게 차용하는 것에 불과하다.

포르노 업계가 틈새 시장을 공략할 방법을 모색하는 동안, 포르노에 대한 전반적인 트렌드는 성적으로 조숙한 어린 여성을 담은 콘텐츠 쪽으로 기울고 있다. 어릴수록 신체적 단점이 적기 때문이라는 단순한 이유에서 생긴 수요가 아니다. 포르노 제작자들이 '이제 막 성인이 된'이라든가 '아동', '귀염둥이', '롤리타' 등의 단어를 사용해 자신들의 상품을 마케팅할 때 그들은 배우들의 어린 나이만 강조하는 게 아니라 그들의 어린아이다움을 강조하는 것이다. 2009년 7월부터 2010년 7월까지 진행된 4억 건의 웹 검색 분석 결과 신경과학자 오기 오가사와 사이 가담은 성 관련 용어 중 압도적으로 많이 검색된 단어의 카테고리가 '어린'이었다고 결론 내렸다.[2]

댄 앤들러 교수는 이러한 성향을 우리 문화에 자리 잡은 '소아 성애적 욕망'이라고 부른다. 포르노는 등장하는 여성들의 연령대를 점점 낮춰가면서 한계를 넓혀간다. 유명 미디어들은 자사의 TV 쇼와 광고에 등장하는 어린이들을 '성인화'한다.

2002년 '애시크로프트 대 표현의자유연합Ashcroft v. Free Speech Coalition' 판결은 포르노 역사에 기념비적인 사건으로 기억되고 있다. 이 사건 이전까지 '아동 포르노 방지법Child Porn Prevention Act'에서 정의 내린 아동 포르노는 대단히 광범위했고, 그 카테고리 안에는 심지어 '가상' 아동 포르노(어린이처럼 보이는 사람이 성행위하는 장면을 담은 영화나 사진)까지 포함되어 있었다. 애시크로프트 사건으로 기존의 법은 위헌 판결을 받았고, 그때부터는 진짜 아동이 포르노에 등장하는 것만 법으로 금지됐다.[3]

나는 '가상' 아동 포르노가 합법이어야 마땅한지 여부에 대해 논하고 싶은 것이 아니다. 포르노 제작자들이 적극적으로 한계를 넓힌 결과, 남성들이 뇌에서 어린이라고 인지한 아이들을 보고도 성욕을 느끼게 되었다는 사실을 꼬집고자 하는 것이다. 그리고 이건 결코 인터넷 시대의 새로운 트렌드가 아니다. 1984년에 미국 법무부는 「플레이보이」, 「펜트하우스」, 「허슬러」에 아이들의 사진이 실리는지 검열하는 연구에 기금을 제공했다. 연구자들이 1953년에서 1984년까지 발행된 총 683부의 잡지를 검토한 결과, 근친상간 또는 강제 추행을 암시하는 거의 천 개에 달하는 성인-아동 성관계 시나리오 이미지를 발견했다. 해당 이미지의 51퍼센트는 아동을 그린 만화였고 46퍼센트는 사진이었는데, 그 이미지에 등장한 아이들의 나이는 세 살에서 열한 살까지였다.[4]

우리는 우리가 돈을 지불하거나, 클릭을 통해 지지를 표명한 비즈니스에 대해 책임을 져야 한다. 아동 포르노를 피하고 성인 포르노만 보기로 정하는 건 누군가에게는 고귀한 선택처럼 들릴 수 있겠지만 결국 어쨌든 포르노를 지지하는 행위는 아동을 성상품화하려는 산업 전체를 지지하는 결과를 낳는다.

11

많은 사람들이
공짜로 포르노를 본다?

포르노가 막대한 수익을 벌어들이는 산업임에는 분명하나, 지난 몇 년간 업계의 수익은 꾸준히 하강 곡선을 그렸다. 그러나 그건 포르노에 대한 사람들의 관심이 줄어들고 있기 때문이 아니라, 온라인에 퍼진 어마어마한 양의 무료 포르노 때문이다.

「저널오브인터넷로Journal of Internet Law」에 따르면 2005년에 포르노는 심지어 뉴스, 스포츠, 비디오 게임을 제치고 인터넷 시장 총 페이퍼 뷰pay-per-view(방송 프로그램의 유료시청 방식 중 하나로, 매 프로그램 또는 채널별로 요금이 정산되는 방식을 말한다-옮긴이주)의 69퍼센트를 차지했다.[1] 그로부터 일 년 뒤 미국 내 동영상 판매 및 대여, 인터넷 판매, 케이블, 페이퍼 뷰, 폰 섹스, 이국적인 댄스 클럽, 잡지, 성인용품점 등을 포함한 섹스 관련 엔터테인먼트 사업의 추정 수익은 130억 달러를 조금 밑도는 수준을 기록했다.[2] 당시 전 세계 포르노 업계의 수익은 약 200억 달러 수준으로 추정되었다.

그러나 5년 뒤 표현의자유연합은 전 세계, 그리고 미국의 포르노 업계의 수익이 그 절반으로 떨어졌다는 분석 결과를 발표했다. 어마어마한 양의 무료 포르노가 온라인에 배포되었기 때문이다.[3] 한 연구 결과는 인터넷 포르노 시청자의 80-90퍼센트가 무료 포르노(유료 포르노의 무료 샘플, 불법 복제물, 아마추어 포토 및 비디오 등)만 찾는다고 보고했다.[4]

그렇다면 인터넷에 무료 포르노가 넘쳐나는데 포르노 웹사이트들은 어떻게 돈을 버는 걸까? 먼저, 그들은 방문객들이 멤버십에 가입하면 전체 동영상, HD 동영상, 3D 영상, 스타 여배우들이 등장하는 동영상, 무대 뒤 영상 자료 또는 광고나 팝업[5] 없는 동영상 등 프리미엄 자료들을 볼 수 있다고 설득한다. 2008년 한 해에만 약 3백만 명의 미국인들이 온라인으로 포르노를 구매했고 그들이 지불한 돈은 월 평균 60달러였다.[6]

하지만 당신은 그들 중 하나가 아니라고? 포르노 웹사이트에 단 1달러도 쓰지 않았다고? 포르노 웹사이트의 주요 돈벌이 수단 중 하나는 악성 소프트웨어, 즉 멀웨어malware다. 스파이웨어나 바이러스가 여기에 해당되는데 이 멀웨어는 사용자의 동의 없이 기기에 설치되며, 사용자의 기기에 기술적 문제를 일으키고 사용자의 온라인 활동을 모니터링하거나 통제하는 데에 사용될 수 있다. 때때로 포르노 업계의 제휴사들은 그들의 멀웨어가 소비자의 컴퓨터에 다운로드될 때마다 포르노 웹사이트에 돈을 지불하기도 한다.

빈공과대학교의 길버트 원드라섹 박사는 웹 크롤러(방대한 웹페이지를 방문해 각종 정보를 자동으로 수집해오는 프로그램으로, 검색엔진의 근간이 된다-옮긴이주)를 개발해 50만 개 이상의 포르노 웹사이트에서 콘텐츠를 다운로드했고, 크롤러를 통해 방문한 페이지의 3.23퍼센트에 멀웨어가 설치되어 있다는 사실을 발견했다. 3.23퍼센트라고 하니 대단히 많은 건 아니라고 생각할 수 있겠지만 이 수치는 이전 연구를 통해 밝혀진 멀웨어의 다섯 배에 달하는 수치다. 게다가 그 수치를 매일 방문하는 수백만 명의 방문객 수에 곱하면 어마어마하게 많은 컴퓨터에 멀웨어가 침투했다고 볼 수 있다.[7]

포르노 웹사이트의 또 다른 주요 수익원은 광고다. 구글, 페이스북을 비롯해 당신이 자주 찾는 수많은 웹사이트 등 다양한 무료 온라인 서비스를 생각해보자. 인터넷을 사용할 수 있는 기기와 인터넷 연결만 있으면 대중은 이 웹사이트들을 무료로 사용할 수 있다. 그럼에도 이 웹사이트 중 일부는 세계적으로 가장 높은 수익을 창출한다. 어떻게 그런 일이 가능할까? 광고를 통해 막대한 수익을 올리기 때문이다. 인터넷 포르노 업계도 마찬가지다.

포르노 웹사이트들은 사이드바 광고에 직접 제작한 동영상에 대한 광고를 싣거나 혹은 동영상이 일시 정지될 때마다 팝업 광고가 뜨도록 설정한다. 웹사이트에는 특정 제휴사의 광고가 실리기도 하고, 수천, 수백 개 기업들의 광고를 제공하는 광고 네트워크를 통해 광고가 실리기도 한다. 누군가 광고를 클릭할 때마다(클릭당 지불), 광고가 방영될 때마다(노출당 지불), 방문객들이 광고가 포함된 제품이나 서비스를 구매할 때마다(판매당 지불), 또는 트래픽 양을 기준으로 퍼센티지로 배당하는 방식으로(퍼센티지 프로그램) 포르노 웹사이트에 돈이 흘러 들어가는 것이다.

다시 말하면 포르노 웹사이트를 검색하는 것만으로도, 또는 페이지들을 보며 몇 시간을 보내는 것만으로도 포르노 업계의 수익 창출에 기여하는 셈이다. 당신이 방문하는 대부분의 웹사이트에서 노출당 지불 광고주들이 포르노 업자들의 호주머니를 두둑이 채워준다. 웹사이트 방문으로 해당 웹사이트의 인지도가 높아질수록 포르노 기업들은 더 많은 돈을 번다.

PART 3

포르노 그리고 우리의 성

12

여성들은 포르노로
말미암아 고통받지 않는다?

포르노는 보통 남성들의 전유물, 그러니까 남성들이 만들고, 남성들이 보고, 남성들이 중독되는 콘텐츠로 여겨진다. 반면 여성들은 대체로 포르노의 희생자로 그려지곤 한다. 포르노는 여성을 상품화하고, 학대하고, 남성들에게 여성들을 학대하도록 가르친다. 이것이 포르노에 대한 흔한 시선이다. 남성들은 실력 없는 선생에게 가르침을 받은 나머지 공격적인 성향을 띠게 되고 여성들이 그 때문에 피해를 입는다는 것이다.

만약 어떤 여성이 포르노를 본다면 그녀의 남자친구 혹은 남편이 그녀와 함께 포르노를 보고 싶어 하기 때문이라고 생각하기 쉽다. 포르노를 사용하는 이성애자 여성들에 대한 최근 연구는 이렇게 결론 내렸다. "이성애자 여성이 포르노를 보는 경우는, 보통 자신의 파트너와 함께 보는 경우가 대부분이라는 사실을 알 수 있다."[1]

여성이 포르노를 본다고 하면, 보통은 그녀의 남자친구 또는 남편이 원하기 때문에 그와 함께 보는 것이라고 생각한다. 그러나 우리는 종종 여성들 중에서도 자신이 원해서 포르노를 보는 사람이 있다는 사실을 놓치곤 한다. 그리고 이 여성들 중 일부는 포르노 중독자다.

로렌 더빈스키는 장난 삼아 포르노를 보기 시작했다. 그녀는 담배든, 술이든, 포르노든, 자신이 무언가에 중독될 리 없다고 생각했다. 그래서 때때로 포르노에 탐닉하면서도 크게 걱정하지 않았다. 하지만 그렇게 때때로 탐닉한 포르노가 그녀를 바꿔 놓았다. 포르노에 중독된 여자라는 수치심이 상황을 더 어렵게 만들었다. 그녀의 글 '포르노를 보기 전에 알았더라면 좋았을 것'에 로렌은 자신이 포르노를 보면서 얻게 된 몇 가지 결과에 대해 이야기했다. 그녀는 '피해의식'을 얻었다. 그녀의 연애에도 문제가 생겼고 수치심, 죄책감, 고립감 등의 기분에 억눌리게 되었다. 그녀는 이렇게 썼다. "누군가 내게 여성들도 포르노를 본다는 얘기를 해줬더라면 얼마나 좋았을까. 그랬다면 '포르노를 보는 유일한 여성'이라는, 그리고 내게 문제가 있다는 수치심에 몇 년 동안 고통받지 않아도 되었을 텐데."[2]

뉴저지의 보수적인 종교 집안에서 자란 오드리 아사드는 어린 시절 포르노에 빠져들었다. 그리고 그로 말미암은 죄책감과 혼란에, 포르노는 '남성들의 문제'라는, 자주 등장하는 잘못된 정보가 더해졌다. 잘못된 정보에 대한 믿음은 그녀의 고립감을 더욱 심화시켰다. 지금은 현대 음악가가 된 그녀는 어린 여성들 앞에서 종종 연설을 할 기회를 얻게 되었고, 그때마다 연설이 끝난 후 자신과 이야기하고 싶어 하는 사람이 얼마나 많은지에 놀란다고 말했다. 대부분 자신과 마찬 가지로 고립감과 포르노를 보는 여자는 자신뿐이라는 수치심에 괴로 워하는 여성들이었다.

포르노를 사용하는 여성들에 대한 논의는 드물지만 그래도 점점 증가하는 추세다. 한 연구에 따르면 청소년기 여성의 50퍼센트가 지 난 6개월 내에 포르노를 사용한 적이 있다고 답했다. 또 다른 연구에 서는 연구에 참여한 18세에서 34세 여성의 25퍼센트가 포르노를 사 용한다고 응답했다. 심지어 50세에서 65세의 여성 중 4퍼센트가 포 르노 사용을 인정했다. 이 연구 결과는 모든 종류의 포르노에 대한 간헐적 또는 빈번한 사용 통계를 포함한다. 약 2퍼센트의 여성들이 일주일에도 여러 차례 포르노를 사용한다고 답했다.[3]

이 숫자와는 대조적으로 2010년 퓨연구센터가 실시한 연구 결과 에 따르면, 설문에 참여한 여성 중 겨우 2퍼센트만이 온라인 포르노 를 본다고 고백했다. 2013년에 그 수치는 8퍼센트로 치솟았다. 만약 다른 연구 결과들이 신뢰할 만하다면, 실제 수치는 퓨연구센터가 내 놓은 결과보다 훨씬 높아야 맞다.

이러한 연구들의 한 가지 문제는, 강박적으로 포르노를 사용하는 이성애자 여성들에 대한 편견이 기저에 깔려 있다는 점이다. 한 노르 웨이 연구자는 이렇게 썼다. "이성애자 여성들은 여전히 전통적으로 주어진 올바른 여성상의 영향력에서 벗어나지 못한 채, 여자는 순결 해야 하며, 그 목적이 사랑의 표현 또는 임신이 아닌 경우에는 섹스를 해서도 안 된다고 믿는 것 같다. 따라서 포르노 소비는 여전히 비도덕적인 것 또는 금기로 여겨진다."[4] 이처럼 여성들의 포르노 사용은 아직 제대로 이해되지도, 연구되지도 못했다.

포르노 웹사이트의 통계는 거짓말을 하지 않는다. 세계 최고 랭킹을 차지하는 포르노 웹사이트 중 하나에서 수집한 2014년 통계에 따르면, 포르노 사용자의 23퍼센트가 여성인 것으로 밝혀졌다. 남성 5명당 한 명꼴로 여성들이 포르노를 소비하고 있었던 것이다. 여성들은 미국 내 포르노 시청 인구의 15퍼센트를 차지한다.[5]

흔히들 남성들이 여성들보다 포르노에 더 취약하며, 그건 그들이 시각적인 자극에 더 크게 반응하기 때문이라고 주장한다. 그래서 남성들이 성적인 이미지에 더 큰 자극을 받는다는 것이다. 반면 여성들은 남성에 비해 더 감성적이고, 관계를 중요시하기 때문에 단순한 이미지에는 자극을 덜 느낀다고 여겨진다. 여성들의 성인물은 포르노보다는 로맨스 소설이나 에로 서적 쪽이라고 여겨진 것이다. 그러나 일부 연구 결과 여성들도 남성들만큼이나 포르노에 흥분을 느낀다는 사실이 밝혀졌다.

섹스와 관련 없는 이미지가 주는 자극과 비교했을 때, 포르노 이미지들은 남성과 여성 모두의 뇌에 두 배에서 세 배에 가까운 반응을 일으켰다. 한 MRI 연구는 참가자들에게 포르노 이미지를 보여주고, 그들이 이미지를 보는 동안 뇌 활동을 관찰했다. 남성과 여성 모두 자극에 대한 반응이 증가했는데, 다만 자극에 반응한 뇌 영역의 위치가 달랐다. 처음에 연구자들은 이것이 남성들이 여성들보다 시각적 자극에 더 크게 반응한다는 자신들의 가설을 뒷받침하는 증거라고 생각했다. 그러나 연구 참가자들과 인터뷰를 진행하는 동안 그들은 다른 사실을 발견했다. 남성들의 뇌 활동만 보고 분석했을 때 그들이 여성들에 비해 더 큰 자극을 느낀 것으로 해석되었는데, 인터뷰 응답을 분석하자 남성보다 여성이 더 큰 자극을 느꼈다는 결과가 나왔다.[6]

그 뒤로 진행된 연구에서 여성들은 남성들과 마찬가지로 시각적 자극에 반응했고, 반응 횟수도 거의 동일했다. 그러나 그들이 이미지의 어떤 부분을 보느냐에 따라 흥분을 느낀 방식에 차이가 있었다. 이미지의 다양한 요소에 따라 남성이 여성보다, 혹은 여성이 남성보다 더 큰 흥분을 느낀 것이다. 여성들은 이미지 속 여성이 시선을 피할 때 더 큰 흥분을 느꼈고, 여성의 음부가 클로즈업되었을 때(즉, 하드코어 포르노를 보면서) 남성들보다 더 큰 흥분을 느꼈다.

여성들이 남성들에 비해 포르노에 자극을 덜 느낀다는 편견에 대해서는 이쯤 하도록 하자. 얼마나 많은 여성들이 포르노를 좋아하는지에 대해서는 알려진 바가 없다. 하지만 포르노를 보는 여성의 수가 증가하고 있다는 사실은 명백하다. 그렇다면 이 증가 추세의 원인은 무엇일까?

월드와이드웹이 등장하기 전까지 포르노는 남성들을 겨냥한 '더티' 매거진에 주로 존재했다. 아내와 어머니가 아이들과 함께 난롯가에 둘러앉았다면, 남성들은 슬그머니 구석진 뉴스 가판대를 찾아가 자신들의 길티 플레저guilty pleasure(죄의식을 동반한 즐거움-옮긴이주)를 갈

색 종이가방으로 가린 채 자리를 뜬다. 그러다가 '성인용품점'이 생겨났고, 마을의 후미진 곳에 '정숙한' 여성들이 갈 만한 곳은 아니라고 여겨지던 성인영화관이 생겨났다.

하지만 세상은 크게 변했다. 포르노만 변한 것이 아니라 포르노가 전파되는 방식까지 변한 것이다. 포르노 영화는 급증했고 극장에서만 볼 수 있던 영화들이 이제 온라인에 무료로 배포되었다. 여성들도 아무도 없는 집에 편안하게 앉아 원할 때면 언제든 포르노를 볼 수 있게 된 것이다. 포르노를 찾는 여성들 대다수는 스트레스 해소 목적으로, 그리고 일상 생활에서 부여되는 다양한 역할에서 벗어나기 위한 수단으로 포르노를 본다고 답했다.[7] 포르노를 보는 여성들에 대한 가장 역설적인 사실은, 그들이 보는 포르노의 대다수가 여성 혐오적이라는 것이다. 여성들이 찾는 포르노 장르는 상대적으로 부드러운 게 사실이지만, '거친 섹스'와 '신체 결박'은 2014년 한 해 동안 여성들이 가장 많이 검색한 16개 단어에 속해 있었다. 대조적으로 남성들의 검색어 탑 16에는 이 두 단어 중 어느 것도 포함되어 있지 않았다.[8]

그렇다면 이런 종류의 포르노가 포르노를 보는 여성들에게 미치는 영향은 무엇일까? 먼저 포르노는 어떤 행동이 '수용할 만한' 행동인지에 대한 판단을 둔감하게 만든다. 남성이 자신을 때리거나, 침을 뱉거나, 목을 조른다는 생각은 대부분의 여성들을 인상 찌푸리게 한다. 그러나 이러한 행동이 여성들을 돕는 행동이라고 찬양하는 사람들도 있다. 배우 조안나 앤젤은 여성에게 신체적, 정신적 학대를 가하는 포르노에 참여하는 것도 '페미니스트적' 행동이 될 수 있다고 주장했다.[9] 그런 식의 대우가 여성의 자유로운 선택에 따른 것이라면, 그 또한 페미니스트적인 행동이라는 것이다.

「계간 여성 심리학Psychology of Women Quarterly」에 실린 최근 연구에 따르면 포르노 시청은 남성과 여성 모두를 여성 차별주의자로 만들 수 있다.[10] 여러 페미니스트 단체는 바로 이러한 이유로 포르노에 반대한다. 로렌 두카 기자는 이렇게 설명했다. "포르노가 아니었다면 페미니즘 의제에 동의했을 여성이, 여성 차별적인 포르노를 본 뒤 그 믿음을 잃는다는 사실에 특히 화가 난다."[11] 그래서 여배우의 입장에서는 스스로 선택에 의해 그 장면을 촬영한 것이고, 선택권 역시 자신에게 있었기 때문에 포르노가 여성 해방에 도움이 된다고 주장할 수 있지만, 그 장면을 보게 되는 여성들은 선택에 의해 그 장면에 노출되는 것이 아니다. 마초이즘(남성 우월주의-옮긴이주)이 여러 선택지 중 하나가 아니라 여성이 선택해야 하는 단 하나의 선택지가 되어버린 것이다.

보다 '여성 친화적인' 포르노를 요구하는 목소리에 대한 응답으로, 포르노 업계는 특별히 여성들을 위해 제작한 새로운 포르노 카테고리를 만들었다. 여성 포르노에서 "여성들은 남성들의 성욕 분출 도구가 아니라 성욕을 가진 주체로 그려진다. 이 영화 속 여성들은 진정성이 담긴 지적 대화를 통해 천천히 매혹당하고 사랑을 느낀다."[12] 2007년 여성 포르노의 선구자 칸디다 로열이 제작한 동영상은 매달 거의 만 건 가까이 팔려나갔다. 주 고객층은 여성이었다.[13] 그러나 이 수치가 여성들이 전형적인 하드코어 포르노를 보지 않는다는 사실을 말해주는 건 아니다. 그렇다 해도 여성 포르노가 포르노 업계에서 무섭게 성장하는 틈새 시장이라는 말은 전혀 과장이 아니다.

이 새로운 틈새는 자신의 섹스 파트너를 통해 포르노를 접하는 여성의 수 증가와 정확히 들어맞았다. 다시 말하면, 포르노가 여성들을 유혹하는 수단으로 사용된다는 뜻이다. 이러한 현상은 남성들은 혼자 있을 때 주로 포르노를 보지만, 여성들은 보통 파트너와 함께 포르노를 본다는[14] 포르노를 보는 방식의 남녀 차이를 설명하는 잘 알려진 예다.

쉬운 인터넷 접근성과 여성들만을 위한 특별한 장르 덕에 점점 더 많은 여성들이 포르노를 통해 탈출구를 찾는다. 일부는 심지어 스스로 중독을 우려할 정도로 포르노에 빠져들기도 한다. 그럼에도 여성들의 포르노 중독을 다룬 연구는 거의 존재하지 않는다. 그리고 그 사실과는 별개로, 포르노가 남성들만의 문제였던 시절은 이미 오래전에 끝났다.

13

자위를 하지 않는 건
남성 건강에 해롭다?

지그문트 프로이트만큼 현대의 성 개념에 지대한 영향을 미친 사람
은 없을 것이다. 자위는 한 사람의 성적 능력을 사용하는 잘못된 방
법이라는 개념에 대한 현대의 거부 반응은 그에게서 기원을 찾을 수
있다. 프로이트는 이렇게 썼다. "자위는 내 인생에서 가장 '주된 중독'
증상으로 자리 잡은 습관이 되었고, 술, 모르핀, 담배, 지나친 도박 등
다른 종류의 중독은 자위의 대안으로만 영향을 미쳤다."[1]

　많은 남성들에게 있어 자위는 소변을 보는 것처럼 아주 자연스러
운 일이다. 중요한 기능, 그것도 즐거움이라는 기능을 충족시키는 생
리적 욕구이기도 하다. 하지만 자위는 오랜 기간 금기시되어왔다.
1760년 스위스의 외과 의사 사뮈엘 오귀스트 티소는 지금은 유명해
진, 자위가 유발하는 외과적 질병에 대한 그의 논문을 엮은 『오나니

슴L'Onanismo』을 출간했다. 그는 지나치게 잦은 자위는 몽롱함과 두통, 기억 상실, 통풍, 류마티스 및 기타 질병 관련 문제를 일으킨다고 믿었다. 그로부터 1세기 이상이 지난 뒤 존 하비 켈로그 박사(맞다, 그 콘프레이크의 창시자다)는 그의 저서『모든 이들을 위한 평범한 사실들 Plain Facts for Old and Young』을 통해 자위 반대 캠페인을 시작했다. 저서에서 그는 자위가 비뇨기 관련 질병, 전립선 비대증, 그리고 발기 불능과 정신 이상을 유발할 수 있다고 주장했다.

그 시대의 윤리학자들은 전반적으로 자위는 악이라고 믿었다. 임마누엘 칸트는 인간은 스스로를 버리고 '짐승의 성향'을 좇아서는 안 되며, 그렇지 않으면 그는 자기 자신을 존중할 수 없게 된다고 생각했다.[2] 장자크 루소는 어린 시절 자주 자위를 했는데, 자신의 경험에 대해 '어린 남성이 몰두하기 쉬운 가장 치명적인 습관'이라고 불렀다.[3]

그러나 지난 백 년 동안 자위 반대 조류는 특히 서향의 문화권에서 결정적으로 뒤집어졌다. 지그문트 프로이트, 알프레드 킨제이, 윌리엄 마스터스, 버지니아 존슨과 같은 남성들의 영향으로 이제 사람들은 자위가 자연스러운 경험일 뿐 아니라 성욕에 대한 건전한 대응이라고 믿게 된 것이다.

시드니대학교에서 인간의 성에 대해 강의하는 앤서니 산텔라 교수와 스프링 쿠퍼 교수는 여러 연구 결과 남성들의 자위는 건강한 활동이라는 사실이 입증되었다고 주장한다. 그들은 자위가 전립선 암의 발병 위험을 줄여주고 면역 체계의 기능을 개선하며 우울감을 감소시켜준다고 주장했다. 그러면서 이들은 자위가 다른 사람과의 섹스

대체재로 활용될 때 임신과 성병을 피할 수 있다는 사실은 굳이 말할 필요도 없다고 덧붙였다.[4]

이쯤에서 명확하게 짚고 넘어갈 것이 있다. 자위가 시력 상실이나 정신 이상을 유발한다고 주장하는 의사는 없다. 그러나 일부의 말마따나 자위를 피하는 것이 건강하지 않다는 주장도 해서는 안 된다. 의사들이 하는 자위가 당신의 건강에 좋다는 말은, 자위가 다른 방법을 통해 얻을 수 있는 효과, 즉 당신의 심박수를 높이거나 혈액순환을 돕는 효과를 낸다는 말이 아니다. 자위가 건강에 좋다고 주장하는 사람들은, 사정하는 것이 건강에 좋다는 말을 하려는 것이다. 전립선 암을 예로 들어보자. 잦은 자위가 전립선 암의 가능성을 줄여준다고 주장하면서 산텔라와 쿠퍼는 미국의학협회보의 연구를 언급했는데, 그 연구 결과 역시 혼재된 내용을 담고 있었다. 연구자들은 이렇게 썼다. "통계적으로 중요한 혹은 중요하지 않은 긍정적 연관성에 관한 9건의 연구가 있었다. 그중 3건의 연구가 연관성이 없다고 보고했고, 7건은 통계적으로 중요하거나 혹은 중요하지 않은 역의 관계를 발견했다. 그리고 한 연구 결과가 U자 형의 관계를 발견했다." 이 말을 일반적으로 풀면 무슨 뜻일까? 사정을 자주 하는 것과 전립선 암 사이에는 상관관계가 없다는 뜻이다.[5]

이처럼 연구 결과가 서로 충돌하는 건 두 가지 이유에서다. 먼저 해당 연구에서 연구자들은 수십 년 전의 사정 빈도에 대한 남성들의 흐릿해진 기억에 의존하여 조사를 진행했다. 두 번째로, 연구자들은 모든 오르가슴이 동일한 효과를 낸다고 가정했다. 그러나 연구자들이 자위와 성관계 사이의 차이를 이해하기 시작한 뒤, 그들은 더욱 일관적인 추세를 발견할 수 있었다. 해당 논문의 검토 결과, 남성의 음경을 여성의 질에 삽입하는 성관계가 건강에 미치는 광범위한 이점이 발견되었다. 하지만 그 외의 다른 성적 활동은 건강을 약화시키거나 혹은 건강과는 관련이 없었고, 자위의 경우 부정적인 연관관계가 발견되었다.[6]

이 연구 결과는 전혀 놀랍지 않다. 생존과 인간의 종족 번식을 위해 섹스는 필요하다. 따라서 섹스가 긍정적인 결과물을 낳는 것은 당연하다. 만일 사정 자체가 건강한 것이라면, 자위를 통한 사정도 건강한 것이어야 하지만 실제로는 그렇지 않다. 그 이유에 대해 정확히 아는 사람은 없다. 그저 남성의 몸이 다양한 사정의 종류에 다양하게 반응하는 것뿐. 심지어 자위를 통한 사정과 성관계를 통한 사정의 결과 만들어진 정액은 그 성질이 서로 다르다.[7]

티소와 켈로그가 자위가 건강에 미치는 부정적인 영향에 대해 지나치게 과장한 면은 있지만, 오늘날의 연구 결과 빈번한 자위가 다음 항목들과 관련이 있다는 사실이 밝혀졌다.

- 전립샘 비정상증 증가
- 발기부전 회복력 하락
- 정신 건강 만족도 저하
- 관계 만족도 저하
- 우울증 증가 및 행복도 저하[8]

자위를 삼갔을 때 유발되는 건강 관련 문제를 다룬 문서는 없다. 그리고 연구자들은 여전히 자위가 유발할 수 있는 긍정적인 건강 효과의 입증 가능성을 살피고 있다. 그러나 건강 관련 질문들을 배제하고 나면 남성들이 자위를 하는 이유의 핵심을 들여다볼 수 있다. 사실 암 발생률 저하를 판타지로 삼아 자위를 하는 사람은 아무도 없지 않은가.

우리가 살고 있는 사회에서는 섹스 판타지 세계로의 탈출이 너무나도 정상적인 행동으로 여겨지기 때문에 다른 삶의 방식이 있을 수도 있다는 사실을 믿기 어려운 것이다. 하지만 자위는 인류 보편적인 경험이라고 보기 어렵다.

예를 들어 중앙아프리카공화국의 전통적인 수렵-사냥 부족인 아카족은 먹을 만한 식물을 찾아다니고, 열대 다우림에 캠프를 꾸리고, 종교 의식이 담긴 춤을 즐기고, 다성이 담긴 노래를 부른다. 서양인들에게 그들이 사는 방식은 기이하고 미스터리하며, 심지어 이상하리만치 아름답게 보일 수 있다.[9] 이런 그들의 언어에는 '자위'를 뜻하는 단어가 없다.[10] 그것은 그들의 성문화에 존재하지 않는 개념인 것이다.

이와는 대조적으로 서양의 남성 중 25퍼센트가 매일, 또는 일주일에 몇 차례씩 자위를 한다고 답했다. 55퍼센트는 하루에 한 번 또는 한 달에 한 번 자위를 한다고 답했고, 14-17세 소년의 절반가량이 일주일에 적어도 두 번 자위를 한다고 답했다. 섹스 판타지로의 탈출이 일상이 된 것이다.[11]

판타지와 성적 쾌락의 세계로 도피하는 생활 습관은 어떤 결과를 낳을까? 옥스퍼드대학교의 학자 C.S. 루이스는 친구에게 쓴 편지에서 자위에 대한 자신의 생각을 공유했다. 그는 "남성의 성욕은 스스로의 가능성을 능가하기 위해, 그리고 자기 자신을 위한 완전하고 적합한 선물로 기능하도록 생긴 것이며, 그 방법으로 첫째, 인생을 사랑하는 사람과 온전히 공유하고, 둘째, 아이를 낳는 것이다. 그러나 자위를 향한 성욕은 자위 자체를 목적으로 한 것이며 남성을 자기 자신이라는 감옥 안으로 돌려보낸 뒤 상상 속 신부와 함께하는 하렘에 가둔다"라고 썼다.[12]

이 글을 통해 그가 지적하고 싶었던 문제는 무엇일까? 루이스는 자위의 문제는 남성이 현실보다 판타지를 선호하게 되는 데에 있다고 말했다.

하렘은 언제나 닿을 수 있고, 언제나 복종하며, 그 어떠한 희생이나 이해도 요구하지 않는다. 게다가 어떠한 실제 여성에도 비할 수 없는 에로틱한 정신적 매력에 빠져들 수 있다.

그 환상의 신부들 사이에서 그는 언제나 사랑받고, 언제나 완벽한 연인이며, 이기적으로 행동해도 비난받지 않고, 자만심을 보여도 굴욕당하지 않는다.

결과적으로 자위는 남성이 자기 자신을 점점 더 사랑하게 만드는 매개체로 작용한다. (중략) 결국 삶이 우리에게 부여한 주된 임무는 우리 스스로를 극복하는 것, 우리가 태어난 작고 어두운 감옥을 탈출하는 것이다. 자위는 이 과정을 저해하는 다른 모든 것들을 피해야 하는 것과 같은 이유에서 피해야 한다. 자위는 '나'라는 감옥을 사랑하게 한다는 점에서 위험하다.[13]

14

포르노는
성폭력을 예방한다?

1980년대 미국의 페미니즘 운동은 미디어가 종종 앞세우거나 혹은 핵심에 내세운 인물, 안드레아 드워킨이 주도했다. 그 일을 기억할 정도로 나이가 많지 않거나 혹은 크게 신경을 쓰지 않아 잊어버린 사람들은 드워킨이 남긴 업적에 대해 잘 알지 못할 것이다. 하지만 그녀는 페미니즘 운동과 미국의 정치에 한 획을 그었다.

드워킨의 외모는 많은 페미니스트들의 전형으로 자리 잡았다. 헝클어진 머리와 뚱뚱한 몸, 전 세계에서 사행되는 여성에 대한 폭력에 분노하던 드워킨은 구약 성서의 예언자처럼 포르노에 분노했고, 덕분에 미디어는 그녀를 사랑하는 동시에 싫어했다. 전방위적으로 자기 주장을 펼친 드워킨은 사력을 다해 포르노와 맞서 싸웠는데, 포르노가 여성에 대한 남성의 지배를 성화한다고 봤기 때문이다.

1986년에 그녀는 포르노그래피에 관한 법무부장관 위원회[Attorney General's Commission on Pornography]의 스타 증인으로 떠올랐다. 그녀는 위원회가 포르노와 성폭력 사이의 핵심적 연관관계에 대해 인지해야 한다고 주장하며 다음과 같이 말했다. "포르노는 강간에 활용됩니다. 강간을 계획하고, 실행하고, 연출하고, 강간을 저지르고자 하는 욕구를 불러일으키죠."[1] 드워킨에게 포르노의 생산과 보급은 시민권과 관련된 문제였고, 그녀는 여성을 보호하기 위해서는 포르노에 관한 보다 엄격한 법안 마련이 필요하다고 주장했다.

드워킨의 시대 이래로 아주 많은 변화가 있었다. 지난 30년 동안 드워킨과 다른 페미니스트들은 포르노가 사회에 어떤 영향을 미치는지에 대한 증거들을 무시하고 있다고 비난받았다. 오늘날 많은 사람들은 포르노가 강간이나 성폭력을 유발하는 게 아니라 오히려 예방한다고 주장한다.

클렘슨대학교의 경제학 교수 토드 D. 켄달은 이렇게 주장한다. "잠재적 강간 범죄자들은 포르노를 강간의 대체재라고 생각한다." 그가 내세운 증거는? 월드와이드웹의 도래가 유례없는 방식으로 포르노의 대량 공급을 가능하게 했고, 따라서 드워킨이나 그녀의 지지자들이 예상했던 것에 비해 포르노에 대한 접근성이 높아지고, 가격은 저렴해지고, 익명성이 높아졌다는 것이다. 켄달은 인터넷이 널리 보급되면서 강간 범죄 발생률이 감소한 반면 다른 범죄 비율은 그렇지 않았다고 주장했다.[2]

노스웨스턴대학교 법학과 교수 앤서니 다마토 역시 이에 동의했다. "포르노에 대한 접근성이 극적으로 높아짐에 따라 강간 범죄가 줄어들었다. 그 둘은 역의 상관관계를 보인다. 포르노가 많아질수록 강간 범죄가 줄어든다." 인터넷을 도입한 주들은 이내 그렇지 않은 주에 비해 강간 범죄가 크게, 그리고 급격히 줄어드는 현상을 목격했다. 다마토는 이 검증되지 않은 주장에서 한 걸음 더 나아가 이렇게 말했다. "어떤 과학자도 포르노가 강간 범죄의 가능성을 높인다는 증거를 발견하지 못했다."[3] 일부는 이 주장을 이렇게 이해했다. "만약 당신이 여성을 강간하고 싶어 하는 종류의 남성이라면, 집에 앉아 포르노를 보며 자위를 함으로써 욕구를 털어버릴 수도 있을 것이다."

첫 단추부터 다시 끼워보자. 포르노가 모든 남성들로 하여금 성폭력을 저지르게 한다는 주장은 명백히 잘못된 주장이다. 그리고 진지한 포르노 비평가라면 그런 주장은 하지 않을 것이다. 그 어느 때보다 많은 남성들이 포르노를 소비하고 있으며, 포르노를 가장 많이 보는 남성들도 여성을 잔인하게 강간한다는 생각에는 몸서리를 친다. 포르노는 강간을 위한 충분 조건도, 필요 조건도 아니다.

그러나 포르노가 성폭력을 예방한다는 주장을 회의적으로 보아야 하는 몇 가지 이유가 있다.

- 첫째, 강간 범죄율 감소에 실제로 영향을 미친 것은 강간 및 성폭력 교육 또는 여성들을 위한 보호 수단 증가 등 다른 요소일 수 있다. 앞의 연구 중 그 어느 것도 이런 요소들을 고려하지 않았다.

- 둘째, 강간 범죄가 급감하고 있다는 주장은 범죄피해조사National Crime Victimization Survey, NCVS에서 보고한 바와 같이 빈약한 데이터를 기반으로 내린 결론이었다. 국립여성기구의 연구, 국립대 여성 범죄 피해 조사, 국가 여성 대상 범죄 연구, 국가 가정폭력 및 성폭력 설문 조사 모두 NCVS에서 제시한 것보다 높은 강간 범죄율을 내놓았다.[4] 불행하게도, 전체 강간 및 성폭력 범죄 비율은 실제보다 낮게 보고되고 있다.

그렇다면 포르노와 성폭력 사이에는 어떠한 연관관계가 있을까? 복잡한 대답이 필요한 질문이긴 하지만 이에 관한 다양한 연구가 있었다. 사형 집행을 한 시간 앞둔 테드 번디의 마지막 인터뷰를 주의 깊게 지켜봤던 게 기억난다. (실제로 그가 살해한 피해자의 정확한 숫자는 여전히 알려지지 않았지만) 서른 명의 여성을 살해했다고 자백한 이 남자는 그가 납치, 강간, 시체 간음을 일삼게 된 데에 포르노가 큰 역할을 했다고 말했다. 인터뷰 도중에 그는 다음과 같은 소름 끼치는 발언을 했다.

난 사회과학자가 아닙니다. 그렇다고 평범한 사람인 척하지도 않겠습니다. 다들 알겠지만, 나는 지금까지 오랜 시간 감옥에서 살아왔습니다. 그리고 범행 동기를 가진 사람들을 아주 많이 만났죠. 그들은 모두 예외 없이 포르노에 빠져 있었습니다. 깊은 중독에 빠진 사람들이었어요.[5]

주요 언론은 번디의 자백을 선정적으로 다루기 시작했고, 많은 사람들은 그의 발언을 정신 나간 범죄자가 댄 핑계일 뿐이라며 비난했다. 하지만 액면 그대로 바라보면, 번디의 증언은 많은 사람들이 그동안 사실이라고 믿어왔던 것을 확인해준 셈이었다. 포르노에 대한 자유로운 접근이 문제를 가진 특정한 사람들로 하여금 자신의 병적 포르노 판타지를 범죄를 통해 실현하거나, 범죄의 영감으로 사용하게 할 수 있다는 사실 말이다.

그렇다면 일반적인 사람들, 그러니까 납치와 항문 성교, 잔인한 강간 범죄를 절대 저지르지 않을 대다수의 사람들에 대해서는 어떻게 설명할 수 있을까? 게일 다인스 교수는 포르노가 대중에 미치는 영향에 관한 그녀의 생각을 다음과 같이 설명했다. "나는 남성들이 포르노를 본 뒤, 본 대로 강간을 저지른다는 말을 하려는 게 아닙니다. 하지만 포르노가 소비자들에게 그들도 포르노에서처럼 여성들을 대해도 좋다고 생각하게 한다는 건 압니다."[6] 그녀는 연구를 통해 포르노가 1. 성에 관한 남성 우월주의적인 시각을 형성하는 데에 중요한 역할을 하며, 2. 피해자들을 양산하고 원치 않는 성활동을 거부하지 못하게 하고, 3. 사용자가 성적 판타지와 현실을 구분하는 데에 어려움을 겪게 만들고, 4. 성적 학대의 매뉴얼을 제공한다고 믿게 되었다.[7]

남성들이 포르노를 통해 성에 관한 힌트를 얻는다는 사실은 여러 설문 조사 결과를 통해 잘 알려진 바 있다. 한 보고서는, 연구에 참여한 남성들 중 53퍼센트가 포르노가 자신들에게 '영감을 주었다'고 답했다고 밝혔다.[8] 또 다른 연구는 포르노를 정기적으로 사용하는 남성들은 그렇지 않은 남성들에 비해 데이트 강간 및 기타 형태의 성폭력을 휘두르는 경향이 비정상적으로 높게 나타난다는 사실을 밝혀냈다.[9]

이 문제는 범법 행위를 저지르는 남성들에게만 국한되지 않는다. 로버트 젠슨 교수는 다음 사례들을 통해 전형적인 법적 범주를 넘어서서 한 번 더 생각하게 한다.

1. 강간을 저지르지는 않았더라도 처벌받지 않을 것이라는 확신만 있다면 기꺼이 강간을 저지를 것이 분명한 남성들
2. 강간을 저지르지는 않았더라도 다른 남성이 강간을 저지르는 장면을 목격했을 때 그 상황을 저지하려고 하지 않는 남성들
3. 강간을 저지르지는 않았더라도 매매춘을 하는 과정에서 강간을 당했거나 혹은 앞으로 강간을 당할 가능성이 높은 여성과 성매수를 통해 성관계를 맺는 남성들
4. 강간을 저지르지는 않았더라도 여성이 강간을 당하는 상황 혹은 강간에 버금가는 행위를 당하는 상황을 담은 영화를 보는 남성들
5. 강간을 저지르지는 않았더라도 강간을 떠올리면 성적으로 흥분하는 남성들
6. 강간을 저지르지는 않았더라도 본인이 우월하다거나 여성을 힘으로 억압한다는 생각에 성적 흥분을 느끼는 남성들
7. 강간을 저지르지는 않았더라도 여성의 최우선 또는 유일한 목적은 남성에게 성적 쾌락을 제공하는 것이라는 연출을 더하거

나, 그들의 몸을 상품화한 포르노를 정기적으로 보며 자위하는 남성들[10]

이러한 남성들은 강간죄로 기소되지 않는다. 하지만 그 사실 자체가 우리를 안심하게 하지는 못한다.

"어쨌든 난 아무도 강간하지 않았잖아?"라고 말하는 남성을 축하해주어야 하는가? 여성을 강간하지 않는 것이 성숙한 남성다움의 본질인가? 대다수의 포르노 소비자들이 실제로는 절대로 여성을 상대로 성범죄를 저지르지 않는다 해도, 그들은 어쨌든 집에 홀로 앉아 그나마 나은 경우 상품화된 여성, 최악의 경우 잔인하게 유린당하는 여성들을 성적 판타지의 대상으로 삼음으로써 스스로에게 유해한 행동을 하고 있는 것이다.

최근 몇 년 사이에 '강간 통념rape myths'이라는 개념이 여성을 상대로 한 폭력에 대한 논쟁에 불을 붙였다. 강간 통념은 강간 피해자에 대한 동정심을 낮추고, 심지어 성폭력 피해자들을 비난하게 만드는 전염성 강한 개념이다. 여기에 몇 가지 사례를 소개한다.

"여자가 저항하지 않았으니 강간이 아니다."
"그를 집으로 데리고 간 것은 그 여자이니 강간이 아니다."
"싫다고 말했지만 실제로는 좋다는 뜻이었다."
"여자가 뭘 입고 있었는지 봤나? 그건 강간해달라고 요청한 것이나 다름없다."

여러 연구에 따르면 포르노 확산과 강간 통념 수용 분위기는 서로 맥을 같이한다. 1962-1995년 사이에 발표된 46건의 연구에 대한 메타 분석에 따르면, 연구자들은 포르노 소비가 강간 통념을 수용하게 될 위험을 31퍼센트 증가시킨다고 결론 내렸으며,[11] 다른 연구들 역시 유사한 결론을 내렸다.[12]

포르노가 강간 통념을 부추길 수도 있다는 연구 결과에 놀라야 할까? 안드레아 드워킨이 남긴 말은 20년이 넘게 흐른 지금도 여전히 유효하다. "포르노에 깔린 전제는 모든 강간 및 강간 범죄 사례를 장악하고 있다."[13] 그녀의 주장에 대해 잠시 살펴보자. 드워킨은 모든 강간 범죄의 뒤에 포르노가 있다는 말을 하려는 게 아니다. 다만 포르노의 전제가, 포르노를 봤든 보지 않았든, 강간 범죄자가 내재화한 심리적 전제와 동일하다는 말을 하려는 것이다.

그렇다면 포르노의 '전제'는 무엇일까? 드워킨은 이 점에 대해서도 자신의 관찰 결과를 공유했다.

> 포르노에 등장하는 여성들의 대사는 맞고 싶다거나, 때려달라거나, 강간을 당하고 싶다거나, 남성이 폭력적으로 굴 때 쾌감이 든다거나 하는 말들뿐이다. 심지어 여성이 오물을 잔뜩 뒤집어쓴 상황에서도 그것을 좋아한다고 말하고, 더 많은 오물을 원한다고 말하면 우리는 그 말을 믿게 되어 있다.[14]

드워킨의 말은 절대 과장이 아니다. 드워킨의 평가 이후에도 포르노의 본질은 더 큰 폭력성을 띠면 띠었지 전혀 달라지지 않았다. 2007년에 연구자들은 당대 가장 잘나가는 포르노 DVD를 분석하기 위해 총 304건의 정사 장면을 검토했다. 다음은 그들이 찾아낸 것들이다.

- 정사 장면 전체를 통틀어 총 3,376건의 언어적, 신체적 폭력이 발견되었고, 이는 평균적으로 1분 30초마다 폭력적인 장면이 등장한다는 뜻이다.
- 장면의 약 88퍼센트에 뺨 때리기, 재갈 물리기, 머리채 잡아당기기, 엉덩이 때리기 등 적어도 한 건의 신체 폭력이 등장했다.
- 전체 장면의 절반(48.7퍼센트)가량에 언어 폭력이 등장했다.
- 폭력적인 장면의 73퍼센트에서 남성이 폭력을 휘두르는 주체였고, 여성들이 폭력을 휘두르는 장면인 경우에는 폭력 행사 대상이 대체로 다른 여성들이었다.
- 정사 장면의 95퍼센트에서 폭력의 대상이 되는 사람은 자신에 대한 폭력에 중립적으로, 또는 긍정적으로 반응했다.
- 키스나 애무와 같은 긍정적인, 또는 건전한 성행위는 전체 장면의 10퍼센트에 불과했다.[15]

여기서 염두에 두어야 할 사실이 있다. 앞의 결과는 가장 잘나가는 포르노물을 대상으로 한 연구 결과라는 사실. 즉, 이 같은 요소 덕분에 포르노 제작자들이 돈을 번다는 뜻이며, 포르노 팬들이 이 같은 콘텐츠를 요구한다는 뜻이다. 온라인에 퍼진 이와 같은 포르노물을 수백만 명이 소비한다.

마지막으로 포르노와 성매매 사이의 모든 연결 고리들을 살펴보자. 미국 인신매매피해자보호법은 성매매를 '심각한 형태'의 인신매매로 규정하며, 성매매를 통해 강제적인, 사기에 의한, 또는 강압에 의한 성상품화가 이루어진다고 본다.[16] 전 세계적으로 수백만 명이 성매매의 피해자로 전락했다. 미 국립실종아동센터 센터장 어니 앨런은 보수적으로 분석했을 때 미국에서만 한 해에 적어도 십만 명의 아이들이 성매매 목적으로 착취되고 있다고 밝혔다.[17]

미 국무부에서 인신매매에 관한 수석 고문을 지냈던 로라 레더러는 이렇게 말했다. "포르노는 상업적 성착취를 위한 아주 똑똑한 사회적 마케팅 캠페인입니다."[18] 레더러는 포르노가 두 가지 강력한 방법으로 성매매의 마케팅 수단으로 활용되고 있다고 말했다. 첫째, 성매매 알선자들은 포르노 이미지를 온라인, 오프라인에서 마케팅 수단으로 활용해 성매수자를 끌어들인다. 둘째, 포르노는 전반적인 문화에 영향력을 가지며, 돈을 받거나 강요당하지 않는 이상 대부분의 여성들이 응하기 꺼리는 종류의 성적 취향을 자극한다.

남성들과의 인터뷰가 이 사실을 증명했다. 그들은 지배와 복종을 기반으로 한 형태의 성적 취향에 대한 갈망을 키워온 것이다. 인터뷰에 응한 남성들의 말을 다음과 같이 인용한다.

"마음에 드는 사람을 고를 수 있어야죠. 자판기 앞에 설 때처럼 말이에요."

"남자들은 여자를 통제하면서 흥분을 느낍니다. 그들은 여자를 통제하기 위해 물리적인 힘을 쓰죠. 진짜예요. 그 장면을 실제로 보면 그건 돈을 내고 강간하는 것과 똑같죠."

"매매춘은 사랑이 아니라 강요 행위입니다. 여자가 싫다고 말할 권리를 포기한 것뿐이죠."

"매춘을 한다는 건 여성을 남성보다 무가치하게 보는 겁니다."

"난 돈을 냈으니 당신은 아무런 권리가 없어. 그냥 내가 하자는 대로 하면 돼."

"성매매는 마치 한풀이 시간 같습니다. 아이들이 하는 게임 같죠. 그냥 점수를 올리는 기분으로 즐기는 겁니다."[19]

9개국의 성매매 여성 수백 명을 대상으로 한 인터뷰에서, 응답자의 47퍼센트는 남성들이 포르노에서 본 장면을 시도하려고 했을 때 불쾌감을 느꼈다고 답했다.[20] 또 다른 연구에 따르면 86퍼센트의 성매매 여성들은 성매수 남성들이 자신이 원하는 성행위를 묘사하기 위해 포르노를 보여주었다고 답했다.[21] 한 연구에서는 성매수를 하는 남성들이 그렇지 않은 남성들에 비해 포르노로 성교육을 받았다고 응답한 비율이 훨씬 높게 나타났다. 해당 연구는 성매매와 포르노 사용의 결과로, 시간이 지남에 따라 성매수자들의 성적 취향이 변해 갔다는 사실을 밝혀냈다. 이 남성들은 점점 더 가학적인 섹스를 좇게 된 것이다. 포르노는 강제적으로, 강압적으로 성매매에 뛰어들게 된

여성들을 돈 주고 사려는 수백만 명의 남성들에게 성교육 자료로 활용되고 있다.[22]

포르노와 성폭력의 관계를 무엇이라고 규정하든, 여성의 몸을 폭력적으로 범하는 남성들의 경우, 그 마음 한 구석에는 여성은 존중받아야 할 대상이 아니라 사용되어야 할 물건이라는 믿음이 자리 잡고 있다는 사실은 명백하다. 그리고 포르노는 그러한 신념을 갖게 하는 가장 강력한 요인이다.

15

포르노는
중독성이 없다?

미디어는 가장 최근에 섹스 중독에 빠진 연예인들에 대해 지치지도 않고 떠들어댄다. 타이거 우즈, 찰리 쉰, 마이클 더글라스, 데이비드 듀코브니, 그 밖에도 많은 연예인들이 섹스 중독자로 이름을 떨쳤고, 그 배후에는 미디어가 있었다. 2009년 VH1(미국의 케이블 방송사-옮긴이주)은 '드류 박사의 섹스 재활원Sex Rehab with Dr. Drew'이라는 이름의 리얼리티 쇼를 선보였다. 해당 쇼에는 전직 포르노 스타, 모델, 음악가, 영화감독, 웨이크보드 선수, 정육점 주인, 베이커리 주인, 양초 제조업자(마지막 세 사람은 농담으로 덧붙여봤다) 등 각계각층의 섹스 중독자들이 출연했다. 섹스 중독은 할리우드에서는 알코올 중독만큼이나 흔한 모양이다.

'섹스 중독'이라는 콘셉트는 오랫동안 회자되어왔다. 지그문트 프로이트는 지금은 우리 모두에게 흔한 자위를 모든 중독의 근원으로, 그 외의 다른 모든 중독은 자위를 대체하기 위한 대체적 중독으로 보았다.

그러나 많은 사람들은 섹스 또는 포르노가 진짜로 중독성을 띨 수 있다는 사실을 의심한다. 하루가 길다는 사실을 반박할 사람이 없듯, 성적 쾌락도 반박할 여지 없이 자연스러운 것이다. 섹스는 우리가 혈관에 주입하거나 코로 흡입할 수 있는 종류의 것이 아니기 때문에, 건강하지 않은 섹스를 하는 사람이 있을지언정, 섹스 중독은 상상 속 이야기라는 것이다.

데이비드 J. 레이 박사는 섹스 중독을 상상 속 질병이라고 믿었다. 2012년에 출간된 그의 책『섹스 중독이라는 허상^{The Myth of Sex Addiction}』에서 그는 그 이유를 설명한다. 레이는 다른 테라피스트들의, 섹스에 관한 한 관계 파괴적인 행동을 보이는 사람들이 있다는 주장에는 동의한다.[1] 그래, 사람들은 배우자 모르게 습관적으로 포르노를 보고, 바람을 피우고, 거짓말을 하고, 성매매를 하니까. 하지만 앞의 행동 중 그 무엇도 중독의 표지라고 볼 수는 없다고 한다. 레이 박사에 따르면, 많은 사람들이 섹스 중독이라고 부르는 것은 그저 인간다운 모습일 뿐이다. 인간은 섹스를 좋아하고, 우리 중 일부는 금기시된 섹스를 즐기며, 성적 욕구가 생겼을 때 누구나 어리석은 선택을 할 수 있다는 것이다. 사람들이 섹스 중독이라고 부르는 그것은 그저 병적으로 강한 성욕과 사회적으로 허용되지 않는 성행동일 뿐이라고 그는 말한다.

정신과 의사이자 공인 섹스 테라피스트 마티 클레인 박사 또한 그의 주장에 동의한다.

나는 섹스 중독이라는 진단명을 사용하지 않는다. 섹스 테라피스트, 부부 상담사, 정신과 의사로서 지내온 지난 31년 동안 나는 섹스 중독을 목격한 적이 없다. 나는 거의 모든 성적 변이와 강박, 판타지, 트라우마, 성 노동자들과의 성관계에 대해 들어왔지만 섹스 중독 사례를 본 적은 없다.

새로운 환자들은 늘 내게 자신이 자기 파괴적인 성적 욕망을 끝도 없이 추구하게 된다고 말하지만, 나는 그것을 섹스 중독이라고 보지 않는다. 대신 나는 그들을 자신이 내린 성적 선택을 후회하는 사람들로 본다. 그들은 종종 그게 선택이었다는 사실 자체를 부정하기도 한다. 변화를 바라는 사람들도 만난다. 하지만 그들은 스스로를 살아 있다고 느끼게 하는 행동, 아직 어리다고, 사랑받고 있다고, 적절하다고 느끼게 하는 그 행동을 포기하려고 하지 않는다. 그들은 변화를 원하지만 스스로를 다른 사람들보다 더 나은 사람, 더 섹시한 사람, 더 외설적인 사람인 것처럼 느끼게 하는 일들을 포기하고 싶진 않다. 가장 중요한 것은, 내가 만나는 사람들 중에는, 스스로 강력하고, 매력적이며, 사랑받고 있다는 기분을 느끼게 하는 '행동'을 멈추고 싶지만, 자신이 강하고, 매력적이며, 사랑받고 있다는 기분을 '느끼는 걸' 멈추고 싶지는 않기 때문에, 그 기분들을 유발하는 섹스를 반복적으로 추구하는 사람들도 있다는 것이다.[2]

'섹스 중독'은 7년 동안 정신 장애 진단 및 통계 편람^{Diagnostic and} Statistical Manual of Mental Disorders, DSM의 '특정되지 않은 성적 질환'의 일반적 진단 범주에 속해 있었다. 하지만 이후 '연구 불충분'을 이유로 해당 목록에서 삭제되었다. 그 후 미국심리학회는 섹스 중독을 진단할 수 있는 질환으로 보지 않았다.[3] 레이 박사는 그와 같은 결정이 아주 단순한 이유에서 내려졌다고 말한다. 바로, 과학이 지지하지 않기 때문이다. 과잉 성욕이라는 요소를 포함한 질병은 이미 다양하게 범주화되어 존재하지 않는가. 그 질병들이 많은 사람들이 섹스 중독이라고 믿는 경험을 유발하는 것이다. 대체, 추가적인 진단, 그러니까 이미 존재하는 다양한 성적 질병에 추가적인 진단명을 더할 이유가 뭐란 말인가?

물론 배우자를 두고 바람피우는 사람들 모두에게 '섹스 중독'이라는 변명을 꼬리표로 달아줄 필요는 없다. 한 사람의 이기심이 중독이라는 이름으로 포장될 때도 종종 있으니까. 그리고 종종 다른 근본적인 문제 때문에 건전하지 못한 성적 취향을 가지게 된 사람들이 있는 것 역시 사실이다.

그러나 섹스가 중독성을 띨 수 있다는 주장을 무가치하게 보는 것은 현대의 중독 치료가 추구하는 방향과는 다르다. 로버트 웨이스 박사는 레이 박사의 이론에 대해 다음과 같이 평했다.

레이 박사는 섹스가 인간의 몸에 외부 물질을 주입하는 활동이 아니므로 중독성을 띨 수 없다고 주장한다. 그러나 도박은 흔히 중독으로 인식되며 DSM에서도 도박은 질병(병적인 도박)으로 분류되고 있다. 게다가 도박 역시 외부 물질이 인간의 몸에 주입되지 않는 활동이다. 도박 중독은, 섹스 중독과 마찬가지로, 판타지, 흥분, 감정적 도피에 관한 것이다.

레이 박사는 또한 섹스 중독의 본질에 대해서도 잘못 알고 있다(사실 그는 중독에 관해 전반적으로 잘못된 생각을 가지고 있는 것 같다). 그는 이렇게 말했다. "섹스에는 내성 효과의 증거가 없다. 오르가슴은 언제나 좋은 기분을 선사하지 않는가." 그러나 레이 박사는 도박 중독이 승패와는 상관없듯이 섹스 중독이 오르가슴과 관련이 없다는 사실을 이해하지 못했다.

모든 행동 중독과 마찬가지로 섹스 중독은 감당할 수 없는 감정, 스트레스 요인, 심리적 조건 등을 회피, 또는 탈출하기 위해 판타지를 기반으로 한 희열과 의식적인 행위를 활용하는 과정이다. 섹스 중독자들은 그들의 중독 행위를 외로움, 낮은 자아, 불안, 우울감 및 기타 과거의 감정적, 신체적 트라우마와 관련된 요인으로 말미암은 일시적인 실수일 뿐이라고 치부한다.[4]

섹스가 중독성을 띨 수 있다는 사실을 이해하기 위해서는 먼저 마약과 같은 물질이 중독성을 띠는 이유에 대해 이해해야 한다. 마약이 중독성을 가지는 이유는 바로 뇌를 '속일 수' 있기 때문이다. 마약은 감정의 강화와 쾌락을 관장하는 뇌의 신경 연결 통로를 활성화한다. 신경과학자 윌리엄 스트러더스 박사는 포르노 역시 동일한 방식으로 뇌를 '납치'한다고 말한다. 즉, 포르노는 뇌가 곧 섹스를 할 것이라고 생각하도록 속임수를 건다. 그러면 마약을 사용했을 때와 마찬가지로 인위적으로 형성된 흥분이 치명적인 습관으로 자리 잡게 되는 것이다.[5] 다시 말하면 포르노는 우리로 하여금 자기 자신의 신경 화학에 중독되도록 만들 수 있다. 포르노는 아드레날린으로도 알려져 있는 에피네프린, 도파민 및 기타 강력한 신경전달물질을 촉발한다. 그래서 포르노를 강박적으로 사용하게 되면 중독이 되는 것이다. 2011년 미국중독의학협회American Society of Addiction Medicine, ASAM는 중독에 관한 자사의 정의를 수정해, '뇌의 보상, 동기 부여, 기억 및 관련 회로에 가해진 만성적인 주요 질병'이라고 정의했다. 이렇게 새롭게 정의한 중독의 목록에는 처음으로 행동 중독이 포함되었는데, 이는 그동안 물질 남용만이 중독으로 여겨지던 관행을 깬 것이었다. ASAM이 섹스 중독의 존재 가능성에 대해서까지 고려하고 있는 이유도 여기에 있다. 섹스는 신경체계에 자연스러운 보상을 준다. 그러나 섹스에 중독된 사람은 '보상을 병적으로 추구'한다.[6]

도파민은 주요 신경전달물질로, 뇌의 보상 경로에 포함되며, 식욕, 운동욕, 성욕과 관련이 있다. 신경외과 의사인 도널드 L. 힐튼 박사에 따르면,

도파민은 삶에 필요한 적당량의 쾌락을 갈망하고 그 가치를 인정하게 하는 데에 필수적인 역할을 한다. 도파민이 없다면 우리는 먹으려 하지도, 아이를 낳으려 하지도, 심지어 게임에서 이기려 노력하지도 않

을 것이다.

그러나 도파민 보상 체계를 남용할 때 중독이 발생한다. 보상 경로를 강박적으로 사용할 때 쾌락을 담당하는 영역의 중요성이 격하되고, 이는 도파민 양의 감소를 야기한다. 이와 동시에 도파민 세포들은 스스로 위축되거나 쪼그라들기 시작하고, 쾌락 담당 세포에서 도파민 수용체의 중요성 역시 격하됨에 따라 측위 신경핵의 보상 세포들은 도파민 결핍 상태에 놓이게 되어 도파민을 갈망하게 된다. 이렇게 '쾌락 조절 장치'가 리셋됨으로써 '뉴 노멀' 즉 새로운 정상치가 생겨난다. 중독에 빠진 사람은 정상적인 기분을 느끼고 싶어도 상당히 많은 양의 도파민을 만들어내야 하기 때문에 점점 중독에 빠져들 수밖에 없는 것이다.[7]

이게 무슨 뜻이냐고? 약물 중독과 마찬가지로 포르노 중독 역시 시간이 지날수록 중독을 유발하는 물질을 점점 더 많이 사용하게 만든다는 것이다. 포르노 중독자들은 포르노를 더 많이 보거나 혹은 더 수위가 높은 포르노를 봐야 과거에는 적은 양으로도 느낄 수 있었던 쾌락을 느낄 수 있게 된다.

뉴욕의 '마운트 시더 사이나이Mount Ceder Sinai'에서 신경과학을 연구하는 에릭 네슬러 박사 역시 이 점에 동의한다. 2005년에 그가 「네이처 뉴로사이언스」에 발표한 논문에서 그는 도파민 보상 체계가 약물 중독뿐 아니라, 식사나 섹스가 주는 쾌락과 같은 자연적 보상에 대한 강박적 소비를 의미하는 '자연 중독'과도 연관이 있다고 말했다.[8]

여기에 현대 포르노 중독의 가장 큰 요인 중 하나가 더해진다. 바로 인터넷이다. 오늘날까지 인터넷의 남용이 뇌에 미치는 영향을 입증하는 연구가 백 건 이상 진행되었다. 인터넷 남용은 뇌의 인지 능력과 결정 기능, 정보통합 기능, 기억력 관리 및 감정통제 기능을 손상시키는 것으로 알려져 있다.[9]

더군다나 섹스 중독자들과 포르노 중독자들은 명백한 중독 증상들을 보인다. 내성, 금단 증상(예를 들어, 짜증, 폭력적인 꿈, 조증, 불면증, 극단적인 기분 변화, 편집증, 두통, 불안, 우울), 불감증, 자신의 행동으로 부정적인 결과가 나왔음에도 중독에서 벗어나려는 시도에 반복적으로 실패하는 것 등.

섹스 중독 및 포르노 중독은 현실이며, 알코올 중독 또는 약물 중독과 마찬가지로, '중독'이라는 딱지가 그 사람의 행동을 변명해주지는 못한다. 중독은 분명 한 사람을 노예로 만드는 과정이지만, 또한 노예가 되기를 선택한 결과이기도 하다. 중독자들이 자유를 찾을 수 있는 유일한 방법은, 포르노가 자신들에게 미치는 힘을 부정하거나 그들의 중독이 현실이라는 사실을 부정하는 것이 아니라, 다른 사람들에게 그 사실을 털어놓고 도움을 요청하는 것이다.

16

성애물은 하드코어 포르노의
건전한 대체물이다?

2011년 에로 소설 『그레이의 50가지 그림자』가 출간되었다. 2012년 3월 이 소설은 「뉴욕타임스」가 뽑은 베스트셀러 목록에 이름을 올렸고, 30주 동안 베스트셀러 자리를 지켰다.[1] 방송사들은 이 소설에 '엄마들을 위한 포르노'라는 별명을 붙였고, 누군가는 이 소설이 은밀한 자유를 주는 전자책과 만나 여성들이 포르노를 소비하는 방식을 완전히 바꾸어 놓았다고 평가했다.[2] 공공장소에 앉아 거리낌 없이 에로 소설을 볼 수 있는 사람은 많지 않다. 하지만 스크린 위에 그 글자들을 띄워놓고 볼 수 있다면 그들이 가학적인 성애를 담은 소설을 읽는 중인지 전쟁과 평화를 읽는 중인지 누가 알겠는가.

『그레이의 50가지 그림자』 시리즈가 대성공을 거두는 동안, 상의를 탈의한 채 조각 같은 몸매를 자랑하는 채닝 테이텀이 등장한 영화 역시 박스 오피스를 강타했다. 영화 '매직 마이크'는 개봉 첫 주 주말에만 거의 4천만 달러에 달하는 순수익을 달성했다.[3] 이 영화를 보러온 여성들로 극장은 인산인해를 이뤘다. 어느 평론가는 이렇게 썼다. "우리는 엄마들을 위한 포르노의 황금기를 살고 있다.『그레이의 50가지 그림자』3부작은 전 세계적으로 천만 부 넘게 팔렸고, '매직 마이크'는 역사상 가장 성공한 준성인 스트립 영화다. 말 그대로 엄마들을 위한 포르노의 시대가 열렸다."[4] 여성들의 성적 표현권을 지지하며 날린 이 원투 펀치는 성적 취향에 대한 문화적 이중 잣대에 관한 논쟁에 불을 지폈고, 늘 주제의 주변부로 밀려나곤 했던 성애물과 소프트코어 포르노를 논쟁의 중심으로 가져왔다.

성애물은 수천 년 동안 인류와 함께했다. 엄격히 말하자면, 성애물이라는 용어는 그림이든, 사진이든, 조각이든, 문학이든 성적으로 노골적인 자료를 설명하는 용어로 수용되었으며, 고상한 취미로 받아들여져 왔다. 이러한 형태의 예술에 대한 정의는, 결과적으로는 그 작품을 감상하는 이로 하여금 성적 흥분을 불러일으킬지언정, 성적 취향을 매력적이고 아름다운 것으로 격상시키려는 업계의 궁극적인 욕망을 반영하고 있다.[5]

오늘날 평범한 누군가가 성애물에 대해 언급했다면 그가 대화 주제로 삼고자 하는 것이 미켈란젤로의 다비드상은 아니었을 것이다. 아마도 그는 덜 자극적인 포르노에 대한 이야기를 꺼낸 것이었으리라. 성애물을 하드코어로 분류하지 않는 이유는 성행위의 특정 요소들을 노골적으로 보여주지 않기 때문이고, 식자층이 즐길 만한 로맨스 요소를 어느 정도 포함하고 있기 때문이다. 사실 성애물과 포르노 사이의 차이, 특히 성애물과 소프트코어 포르노물의 차이는 모호하며, 종종 그 둘을 구분하기 어려울 때도 있다.[6,7]

성애물과 포르노 사이를 가르는 가는 선처럼 소프트코어 포르노와 하드코어 포르노 사이를 가르는 선 역시 명확하지 않다. 하드코어 포르노와 마찬가지로 소프트코어 포르노 역시 동영상과 포르노그래피 이미지로 구성되어 있다. 하드코어 포르노와는 달리 소프트코어 포르노물은 남성의 생식기를 드러내놓고 보여주지는 않으며 몸의 일부를 숨기기 위해 카메라 앵글과 소품의 위치를 교묘하게 조절한다. 그럼에도 "포르노에 익숙하지 않은 누군가는 일부 소프트코어 포르노에서도 하드코어 포르노를 본 것 같은 기분을 느낄 수 있다. 마찬가지로 정기적으로 포르노를 소비하는 사람은 하드코어 포르노 범주에 속한 일부 포르노를 보고 소프트코어 포르노라고 느낄 수 있다."[8]

'포르노가 아닌 진짜 사랑을Make Love Not Porn'과 같은 친-섹스 포르노 운동을 예로 들어보자. 이 운동은 포르노를 허접한 성교육 자료로 본다. 그래서 '포르노가 아닌 진짜 사랑을'은 구릿빛 피부에 큰 가슴을 가진 금발의 미녀들이 등장하는 주류 포르노를 보여주는 대신, 진짜 커플들 간의 '진짜 섹스'를 보여준다. 진짜 섹스는 어떤 모습인지, 포르노 업계의 섹스와는 어떻게 다른지 보여주겠다는 것이다.[9] 아마 이것을 폭력적이고 여성 혐오적인 주류 포르노를 대체할 수 있는 건전한 대체재로 보는 사람도 있을 수 있다.

이러한 측면에서 본다면 성애물과 소프트코어 포르노 모두 수백

년 동안 존재해온 셈이다. 19세기에 소위 '프렌치 엽서'라고 불리는 종류의 엽서들은 원래 소프트코어 포르노였던 「플레이보이」의 선배 격이었다.[10] 인터넷보다 먼저 등장했고, 하드코어 포르노의 상징격인 폭력적인 요소들이 없었기 때문에 프렌치 엽서는 포르노의 건전한 대체재가 될 수도 있을 것 같다. 고작 단어 몇 자, 아니면 사진 몇 장 아닌가. 하지만 그게 정말 더 건전한 선택이라고 말할 수 있을까?

『그레이의 50가지 그림자』를 예로 들어본다면, 수많은 이유를 근거로 '아니다'라는 답을 도출할 수 있다. 이 책의 출간 이후로 그레이 시리즈에 그려진 폭력적인 섹스에 대한 많은 이야기가 오갔다. 글이 가지는 파괴력이 사진에 비할 수는 없을 것이라고 생각할 수 있지만, 글의 파괴력 역시 사진만큼 클 수 있다는 사실이 입증되었다. 최근 연구에서 심리학자들은 『그레이의 50가지 그림자』를 읽은 여성들이 가학적인 관계에서 행해지는 행동들을 수용할 가능성이 더 높다는 사실을 발견했다. 무엇보다도 이 여성들이 언어 폭력을 휘두르는 파트너를 만날 확률이 25퍼센트나 더 높았다. 이러한 경향이 그 여성들이 책을 읽기 전부터 존재했을 수도, 혹은 그 책을 읽은 뒤에 생겨난 것일 수도 있지만, 어쨌든 이 책은 가학적인 관계를 전제하는 통념들을 드러내놓고 지지한다.[11] 폭력적인 행동을 정상이라고 인지하게 한다는 측면에서 글도 사진이나 영상만큼 강력한 영향력을 가진다는 사실이 입증된 것이다.

「여성건강저널Journal of Women's Health」에서 발표한 연구 결과, 그레이 시리즈에는 스토킹, 모욕, 고립, 동의를 얻어내기 위한 수단으로 사용된 알코올 등 주인공들 간 상호작용에 감정적 학대가 만연하다는 사실을 발견했다. 주인공 아나스타샤는 자신이 겪은 폭력적 성행위에 대한 반응으로 구역질을 했는데, 이건 학대받은 여성의 전형적인 반응이었다.[12]

그레이 시리즈가 극단적인 형태의 성애물이라고 주장하는 사람도 있을 것이다. 하지만 이 소설은 온라인 팬픽의 한 형태로 쓰이기 시작했고, 온라인 팬픽의 성격상 성적인 콘텐츠의 비중이 대단히 클 수밖에 없다. 팬픽은 디지털 시대의 한 현상으로 받아들여졌고, 전 세계적으로 수백만 명의 작가를 양산했다.[13] 작가들은 유명한 영화, 책, 또는 TV 드라마 속 인물들을 주인공으로 삼은 파생작들을 만들어냈고, 『그레이의 50가지 그림자』는 영화 트와일라잇의 팬픽으로 탄생한 작품이었다(트와일라잇 역시 성적으로 폭력적인 관계를 정상적인 것으로 보이게 한다는 비난을 받았다는 점을 기억하자).[14]

일반 사람들은 팬픽을 무해한 것으로 볼 수도 있다. 아마추어 작가들이 이미 존재하는 캐릭터 또는 잘 알려진 공인들을 주인공으로 삼아 글쓰기 연습을 하는 게 문제 될 게 뭐란 말인가. 그러나 대부분의 팬픽을 상상력의 산물이라고 보기는 어렵다. 한 인기 팬픽 사이트에 올라온 이야기 중 약 75퍼센트는 성적인 소재를 주제로 삼고 있다.[15] "디즈니가 엄격한 기독교 신자이자 자신들의 신념의 증거로 반지를 끼우고 다니는 조나스 브라더스의 이야기를 널리 퍼뜨리려고 노력하는 동안, 팬픽 사이트는 네 명이서 한데 뒤엉켜 근친상간을 일삼는 밴드 멤버들에 의해 강간당하는 소녀들의 이야기로 가득 차는 식이다."[16]

하지만 그게 뭐가 중요하냐고? 창의력을 펼치는 사람들을 칭찬하고 자신의 성적 취향을 마음껏 표현하도록 독려해야 하는 것 아니냐고? 『그레이의 50가지 그림자』는 팬픽이 주류 에로틱/포르노 문학작품으로 변신한 완벽한 예이자, 역사상 가장 빠르게 팔려나간 양장본 도서이기도 하다.[17] 이 '엄마들을 위한 포르노'가 (준성인물 등급의) 영화로 만들어져 개봉한 이후 성인용품점의 성인기구 판매량이 증가했다. 그런데 특이한 점은 전반적인 성인기구의 판매량이 증가한 것이 아니라 책에 나온, 그리고 이후에 영화에 등장한 신체 결박용 기구 판매량이 증가했다는 사실이다. 한 성인용품점은 신체 결박용 기구의 판매량이 92퍼센트 증가했다고 밝혔으며, 한 소비자는 "이 책에서 큰 영감을 받았어요. 책에 나온 수갑, 초커, 깃털 따위를 갖고 싶어요. 굉장히 섹시했거든요"라고 말했다.[18]

성애물이 포르노의 건전한 대체물인지에 대해 묻는 대신, 성애물이 포르노의 대체물이 될 수 있는지에 대한 질문을 던져야 할지 모르겠다.

17

애니메이션 포르노에는 실제 사람이 등장하지 않기 때문에 괜찮다?

'누가 로저 래빗을 모함했나'는 1988년 박스 오피스에서 성공을 거둔 영화였다. 이 영화는 '메리 포핀스' 이후 처음으로 아카데미 어워즈에서 다수의 상을 수상한 애니메이션이다. '누가 로저 래빗을 모함했나'는 여러 측면에서 미국 애니메이션의 황금기를 이끈 코믹 영화로 이름을 떨쳤고, 그 이후로도 내내 역사상 가장 창의적인 실사-애니메이션 하이브리드 영화로 칭송받아왔다.

이 영화에는 제시카 래빗이라는 캐릭터가 등장하는데, 이 관능적인 캐릭터의 목소리는 애니메이션계의 섹스 심볼로 이름을 떨친, 당대 가장 유명했던 성우 캐서린 터너가 연기했다. 두꺼운 입술과 터무니없이 굴곡진 몸매, 말도 안 되게 가는 허리를 가진 제시카는 주인공 에디에게 이렇게 말한다. "내가 나쁜 게 아니라 작가가 그냥 날 이렇게 그린 것뿐이야."

　제시카 래빗이 가장 상징적인 캐릭터임은 분명하지만, 섹스 어필을 위해 그려진 카툰 캐릭터에 제시카만 있는 것은 아니다. 원더 우먼, 슈퍼걸, 홀리 우드, 미스틱, 라라 크로프트 등을 생각해보라. 이제 주류 세계를 떠나 포르노의 세계로 이동해보자. 여기 시장 한구석을 차지한 카툰 장르, 헨타이가 있다.

　'헨타이'는 서방 세계가 만화 포르노에 붙인 이름으로, 일본어로 '성도착'을 뜻한다. '애니메'는 일본에서 생산된 애니메이션 상품을 칭하는 단어로 사용되기도 하지만, 특히 일본식의 만화 스타일을 가리키는 용어이기도 하다. 헨타이가 실사 포르노와 같은 속도로 시장을 잠식할 수는 없었지만, 미국 소비자들 사이에서 헨타이에 대한 관심도는 분명히 높아지고 있다. 디즈니와 타임 워너 같은 주류 영화사들을 통해 애니메이션이 배포되면서 애니메이션 자체에 대한 관심이 높아지는 현상도 한몫했다. 지난 한 세대 동안 헨타이는 전 세계에서 가장 인기 있는 포르노 장르로 자리를 잡았다. 트래픽이 가장 많이 발생한 포르노 웹사이트 중 한 곳에 따르면, 만화 포르노는 현재 안드로이드 태블릿, 윈도우 폰, 블랙베리 폰[1], 닌텐도 위[2] 등의 기기 시장에서 가장 큰 인기를 누리는 니치 마켓이라고 한다. 헨타이 종류의 영화를 한 번도 본 적 없는 사람들에게는 애니메이션 등장 인물을 보며 자위를 한다는 게 비정상적인 일처럼 보일지 모르지만, 헨타이의 인기를 보면 이러한 현상을 두고 아웃사이더들의 성적 환상이라고 치부할 수만은 없어진다.

주류 애니메이션의 사람 캐릭터들은 한 번만 봐도 뇌리에 박힌다. 대체로 지나치게 커다란 눈, 발랄한 스타일과 컬러풀한 색상을 자랑하는 머리카락, 작고 갸름한 얼굴이 특징적이다. 물론 이들 중에도 예외는 있기 마련이다. 헨타이 영화들은 이와 같은 애니매이션 속 익숙한 특징들에 성적인 의미를 부여하거나, 노골적인 섹스 장면에서 그 특징들을 부각시키곤 한다.

다른 종류의 포르노를 소비하는 것보다야 헨타이를 소비하는 것이 낫다고 자신의 행동을 정당화할 이유를 찾기는 쉽다. 헨타이 제작자들은 일반적인 외설물 제작자들과 달리 눈에 띄게 예술적인 능력을 갖추고 있으며, 실사 포르노와 달리 헨타이에는 (성우들을 제외한) 진짜 배우들이 등장하지 않기 때문이다. 이러한 이유로 애니메이션 포르노는 종종 '예술' 또는 '윤리적 포르노'로 구분되기도 한다.

어떤 종류의 미디어가 그 제작 과정에서 여성을 신체적으로 학대하거나 비하의 대상으로 삼지 않는다면, 특히 배우들에 대한 학대를 일삼는 실사판 포르노와 비교했을 때는 좋은 미디어라고 할 수 있다. 그러나 어떤 것이 다른 것에 비해 상대적으로 나은 측면이 있다고 해서 그것이 늘 좋은 것은 아니라는 사실을 이해하는 것이 중요하다. 하루에 담배 한 갑을 피우는 것이 담배 열 갑을 피우는 것보다 낫지만, 담배 한 갑을 피우는 행동이 '건강한' 행동은 아니지 않은가. 헨타이 장르를 평가하기 위해서는 헨타이가 전달하려는 가치가 무엇인지에 대해 더 자세히 들여다볼 필요가 있다.

먼저, 헨타이에 창의적인 스타일, 묘사 기법 등 관객들을 끌어들일 만한 예술적인 측면이 있기는 해도, 제작 의도는 의심할 여지 없이 분명하다. 헨타이의 제작자들은 관객들을 단지 성적으로 흥분시키는 것뿐 아니라 오르가슴에 이르게 하기 위한 목적으로 헨타이를 제작했다. 따라서 헨타이를 미켈란젤로의 다비드상과 같은 누드 예술작품으로 구분할 수는 없다. 헨타이는 명백히 포르노다. 애니메이션 포르노는 누드 예술과 달리 감상용으로 제작되지 않는다. 헨타이는 실사 포르노와 마찬가지로 소비용으로 만들어진 것이다.

둘째, 애니메이션 포르노는 여성을 남성의 자위용 도구로 비하하고 상품화한다는 측면에서 실사 포르노가 전달하려는 것과 동일한 메시지를 전달한다. 포르노 영화와 그 소비자들에게 포르노 속 여성은 남성의 쾌락을 위해 존재하는 도구 그 이상은 아니다. 여성은 우월한 남성의 지배하에서 무력한 존재로 그려지거나, 지배를 애원하는, 성적 쾌락에 빠진 무력한 존재로 그려진다. 포르노 속 여성들이 강력한 존재로 그려지는 경우는 대개 영화 속에 등장하는 다른 여성들을 지배하는 경우다. 다른 형태의 포르노와 마찬가지로 헨타이는 성적 흥분을 유발하기 위해 몸의 특정한 부분을 부각시키고, 여성과 소녀들에게 약자의 역할을 부여한다.

셋째, 애니메이션 포르노는 실사 포르노와 동일한 형태의 메시지 전달 방식을 활용해 홍보되고 판매된다. 합법적인 헨타이 웹사이트에서는 그들이 제공하는 상품은 성인들만을 위한 것이라는 경고문도 제공한다. 헨타이 웹사이트에서는 여타 포르노 웹사이트에서와 동일한 용어를 사용해 여성의 몸과 여성 자체를 묘사한다. '잡년', '창녀',

'쉬운 여자' 그 밖에 훨씬 더 심한 표현들이 결제창 앞에 앉은 소비자를 기다리는 아름다운 애니메이션 주인공들을 묘사하는 데 사용된다.

네 번째이자 가장 절망적인 사실은, 캐릭터나 시나리오를 마음대로 변화시킬 수 있다는 측면 때문에 실제로는 헨타이 영상들이 실사 포르노보다 더 나쁜 메시지를 전달한다는 점이다. 임상심리사인 메그하 하주리아 고어 박사는 이렇게 말한다. "만화는 궁극적인 판타지이기 때문에, 만화를 통해서는 원하는 남성 또는 여성의 모습 그대로를 재현해낼 수 있다. 모든 종류의 성적 환상을 충족시킬 수 있는 것은 말할 것도 없다."[3] 비현실적으로 과장된 몸매의 소유자들이 현실에서는 불가능한 포즈를 취하기도 한다. 헨타이에는 괴생물체로부터 강간당하는 여성, 학대, 수간, 공포물을 혼합한 전형적인 일본 성애물의 주제들을 담아낸다.

우리는 헨타이의 하위 장르물에서 불법 실사 포르노와 비슷한 특징들을 발견한다. 하지만 그 제작 과정에 실제 어린이나 동물이 사용되는 것은 아니기 때문에 헨타이는 합법의 범주에 속한다. 예를 들어 로리콘은 헨타이의 하위 장르물로, 사춘기 이전의 소녀들이 등장한다. 쇼타곤의 주인공은 사춘기 이전의 소년들이다. 이 성애물의 제작자들과 소비자들이 실제 어린이들을 등장시키는 대신 어린이를 활용한 에로틱 판타지에 '불과한' 것을 활용한다는 점을 칭찬해야 하는가?

또한 애니메이션이기 때문에 소비자들은 등장 인물에게 동정심을 느낄 이유도 없다. 실제가 아니지 않은가. 펜 끝에서 탄생한 생명력 없는 그녀에게는 권리도, 선택권도 없다. 그저 제작자의 충동을 해소할 대상이 되어줄 뿐. 한편으로는 다른 형태의 다양한 포르노에서처럼 소비자들은 헨타이를 보며 자신의 성적 취향, 기대, 환상을 형성한다.

다른 포르노들과 다른 점이 있다면, 헨타이를 소비하면서는 마음의 부담을 느끼지 않아도 될 뿐더러, 작가의 주관에 따라 변화의 여지가 큰 장르이기 때문에, 헨타이 소비자들이 언제든 제작자로 탈바꿈할 수 있다는 점이다. 예술적 역량이나 컴퓨터 기술 활용법만 충분히 갖추면 헨타이 팬들도 자신이 좋아하는 캐릭터를 활용해 팬픽 포르노를 제작할 수 있다(일본어로는 도진시, 한국어로 동인지라고 불린다). 이러한 기회 덕분에 소비자들은 자신의 성적 지배력이 훨씬 더 커졌다고 느끼기도 한다. 남성 지배적인 우주를 직접 창조해내는 창조주가 되는 셈이니 말이다.

PART 4

포르노
그리고 관계

18

포르노는
판타지에 불과하다

지난 수년간 미디어가 사람의 실제 행동에 어떤 영향을 미치는지에 대한 활발한 논의가 있었다. 과연 폭력적인 미디어는 우리의 삶에 어떠한 영향을 미칠까? 심지어 대단히 인위적으로 느껴지는 이미지들도 우리의 행동에 실제로 영향을 미칠 수 있을까? 폭력에 대한 노출은 우리의 성숙도에 어떠한 영향을 미칠까? 우리 사회 전반에 미치는 영향은 또 어떨까?

이 질문들은 포르노가 미치는 영향에 관한 논쟁에도 불을 지폈다. 포르노는 인간의 행동을 변화시킬 수 있을까? 포르노가 정말로 변화를 야기할까? 이미지가 우리에게 그토록 큰 힘을 발휘할 수 있을까? 수없이 많은 연구 끝에 우리에게 아주 큰 울림을 주는 한 가지 답이 나왔다. 미디어가 우리의 사고방식과 행동에 영향을 미친다는 것이다.

광고는 미디어가 우리의 사고방식에 강력한 영향력을 행사한다는 사실을 입증하는 증거다. 기업들은 광고 캠페인에 수십억 달러를 투자해가며 훌륭한 그래픽과 귀에 꽂히는 후렴구가 담긴 30초짜리 광고를 만들어 당신이 광고 속 제품을 생각하기를, 구매하기를, 그에 대해 이야기하기를 바란다. 실제로는 경쟁사의 제품과 크게 차이가 없는 제품일지라도, 광고를 통해 당신이 바로 그 제품을 선택하도록 만드는 것이 그들의 목표다. 기업들은 연평균 약 1,800억 달러를 광고에 쏟아붓는다.[1] 기업 임원들이 광고가 소비자들을 끌어모을 것이라는 사실을 철석같이 믿고 있는 것이다. 미디어에는 사람의 마음을 돌려놓는 힘이 있다.

독자는 아마 이렇게 생각할지 모른다. '물론 그건 광고니까. 포르노와 비교할 순 없지. 포르노는 달라. 결국 포르노는 실제가 아니니까. 판타지일 뿐이지. 그 사실은 모두가 알잖아? 위험한 성관계를 실제로 시도하는 것보다는 무해하고 재미있고 안전한 일인데 뭐가 문제라는 거지?'

대부분의 포르노가 대본을 기반으로 제작되고 어마어마한 편집 과정을 거치는 건 사실이다. 하지만 그렇다고 포르노가 시청자와 그의 몸, 그의 관계에 미치는 영향력이 줄어들지는 않는다.

성적 행동을 변화시키는 포르노의 힘을 완전히 이해하기 위해서는 인간의 두뇌가 어떤 학습 과정을 거치는지 이해해야 한다. 인간은 관찰 학습이라고 불리는 프로세스를 통해 학습하는데, 어떤 일을 하는 다른 사람을 관찰함으로써 그 일을 하는 방법을 배우게 되는 것이다.

관찰 학습에 관한 어느 선구적인 연구에서, 한 성인이 팽팽하게 부푼 펀치백을 허공에 집어 던지고, 망치로 펀치백을 가격하고, 그 위를 깔고 앉는 등 폭력적으로 행동하는 장면을 아이들에게 보여주었다. 그 후 아이들에게 같은 펀치백을 주고 가지고 놀도록 했는데, 성인의 폭력적인 행동을 지켜본 아이들은 그와 동일한 행동을 했다.

이 같은 관찰 학습 사례는 포르노 사용이 소비자들의 행동에 미치는 영향을 통해서도 확인할 수 있다. 포르노의 강력한 학습 효과를 발견한 한 노르웨이 연구팀은, 포르노 업계를 개혁해 포르노를 안전한 섹스 교육을 위한 도구로 활용해야 한다고 주장하고 있다. 그들은 전통적인 방식으로는(예를 들어, 성교육 수업) 일반 포르노 소비자들에게 섹스에 관한 그 무엇도 가르치지 못하며, '안전한 섹스'를 보여주는 포르노를 홍보하는 편이 안전한 섹스가 정상적인 것이라는 인식을 전파하는 데에 더 효과적인 방법이라고 생각한다.[2] 만약 교육자들이 포르노를 통한 안전한 섹스 교육이 가능하다고 믿게 되면, 분명 폭력에 대한 인식 등 다른 교훈을 전달하는 것 역시 가능할 것이라는 주장이다.

지난 수십 년 동안 포르노와 성폭력 간의 관계는 다양한 연구, 기사, 논쟁의 단골 주제였다. 일부 연구에서는 둘 사이에 관계가 있다고 주장했고, 다른 연구에서는 관계가 없다고 주장했다. 그리고 포르노 소비와 성폭력 모두 남성의 타고난 본능이 탄생시킨 것이라고 주장하는 사람들도 여전히 존재한다.

아마도 이 연구 중 가장 자주 언급되는 주제는 2000년에 맬러머스, 에디슨, 코스가 공동으로 실시한 '포르노와 성폭력'이라는 제목의 연구일 것이다. 연구를 준비하면서 세 작가들은 해당 주제로 실시된 과거의 연구 결과들을 검토했다.

그들은 연구를 통해 성폭력 저위험군 남성들과, 고위험군 남성들에게 포르노가 각각 어떤 영향을 미치는지 관찰했고, 저위험군 남성들이 자주 포르노를 사용한다고 해도 꼭 성폭력을 저지를 확률이 함께 높아지는 건 아니라는 결론을 도출해냈다. 저위험군 남성들 중 포르노 이용 빈도 수가 평균보다 '높은' 사람과 '매우 높은' 사람 사이의 폭력 성향에는 차이가 거의 발견되지 않았다. 그러나 포르노를 전혀 보지 않거나 거의 보지 않는 사람들과 자주 보는 사람들 사이에는 눈에 띄는 차이가 발견되었다. 성폭력 고위험군 남성들의 경우 포르노와 성폭력 사이에 연관성이 관찰되었다. 이 그룹의 남성들 중 포르노를 자주 보는 사람들은 그렇지 않은 사람들에 비해 성폭력을 저지른 경험이 '훨씬 더' 많았다.[3]

포르노 시청은 남성의 성폭력 성향에 영향을 미칠 뿐만 아니라 관계에 대한 헌신의 정도에도 영향을 미칠 수 있다. 플로리다주립대학교의 연구원들은 습관적으로 포르노를 시청한다고 응답한 대학생들을 대상으로 연구를 진행했다. 연구에 참여한 학생의 절반에게는 어떠한 형태의 포르노도 보지 말 것을 당부했고, 같은 기간 동안 나머지 절반에게는 가장 좋아하는 음식을 끊을 것을 요청했다. 실험의 말미에 학생들은 자신의 관계 헌신 정도에 대한 질문을 받았다. 포르노와 관계 헌신도 사이에 연관성이 있다는 것 자체가 이상하게 들릴지 모르겠지만, 연구자들은 포르노 소비를 줄이거나 끊은 학생들이, 좋아하는 음식을 끊은 대신 포르노를 지속적으로 본 학생들에 비해 관계를 훨씬 더 진지하게 생각하고 있다는 사실을 발견했다.[4]

이와 같은 변화의 이유는 무엇일까? 포르노의 영향력 감소 때문이었을 수도 있고, 파트너와 함께 보내는 시간이 늘어났기 때문이었을 수도 있다. 포르노를 보지 않는 시간만큼 현실 속 실제 사람과 관계를 맺게 되는 시간이 늘어나는 법이니 말이다. 일부 포르노 사용자들은 일주일에 최대 15시간 포르노를 시청한다고 응답했다.[5] 실로 어마어마한 시간이 포르노에 낭비되는 것이다.

포르노는 의미 있는 관계를 형성하고 유지하는 우리의 능력보다 더 큰 영향력을 발휘한다. 포르노는 우리가 섹스를 대하는 시각, 그리고 이성을 대하는 시각에 영향을 미칠 수 있으며, 특히 남성이 여성을 보는 시각에 영향을 미친다.

여성의 성적 대상화에 관한 연구를 진행하던 연구자들은 「롤링 스톤」의 표지를 분석했다. 그들은 여성들이 성상품화되었을 뿐만 아니라, 성적으로 대상화되는 빈도 수도 증가해 벌거벗은 채 섹시한 포즈를 취한 여성들이 표지에 등장하는 횟수가 점점 늘어나고 있다는 사실을 발견했다. 1960년도에는 표지의 11퍼센트가 과도하게 성적 대상화된 사진으로 채워졌다. 2000년 이후 그 비율은 61퍼센트로 증가했고, 표지를 장식한 주인공들은 대다수가 여성이었다. 해당 논문을 쓴 저자의 말을 다음과 같이 인용한다.

이와 같은 이미지에 축적된 성적 암시들은, 여성이 이성애자 남성들을 위한 성적 쾌락의 도구이자 감상을 위한 소유물이라는 해석 외에는 독자적인 해석의 여지를 거의 남겨두지 않는다. 이러한 이미지들은 여배우나 뮤지션들을 주체적인 뮤지션 또는 배우로 보이게 하는 대신 언제든 섹스를 할 준비가 되어 있고 늘 열려 있는 존재처럼 보이게 만든다.[6]

주류 잡지를 통해 배포되는 이 이미지들의 문제는, 이와 같은 이미지가 여성의 이미지를 대표하는 것처럼 보이게 만든다는 것이다. 아리엘 레비는 저서 『여성 쇼비니즘Female Chauvinist Pigs』에서 여성에 대한 「롤링 스톤」식의 묘사는 성적 대상이 되는 것만이 여성이 되는 유일한 길이라는 메시지를 전파한다고 언급했다. 레비는 이렇게 말했다. "우리가 한때 성적 표현의 한 방법이라고 여겨왔던 것들이 이제 성적 취향으로 여겨지고 있다."[7] 다시 말하면, 과도한 성적 대상화는 '현실'의 여성들도 언제든 섹스를 할 준비가 되어 있고 섹스에 열려 있다는 메시지를 대중에 전파한다는 것이다. 이로 말미암아 여성에 대한 비현실적인 기준이 생겨나고, 남성들의 마음속에는 부적절한 기대감이 뿌리내린다.

포르노는 인간의 몸에도 영향을 미친다. 포르노를 구하기가 점점 쉬워지면서 젊은 성인들 사이에서 발기부전과 같은 성기능 관련 문제의 발생 빈도 역시 증가했다. 대체로 장년층의 질병으로 알려져 온 발기부전은 이제 20-30대 건강한 젊은이들 사이에서도 흔한 질병이

되었다.

이와 같은 현상을 보여주는 데이터도 마련되어 있다. 2012년 스위스에서 실시한 한 연구는 18-24세 남성의 30퍼센트가 여러 형태의 발기부전을 겪고 있다는 사실을 밝혀냈고,[8] 그로부터 2년 뒤 캐나다에서 실시한 연구는 16-21세 남성의 27퍼센트가 동일한 문제를 겪고 있다고 밝혔다.[9] 이탈리아에서 실시한 한 연구에 따르면 40세 미만인 젊은 남성들의 발기부전 발병률이 40대 이상인 남성들의 발기부전 발병률에 비해 10퍼센트 더 높게 나타났다.[10] 이 데이터와 1992년의 데이터를 비교해보자. 당시에는 18-59세 남성 중 5퍼센트만이 발기부전을 겪었다.[11]

건강한 젊은이들의 발기부전 발병률이 크게 증가한 이유는 무엇일까? 의사들은 포르노를 주된 이유로 꼽았다. 2014년 케임브리지대학교에서 실시한 연구에서 연구진들은 발기부전을 겪는 남성들에게 포르노 사용 유무를 물었다. 연구진들은 (평균 나이 25세의) 응답자 60퍼센트가 자신의 이성 파트너와 섹스를 하는 데에 문제를 겪지만 포르노를 볼 때는 발기부전을 겪지 않는다고 답했다고 보고했다.[12]

남성의 생식 건강을 전공한 외과 의사 로렌스 스마일리는 이렇게 말했다.

나는 성기능 장애 치료 클리닉에서 정확히 이와 같은 상황에 처한 남성들을 매일같이 만난다. 그들은 파트너와 함께 있을 때 완전한 발기에 쉽게 이르지 못하고, 사정하는 데에도 어려움을 겪는다. 나는 이 남성들에게 포르노 시청을 완전히 끊으라고 충고했고, 충고를 받아들인 사람들은 모두 몇 달 뒤 파트너와의 성관계 시 문제 없이 발기 및 사정 능력을 정상 수준으로 회복할 수 있었다.[13]

다른 무엇보다도 온라인 포르노 시청은 새로운 자극을 추구하는 행위다. 끊임없이 마우스를 클릭하고, 욕심사납게 여러 개의 창을 열어두고, 늘 새로운 얼굴, 새로운 흥분거리를 찾아 헤매는 일이다. 이 정도로 강박에 빠진 남성에게는 아무리 매력적인 사람이라도 현실 속 여성은 그저 한 명의 여성일 수밖에 없으며, 그녀만으로는 성적 흥분을 느끼기가 어렵다.

포르노가 주는 판타지가 우리의 일상에 영향을 미칠 수 있느냐고? 대답은 '그렇다'인 것 같지 않은가?

19

결혼이 포르노 강박을
치료해줄 것이다?

포르노에 빠진 다수의 미혼 남녀는 이렇게 말한다. "일단 결혼만 하면 포르노는 더 이상 문제가 되지 않을 것이다." 그들은 늘 준비된 섹스 파트너를 만나기만 하면 그들을 잡아당기는 포르노의 매력은 이내 사라질 것이라고 믿는다. 헌신할 사람이 생기는 것만으로 습관을 떨쳐버리는 데 충분한 동기를 갖게 된다고 생각하는 모양이다. 이와 같은 기대는 포르노에 대한 강박의 실체를 이해하지 못하기 때문에 생긴다.

내가 좋아하는 철학자 중 17세기 프랑스 철학자 블레즈 파스칼이 있다. 파스칼은 충동적인 도박꾼의 병에 대해 이야기했다. 도박꾼이 원하는 게 정말 돈인 걸까? 아니다. 도박꾼에게 도박을 끊는 것을 조건으로 그가 도박을 통해 얻으려던 것을 그냥 줘버린다면, 그는 그 조건을 받아들이지 않을 것이다(아니면 거짓말로 조건을 받아들이고 그 돈을 도박에 다시 탕진하고 말 것이다). 그렇다고 이 충동적인 도박꾼이 게임 자체에 중독되었다고 보기도 어렵다. 승리에 대한 기대가 없다면 게임은 더 이상 흥미롭지 않기 때문이다. 사실 도박꾼을 사로잡는 것은, 승리가 그를 행복하게 해줄 것이라는 환상이다. 도박꾼은 큰돈을 따는 것보다 돈을 따는 순간에 느끼게 될 환희를 갈망한다. 하지만 정작 게임에서 이기고 나면, 그 만족감은 오래가지 않는다. 그래서 곧장 다음 판으로 눈을 돌리는 것이다.

로또 당첨금으로도 게임 중독을 치료하지 못하는 것처럼 결혼 생활로도 포르노 중독을 치료하지 못한다. 포르노를 통한 성경험에 훈련된 사람은 기분 좋은 오르가슴 자체를 좇지 않는다. 그다음에 보게 될 무언가에 대한 기대에 흥분하는 것이다. 다음엔 어떤 영상을 보게 될지에 대한 기대, 다음에 올 욕망의 대상에 대한 흥분, 다음에 보게 될 여성의 몸에 대한 갈망. 이들은 자신의 눈앞에 서 있는 실제 파트너 대신, 궁극적인 성경험을 선사해줄 것이 틀림없는 포르노를 주저 없이 선택할 것이다. 결정적인 변화가 일어나지 않는 한 이 같은 경험에 익숙해진 사람은 결혼으로 치유받지 못한다. 오히려 포르노에 대한 강박이 결혼을 파괴할 가능성이 더 높다.

포르노가 일반인들의 섹스에 대한 관점에 미치는 영향에 관한 연구가 여러 차례 진행되었다. 한 가지 두드러지는 점은 포르노가 외도를 보는 시각에 미친 영향이었다. 포르노는 외도를 신나는 일로 그리는데, 그 탓에 시청자들이 외도가 정상적인 것처럼 생각하도록 유도

할 수 있다는 것이다. 이러한 현상은 부부 사이에 문제를 유발한다. 특히 간통이 미국 내 주요 이혼 사유 중 하나이기 때문에 시사하는 바가 더 크다고 할 수 있다.[1] 포르노는 소비자들로 하여금 외도 또는 신뢰를 기반으로 한 관계 밖에서 이루어지는 성관계도 문제없다고 느끼게 만든다. 그러나 그들의 배우자나 파트너는 이에 동의하지 않는다.

미국에서는 지난 10년 동안 거의 매년 백만 쌍의 커플이 이혼했다. 2003년에 350명의 이혼 전문 변호사들을 대상으로 실시한 설문에 따르면, 이들이 다룬 사건의 절반 이상은 포르노가 이혼 사유였다. 정확히 몇 쌍이 포르노로 말미암아 이혼에 이르게 되는지 수치화할 수는 없지만 『포르노 중독 벗어나기Treating Porn Addiction』의 저자 케빈 스키너 박사에 따르면 "50만 건의 이혼 사례가 있는데 그 이혼 사유의 25퍼센트가 포르노라면, 포르노 시청의 결과로 매년 12만 5천 쌍이 이혼에 이르게 되는 셈이다. 지나치게 많은 가정이 그런 식으로 깨지고 있다. 포르노로 말미암아 감당하기 힘든 큰 상처와 고통이 발생하는 것이다."[2]

결혼이 포르노 중독의 치료책이 될 수 있다는 주장은 이론상으로는 그럴싸해 보인다. 만약 포르노가 성관계 전 분위기를 조성하는 역할만 한다면, 한 사람의 성적 표현 그 이상 아무것도 아니라면, 결혼이나 신뢰를 기반으로 한 관계가 포르노 중독의 치유책이 될 수 있다. 하지만 대체로 포르노는 그런 역할을 하지 않는다. 포르노 사용자들은 신뢰를 기반으로 한 관계를 시작한 이후에도 그 관계와 자신의 평판을 담보로 걸고 지속적으로 포르노를 사용한다.

하지만 이유가 뭘까? 결혼이 포르노 중독을 치유할 만병통치약이될 수 없는 이유가 무엇일까? 그 답은 포르노 강박의 본질에서 찾아볼 수 있다. 포르노가 '그저 섹스'에 불과하다고 생각한다면, 결혼 또는 신뢰를 기반으로 한 로맨틱한 관계는 포르노의 완벽한 대안이 될수 있다. 화면 속 가상의 섹스에 몰두하는 대신 현실 속 파트너와 함께 은밀한 밀회를 즐기는 것을 선택하는 게 가능한 것이다. 그러나종종 포르노 사용자들은 그와 반대 되는 결정을 내린다. 이들은 파트너와의 섹스 대신 가상의 섹스 파트너를 선택한다.

작가 에이미 숀은 남자친구의 포르노 중독으로 관계가 깨어진 뒤결국 남자친구를 떠난 르나타라는 여성의 이야기를 독자들에게 들려주었다. 남자친구가 컴퓨터 앞에서 보내는 시간이 길어질수록 그가여자친구에게 자신이 본 포르노를 흉내 낸 섹스를 요구하는 횟수가점점 더 늘어나기 시작했다. 그는 심지어 포르노 영상을 보여주며 그와 똑같은 섹스를 하자고 요구하기도 했다. 남자친구가 피와 살을 가진 살아 있는 여성 대신 비현실적인 포르노 스타를 선호한다는 사실에 절망한 르나타는 그에게 선택의 기회를 주었다. 그러나 그는 컴퓨터를 선택했고 그렇게 그들의 관계는 끝났다.[3]

르나타와 같은 여성들은 파트너의 포르노 강박 역시 일종의 외도라고 느낀다. 그동안 이에 관한 다양한 논쟁이 있어왔는데, 포르노소비자가 여성인 경우 일어나는 일에 대한 논쟁은 거의 없었다. 그러나 남성 또는 여성, 혹은 둘 모두의 포르노 소비 습관이 관계에 영향을 미칠 수 있다. 남성이 포르노 소비자인 경우 르나타의 남자친구처럼 일탈적인 성행동의 증가로 이어질 수 있다. 그러나 포르노 소비자가 여성인 경우 관계 내 감정적 교감이 줄어드는 문제가 생길 수 있다.

젊은 아내이자 두 아이의 엄마인 제니는 십대 때부터 포르노를 봐왔다. 그녀는 결혼이 자신의 포르노 중독을 치유해줄 것이라고 생각했다. 그녀는 자신을 사랑하고 이해해줄 남성을 원했고, 그녀가 원할 때면 언제든 그와 섹스를 할 수 있게 될 줄 알았다. 또한 그녀는 자신의 남편이 될 사람이 스스로를 성욕이 활발한 여성을 아내로 맞은 운 좋은 남자라고 생각하게 될 것이라고 믿었다. 그러나 막상 결혼을 하고 나니 제니의 문제는 오히려 전보다 더 심각해졌다. 그녀는 포르노를 끊지 못했고 남편과의 섹스에서 성적 흥분을 느끼지 못하는 수준에 이르렀다. 남편이 섹스를 원할 때마다 그녀는 다른 방으로 가서 '준비'를 해야겠다고 핑계를 댔다. 그 방에서 그녀는 포르노를 봤다. 포르노를 봐야만 남편과 성관계를 갖고 싶은 마음이 생겼기 때문이다. 성관계 도중에도 포르노 속 장면을 떠올려야만 흥분을 유지할 수 있었다. 실제로 컴퓨터 앞에 앉아 있는 것은 아니더라도 남편과 섹스를 하는 게 아니라 포르노 속 이미지와 섹스를 하는 셈이었다. 그녀는 그 사실을 남편에게 말할 수 없었다. 그 사실을 알고 나면 남편이 자신을 떠날까 봐 두려웠기 때문이다.

이상한 이야기처럼 들릴지 모른다. 실제 섹스를 포기하고 컴퓨터 앞에서 자위하는 것을 택할 사람이 대체 어디 있단 말인가? 이 질문에 대답하려면 우리는 포르노가 뇌에 미치는 영향을 살펴봐야 한다.

포르노와 섹스는 다르다. 즉, 포르노 강박과 섹스에 대한 강박은 동의어가 아니란 얘기다. 결혼이 후자에는 도움이 될지 모르겠지만, 여러 증거들이 말해주듯 전자에는 도움을 줄 수 없다.

앞서 언급했듯 결혼이 포르노 중독을 치료해줄 것이라고 믿는 것은 돈이 도박 중독을 치료해줄 것이라고 믿는 것과 같다. 도박의 경우 중독은 돈이 아니라 돈을 좇는 데서 오는 희열에 대한 것이다. 따라서 도박 중독자에게 돈을 주는 건, 불 붙은 데 기름을 들이붓는 격일 뿐이다. 이들은 도박이 주는 기분 자체에 중독된 것이기 때문이다.[4]

아직 공식적으로 중독이라고 인정받지는 못했지만,[5] 포르노 사용은 약물 남용, 도박 등 충동을 야기하는 행동으로 자극되는 뇌의 영역과 동일한 중추를 자극한다.[6] 포르노 중독자는 성적 판타지를 좇는 데서 느끼는 희열에 중독되며, 포르노가 주입시키는 비현실적인 기대감은 관계에도 영향을 미쳐, 이내 그 관계를 파괴하고 만다. 포르노 속 섹스를 자판기에서 뽑아내듯 아무 때나 요구하는 관계를 감당할 수 있는 사람은 없기 때문이다. 포르노 중독자의 경우 인간관계를 쌓고 유지하는 데에 어려움을 겪게 되었을 때 가상의 섹스가 주는 즉각적인 위안을 선택하기가 더 쉽다. 결혼은 포르노 중독을 치료하지 못한다. 하지만 포르노 중독은 결혼을 파괴할 수 있다.

20

아내가 섹시하면
남자는 포르노에 빠지지 않는다?

남편이 정신없이 포르노에 빠져 있다면, 그와 같은 남편의 행동이 아
내에게 상당한 영향을 줄 것이라는 사실을 이해하는 건 어렵지 않다.
포르노로 말미암아 관계에 심각한 문제를 갖게 된 커플들을 대상으
로 연구를 진행한 결과, 커플 중 68퍼센트가 둘 중 한 명 또는 둘 모
두가 포르노의 영향으로 섹스에 무관심해졌다고 답했다. 관계 속 다
른 당사자가 느낀 감정은 흔히 상처, 배신, 거절, 방치, 외로움, 고립,
수치심, 질투, 분노였고, 버림받은 아내들은 종종 자기 자신을 남편이
온라인으로 소비하는 이미지와 비교했다.[1]

아내의 성적 경직성과 소극적인 태도가 남성들의 포르노 중독을
부추긴다는 통념은 불안함을 느낀 예민한 여성들이 지어낸 말이 아
니다. 이 믿음은 남편들 스스로 버릇처럼 소리 내어 밝힌 소회다. 공

인 섹스 중독 테라피스트 린다 해치 박사는 일부 남성들은 결혼 생활에 특정한 요소가 결핍되었기 때문에 자신이 포르노를 사용하게 되었다고 믿는다고 말했다. "그들은 '아내보다 내가 섹스를 더 원하는 것'이 문제라고 말할지도 모릅니다. 그리고 '만약 그게 원인이라면 섹스를 위해 결혼 또는 관계를 벗어나 외도를 저지르는 게 정당하다'고 자신들의 행동을 합리화하는 겁니다."[2] 사실을 말하자면, 이만한 거짓말은 어디에도 없다. 섹스에 대한 갈망과 포르노에 대한 갈망은, 일견 비슷한 점이 있긴 하지만, 동일한 것은 아니다. '코베넌트 아이스Covenant Eyes(미국 내 포르노 감시 기구-옮긴이주)'의 교육 자료 담당자 루크 길커슨은 상처받은 아내들을 종종 다음과 같이 묘사하곤 한다.

촛불 켜진 식탁에 차려진 근사한 저녁식사가 주는 즐거움과, 5시간째 가열기 아래에서 데워지는 중인 음식이 가득한, 닥치는 대로 뭐든 먹을 수 있는 수준 이하의 뷔페를 비교해보자. 누군가 촛불이 켜진 근사한 저녁식사 대신 뷔페를 선택했다면, 그건 실제로 뷔페에 차려진 음식이 더 마음에 들어서가 아니다. 그저 더 다양하고 새로운 음식을 편한 마음으로 즐길 수 있기 때문이다. 남자들이 아내와의 은밀한 시간보다 포르노를 좇는 이유도 바로 여기에 있다. 그들은 다양한 여자를 원한다. 흥청망청 시간을 보내고 싶고, 새로운 판타지를 경험하고 싶으며, 그러는 와중에도 다른 사람의 성적 욕망과 요구 사항을 채워주는 불편을 감수하고 싶지 않은 것이다. 비유하자면, 성적 폭식이라고 할 수 있겠다.[3]

길커슨은 그의 분석이 곡해되는 것을 원치 않는다는 사실을 분명히 밝히며 이렇게 말했다. "여성들은 '고기 조각'이 아니며, 소비용 상품도 아니다." 이 분석은 남성들의 정신 상태, 즉 남성들이 자신의 성적 욕망을 친밀함을 표현하기 위한 수단으로 보는지, 아니면 여성들이 제공해야 할 가치 있는 서비스로 보는지에 대한 것이다. 촛불 켜진 식탁보다 뷔페를 선호하는 남성의 취향은 그의 비뚤어진 정신 상태의 반증이지, 촛불 켜진 식탁에 결함이 있다는 증거는 아니다.

포르노 애청자들은 섹스는 수돗물을 틀면 나오는 것처럼 쉽고 언제든 할 수 있는 것이어야 한다는 믿음을 스스로에게 주입시킨다. 그는 버거킹 유형의 섹스를 사는 것이다. 그가 원하는 방식, 자신의 입맛에 맞는 섹스 말이다. 이때 문제는 그에게 있는 것이지 그의 아내에게 있는 것이 아니다.

한 가지 부인할 수 없는 사실은, 많은 남성들이 일부일처제는 지루한 것이며, 모든 사람이 스스로에게 솔직해질 수 있다면 우리는 모두 일부일처제가 따분한 것이라는 사실을 인정할 것이라고 생각한다는 것이다. 대부분의 남성들이 따분함을 해소하기 위해 벌이는 일탈에 대해 여성들이 심각하게 걱정해야 할까?

그 질문을 뒤집어 생각해보자. 어떠한 상황에서도, 심지어 포르노 이미지를 피해가면서까지 자신의 아내에게 충실할 것을 선택한 남성을 존경할 것인가? 성욕이 제시하는 함정을 피해 결국 자신의 신부에게 충실할 수 있었던 영웅들의 이야기를 조용히 응원하는가? 만일 '그렇다'고 답했다면, 여성들이 자신이 결혼한 남성에게 이와 같은 미덕을 바라는 게 잘못된 일일까?

저서 『기적을 부르는 뇌』에서 노먼 도이지 박사는 우리 뇌에는 쾌락을 담당하는 두 개의 시스템이 있다고 설명한다. 이 두 개의 시스템은 각각 흥분으로 얻는 쾌락과 만족감으로 얻는 쾌락을 담당하며, 이 두 가지 쾌락의 경로는 남성들이 종종 결혼 생활에서 섹스를 외면하고 포르노가 주는 흥분으로 눈을 돌리는 이유를 설명하는 데에 도움을 준다.

도파민은 우리의 집중력을 날카롭게 만들어 성적으로 흥분하게 하는 신경 화학 물질이다. 흥분-쾌락 시스템은 도파민의 폭발적 증가로 점화되며 우리의 기대감을 증폭시키는 역할을 한다(제일 좋아하는 음식 또는 성관계를 상상할 때 이러한 현상이 발생한다). 만족-쾌락 시스템은 실제로 식사를 하거나 섹스를 했을 때 작동하고, 안정적이고 만족스러운 쾌감을 유발하며 아편과 동일한 효과를 내는 엔도르핀을 뇌에 분비하여 편안함과 희열을 선사한다.

포르노의 경우 만족-쾌락이 아니라 오로지 흥분-쾌락만을 유발한다. 도이지는 도파민이 새로움과 참신함, 변화에 반응하기 때문에 매번 새로운 섹스를 약속하는 인터넷 포르노는 우리의 뇌를 더 큰 흥분으로 이끈다고 설명한다. 따라서 포르노 시청은 매번 새로운 디지털 여성이 주는 신선함 덕분에 더 큰 '흥분'을 선사하는 것이다. 그러나 이때 만족-쾌락 시스템은 '실제 경험'의 결핍을 경험하게 된다. 포르노에는 진짜 손길, 키스, 애무, 교감은 존재하지 않기 때문이다.

참신함과 편리함은 포르노에 매력을 더해주는 재료들이다. 같은 이유로 아무리 외모가 뛰어난 여성이라도 포르노에 흠뻑 빠진 뇌의 집중력을 유지시키는 일은 불가능하다. 포르노는 똑똑하게 포장된 성적 자극이다. 각각의 링크는 끝도 없이 이어지는 도로로, 수천 개의 포르노 시나리오 속 수천 명의 여성들에게로 당신을 안내한다. 많은 남성들이 노트북을 열고 자신의 스타일에 맞는 단 하나의 이미지만 찾아 그 이미지만 보고 끝내는 법이 없는 이유도 바로 여기에 있다. 그들은 계속해서 검색을 한다. 그들이 몇 시간 동안이나 인터넷을 뒤지는 이유는 실은 성적으로 자극적인 무언가를 찾는 것이 중요한 게 아니기 때문이다. 진짜 중요한 것은 검색 자체, 다양한 옵션 자체다.

포르노는 조립식 판타지이자 편리한 섹스다. 아내와의 관계는 복잡해질 수 있다. 서로에 대해 제대로 알아야 하고, 서로를 아껴야 하고, 한 사람의 욕망을 양보해가며 상대방을 보살펴야 한다. 그러나 포르노는 일방적이다. 화면 속 여성들은 요구 사항이 없다. 아내와 만족스러운 성생활을 즐기는 남성에게조차도 포르노가 제공하는 쾌락은 여전히 매력적이다. 귀찮은 상호작용은 건너뛰고 빠르게 성적 쾌락을 충족해주기 때문이다. 슬픈 사실은 많은 남성들이 종국에는 현실보다 판타지를 선호하게 된다는 점이다.

이와 같은 현상을 설명하기에 최고의(동시에 최악의) 사례는 휴 헤프너일 것이다. 「플레이보이」의 창간자 헤프너는 자신이 수십 년 동안 홍보해온 라이프스타일의 표본이 되고 싶었다. 캘리포니아 주 비벌리힐스 근교에 위치한 플레이보이 맨션은 그런 헤프너의 개인 별장이자 플레이보이 이미지의 상징이기도 했다.

헤프너의 전 여자친구 중 하나인 이자벨라 세인트 제임스는 2년 동안 그와 함께 플레이보이 맨션에서 동거했고, 그 후 자신의 책『버니 테일즈Bunny Tales』에서 헤프너의 일상에서 밤낮으로 벌어지는 일들에 대해 상세히 적었다. 그녀는 특히 헤프너가 벌인 난교파티에 대해 탁월하게 묘사했다. 성 해방의 아이콘인 그도 정작 절정에 이르기 위해서는 비아그라와 여러 명의 여자가 필요했고, 포르노가 그 대미를 장식해야 했다고 한다.[4]

진짜 포르노 스타들로 가득한 하렘에서도 실제 여성들로는 포르노로 단련된 성적 욕망을 충족시키지 못한다면, 평범한 여성들은 대체 무엇과 경쟁해야 한단 말인가?

21

포르노는 성적 쾌락을 돕는
보조제로 사용되어야 한다?

한 번은 메릴랜드대학교에서 열린 연례 '섹스 위크'에 연사로 초청받은 적이 있다. 한 주 동안 무엇이든 성교육의 소재로 삼는 이 행사는 미국의 대학교에서는 꽤 흔히 열리는 행사다. 「US 뉴스 & 월드 리포트」의 편집자 피터 로프는 미국에서는 이 행사가 '신입 회원 선발 주간rush week'이나 '홈커밍' 행사만큼이나 보편적인 행사라고 설명했다.[1]

섹스 위크에는 보통 성폭력 및 성병에 대한 강의 외에도 성인용품 워크숍, 여장 남자 쇼, 포르노 스타들의 초청 강연, 가학-피학 성애 세미나, 섹시 비치 파티, 성인영화 상영 및 '콘돔 패션쇼'까지 열린다. 정말 고급스럽기도 하지.

이건 황당하기 짝이 없는 애니멀 하우스의 고등교육 버전이라고 볼 수 있다. 물론 대학 캠퍼스에서 섹스를 하는 사람들의 수를 생각하면 적당한 성교육이 좋은 효과를 낼 것이라는 점에는 동의한다. 하지만 스트리퍼 봉과 결박용 수갑이 그 역할을 제대로 해낼 수 있을지 의문이다. 나는 예일대학교 졸업생 네이선 하딘이 이 행사들을 두고 한 말에 동의한다. "내가 보기엔 포르노 제작자들에게 성적 취향에 대한 강의를 맡기는 일은 마치 맥도날드 CEO에게 건강한 식습관에 대한 강의를 맡기는 것과 같다."[2] 정말 훌륭한 비유 아닌가!

하지만 나는 조금 다른 이야기를 하려고 한다. 메릴랜드대학교의 섹스 위크 동안 나는 '가정 및 관계 속 성역할 파괴'와 '한정된 예산으로 BDSM(결박, 구속, 사디즘, 마조히즘의 약어-옮긴이주) 즐기기'의 중간 즈음에 있는 주제에 대해 연설을 할 예정이었다. 요청받은 연설 주제는 포르노의 부정적인 영향에 대한 것이었다. 연설이 막바지에 이르렀을 때 한 젊은 여성이 손을 들더니 포르노가 연인 사이의 로맨틱한 친밀감 향상에 도움이 된다는 주장에 대한 내 의견을 물었다.

이 질문은 내 강연의 단골 질문이다. 아마 대학에서 주최하는 섹스 교육 축제 기간 동안 가장 자주 받는 질문이 아닌가 싶다. 최근에 읽은 '디어 애비' 칼럼도 한 부부로부터 받은, 앞에서 받은 동일한 질문을 다뤘다. 이 부부의 경우에는, 남편이 성관계 도중 아내에게 포르노를 보도록 강요하는 게 문제였다. 디어 애비 칼럼니스트 지니 필립스는 포르노를 통해 성생활에 재미를 더하는 건 좋지만, 그건 관계 속 당사자들 모두가 그 상황에 편안함을 느낀다는 것을 전제로 한다고 말했다.[3]

전 세계의 커플들이 이러한 목적으로 포르노를 사용한다. 그리고 대다수가 포르노가 성적 흥분의 수위를 높여준다고 느낀다. 하지만 한 가지 질문이 남아 있다. 커플들이 굳이 포르노로 성적 흥분의 수위를 높여야 할까? 또 다른 질문으로 이 질문에 대한 답을 대신하겠다. 커플들은 포르노를 통해 그들의 관계 속 어떤 요소를 개선할 수 있다고 믿는 걸까? 더 즐거운 섹스를 하게 되는 것? 아마도 그럴 것이다. 더 큰 흥분을 느끼게 될까? 그럴 수도 있다. 하지만 흥분과 쾌락의 매커니즘이 더 좋은 섹스의 핵심이 아니라면 어떨까? 섹스의 궁극적 목표가 오르가슴이 아니라 교감을 나누는 것이라면? 최고의 섹스가 상대방과의 결속과 유대감을 주는 섹스라면?

팩트를 말하자면, 여러 연구 결과 포르노는 파트너와의 섹스를 보완하는 역할을 하는 게 아니라 오히려 현실과 경쟁한다. 성적 흥분을 일으키기 위해 화면 속 벌거벗은 이미지들에 의존하면 할수록 당신의 뇌는 점점 더 힘을 잃는다.

그리고 이게 바로 발기부전, 즉 스스로 발기할 힘을 잃게 되는 요인이다. 사정에 이르기 위해서 포르노 속 이미지 또는 그 이미지에 관한 기억이 꼭 필요하다면, 당신과 당신의 배우자는 더 이상 주체적으로 힘을 발휘할 수 있다고 할 수 없다. 이미지가 당신을 지배하는 것이다. 어느 아내가 내게 이렇게 말했다. "침실에서 포르노를 보고 있으면 남편이 정말 나랑 함께 있는지 모르겠다는 생각이 들어요. 남편이 나를 사랑한다는 느낌은 없고 그냥 내 몸에 자위를 하는 것 같죠."

포르노를 보는 사람들은 파트너와의 성적 만족도가 낮다. 「응용사회심리학저널Journal of Applied Social Psychology」에 실린 한 연구 결과, 포르노를 몇 편 연속으로 본 뒤, 남녀 응답자 모두 실제 파트너와의 성적 만족도가 떨어졌다고 답했다. 파트너의 매력, 외모, 섹스 만족도가 모두 줄어든 것이다.[4]

포르노를 보는 사람들은 관계에 대한 헌신 정도 또한 낮았고, 파트너와의 커뮤니케이션도 충분히 하지 않는 것으로 드러났다. 「사회임상심리학저널The Journal of Social and Clinical Psychology」은 포르노가 관계에 미치는 영향에 관한 여러 건의 연구 결과를 실었다. 한 실험은 참여군의 절반에게 3주 동안 포르노를 끊도록 했고 나머지 절반에게는 동기간 동안 포르노를 계속 보는 대신 좋아하는 음식을 끊도록 했다. 흥미롭게도 포르노를 끊은 그룹의 경우 3주가 다 된 시점에 관계에 대한 헌신 정도가 높아진 것을 확인할 수 있었다.[5] 「성적 행동의 아카이브Archives of Sexual Behavior」에 발표된 또 다른 연구에 따르면, 혼자서, 또는 파트너와 함께 포르노를 보는 사람들에 비해 포르노를 전혀 보지 않는 사람들은 관계 내 부정적인 커뮤니케이션 발생 비율이 더 낮았다.[6]

포르노를 보는 사람들이 바람을 피울 확률이 높게 나타났다는 사실은 놀랍지도 않다. 한 연구 결과를 예로 들자면, 관계에 대한 만족도와 상관없이, 포르노는 '남의 떡이 커보인다'는 생각을 더 키운다. 그래서 포르노를 보는 사람들은 자신의 연인이 아닌 다른 사람들에게 추근대거나 외도를 하게 될 확률이 높다.[7] 한 연구는 포르노를 보지 않는 사람이 외도를 저지르는 비율이 혼자서 또는 파트너와 함께 포르노를 본 적이 있는 사람들의 절반 수준이라고 밝혔다.[8]

일부 남성들은 '나는 그래도 포르노를 보지 욕구를 채우겠다고 실제로 여기저기 자고 다니진 않잖아'라고 생각하거나, 심지어 파트너에게 이 생각을 말로 내뱉기도 한다. 정말 칭찬하기 어려운 태도다. 이 남성들은 "만일 내가 욕구 해소에 포르노 속 가상의 여성들을 사용하지 않았다면, 진짜 여성들을 상대로 무슨 짓을 벌였을 수도 있잖아?"라고 말한 셈이다.

섹스의 주된 목적 중 하나가 연인 간의 친밀함을 확인하는 것이라면, 대체 낯선 사람들의 섹스 장면을 지켜보는 것이 이와 같은 목적 달성에 어떤 도움을 준다는 말인가?

PART 5

포르노와의 전쟁

22

포르노로부터 아이들을
보호하는 건 불가능하다?

우리 아이들이 포르노를 보게 될지 아닐지에 관해서는 누구도 이견
이 없다. 포르노에 대한 노출은 피할 수 없는 현실이니까. '포르노 온
더 브레인Porn on the Brain'이라는 제목의 다큐멘터리 제작 중에 마틴 도
브니는 노스 잉글랜드의 명문 학교로부터 수업 참관 초청을 받았다.
성교육 상담가 조니 헌트가 교복을 입은 학생들 앞에 서 있었다. 아
직 변성기도, 사춘기도 오지 않은 수줍음 많은 아이들이 눈을 동그랗
게 뜬 채 앉아 있었다. 그는 아이들에게 수위에 상관없이 그들이 아
는 성에 관한 용어를 모두 적어보라고 했다. 헌트가 학생들이 적어
낸 목록을 게시판에 핀으로 꼽았을 때, 교실에 있던 모두가 아이들이
얼마나 많은 것을 알고 있는지를 보고 충격을 받았다. 아이들이 적어
낸 용어 중에는 심지어 상담사 본인도 모르는 것들이 많았다.

이와 같은 수업을 몇 차례 더 참관하고, 아이들을 인터뷰한 뒤 도브니는 이렇게 썼다. "아이들은 그들이 본 온라인 포르노를 기준으로 섹스에 대해 예상한다." 어린 소녀들은 "남자아이들은 포르노 속 섹스가 현실이라고 믿고 있다"고 말했다. 남자아이들은 온라인에서 어떻게 수간 동영상을 우연히 발견하게 되었는지에 대한 이야기를 털어놓았다. 도브니가 십대들에게 물었다. "1점에서 10점까지 점수를 매긴다고 했을 때, 또래 친구들 중 얼마나 많은 아이들이 포르노를 보는 것 같은가요?" 10점과 9점을 준 아이들이 대다수였고, 8점을 준 아이도 한 명 있었다. 모든 학생이 지금까지 부모 몰래 포르노를 봐왔다는 사실을 인정한 셈이다.[1]

「디테일즈」지의 기고가 에릭 스피츠나겔은 "이 아이들이 고등학교에 진학할 때쯤이면, 미국에서 포르노를 보고 자란 청소년들은 이미 외설물에 관한 한 백과사전 수준의 지식을 축적하게 될 것이다"라고 적었다.[2] 스피츠나겔의 글은 이 아이들의 미래에 대해 우려하는 마음에서 비롯된 것이 아니라, 아주 많은 것을 경험할 아이들에 대한 중년 남성의 질투심에서 비롯된 것이었다. 사춘기 소년들이 옷장 속에 감춰둔 아버지의 잡지를 몰래 훔쳐보던 시대는 끝났다. 어린 청소년들은 이제 원할 때면 언제든 볼 수 있는 하드코어 포르노물을 소비한다.

「사이버 심리 및 행동CyberPsychology and Behavior」지는 미국 소년의 93퍼센트, 소녀의 62퍼센트가 열여덟 살이 되기 전에 포르노를 접하게 되며, 이들이 포르노를 슬쩍 한 번 보고 노트북을 닫은 뒤 자리를 떠나는 게 아니라 포르노에 흠뻑 빠지게 된다는 연구 결과를 실었다.[3]

'2010 청소년 인터넷 안전 조사'에 따르면 미국 청소년의 25퍼센트가 의도치 않게 온라인 포르노에 노출된다.[4] 현재 소비되는 포르노는 대부분 모바일 기기를 통해 접속이 이루어진다.[5] 십대의 약 31퍼센트가 스마트폰을 가지고 있는데, 접속 제한이 걸려 있지 않은 이 스마트폰은 주머니 속 성인영화 상영관이 된다.[6]

이제 문제는 청소년들의 포르노 소비가 아니라 청소년들이 스스로 포르노 속 주인공이 된다는 사실이다. '산타클라리타 밸리 청소년 프로젝트Santa Clarita Valley Youth Project'의 킴 골드먼 국장은 이렇게 말한다. "여자아이들은 당연히 이런 것들을 모방하려고 합니다. 그들은 자신도 TV에 나오는 사람들처럼 행동해야 할 것 같다고 말하죠."[7] 보수적인 기준에서 진행된 평가에 따르면 16세 청소년의 약 20퍼센트, 그리고 17세 청소년의 약 30퍼센트가 휴대전화로 섹스트(Sex와 Text의 합성어로, 성적인 콘텐츠를 담은 메시지를 말한다-옮긴이주)를 받은 적이 있다고 한다.[8] 십대들은 스냅챗, 킥, 왓츠앱과 같은 앱을 사용해 자신의 누드 사진을 전송한다. 종종 텀블러와 페이스북에 자신의 전 남자친구 또는 전 여자친구가 보낸 섹스트를 유출하기도 하는데, 이는 '리벤지 포르노'라는 이름의 사회적 현상으로 대두되었다.

포르노 기업 버닝 앤젤의 조안나 앤젤 회장은 요즘 젊은 배우들은 처음으로 포르노를 찍는데도 굳이 코칭해줄 필요가 없다고 말했다. 어린 시절부터 포르노를 마음껏 즐긴 이 소년, 소녀들은 포르노 세트장에 서는 순간 뭘 해야 하는지를 안다는 것이다. 그들은 실제 관계 속에서도 연기할 준비가 되어 있다. 포르노는 강력한 성교육 콘텐츠다. 십대들을 상대로 진행된 한 설문 조사는 젊은이들이 온라인 포르노를 더 자주 접할수록 섹스를 '오락'이라고 생각하게 되는 경향이 커진다는 결론을 도출했다.[9] 포르노를 보는 젊은 남성의 53퍼센트가 포르노에서 '영감을 받았다'고 답했다.[10]

압도적으로 많은 청소년들이 포르노에 노출되고 있는 이 상황에서 부모들이 과연 자녀들을 보호할 수 있을까? 먼저, 부모로서 우리는 이와 같은 추세에 압도되어 우리가 해야 할 역할에 대한 판단을 놓쳐서는 안 된다. 단기적으로 우리가 지구상의 모든 아이들을 책임질 의무는 없다. 일단 우리 자녀들만 책임지면 되는 것이다. 암울한 통계를 보고 무기력증에 빠져 손을 놓아서는 안 된다. 포르노가 판을 치는 세상에서 우리 아이들이 제대로 성장할 수 있도록 돕기 위해서는 아이들의 사고방식을 보호하는 동시에 아이들의 성격 형성에 필요한 준비를 해야 한다.

아이들의 사고방식 보호하기

아이들이 아주 어렸을 때부터, 집에서는 어떤 미디어들을 선택적으로 활용할 것인지 전체적인 관점에서 고민해야 한다. 당신의 자녀가 소비하는 모든 미디어에 기민한 대처가 필요하다. 기억하자. 포르노는 우리가 선택할 수 있는 모든 미디어 전반에 걸쳐 존재한다. 미국 심리학협회 보고서는 "텔레비전, 뮤직비디오, 노래 가사, 영화, 잡지,

스포츠 미디어, 비디오게임, 인터넷, 광고 등 연구 대상이 되었던 사실상 모든 미디어가 여성의 성상품화를 입증하기에 충분한 증거를 제공했다."[11]

당신이 문지기 역할을 맡아야 한다. 아이들이 선택하는 미디어에 관한 한 절대로 수동적인 태도를 취해서는 안 된다. 아이들이 TV나 영화를 볼 때 함께 보자. 아이들이 어떤 잡지를 읽는지, 어떤 웹사이트를 방문하는지 알아야 한다. 아이들에게 당신이 중요시하는 가치에 대해 이야기하고, 다음과 같은 중요한 질문들을 던지자. "여성의 진정한 가치는 외모에 있는 걸까?", "이 광고가 여성의 섹스 어필을 통해 관심을 끌고 있다는 사실을 눈치챘니?" 미디어가 성적인 이미지를 통해 전달하고자 하는 가치에 대해 아이들이 질문할 수 있는 환경을 조성하자. 특정 TV 쇼나 영화, 음악이 마음에 들지 않는다면 아이들에게 그 이유를 설명하고 당신이 아이들에게 기대하는 바가 무엇인지 명확히 전달하자.

당연히 인터넷 필터링과 감독은 필수다. '내가 보고 싶지 않은 콘텐츠는 아이들에게도 보게 하지 않는다'를 규칙으로 삼아라. 이 규칙은 당신에게도 동일하게 적용되어야 한다. '당신의 자녀가 사용하는 컴퓨터, 태블릿 PC, 휴대전화에 감시 또는 필터링용 소프트웨어를 설치했다면, 당신의 컴퓨터, 태블릿 PC, 휴대전화에도 동일한 소프트웨어를 설치하자. 이 소프트웨어는 당신이 필요한 온라인 공간들에만 접속할 수 있도록 해준다. 이러한 방침은 자녀들에게 책임감을 심어줄 것이다.

나는 한동안 코베넌트 아이스라는 훌륭한 소프트웨어 제작 기업에서 일하며 아이들에게 책임감을 심어주는 것이 얼마나 가치 있는 일인지를 고객들의 경험을 통해 확인했다. 특히 아이들이 어린 경우에 엄격한 필터링은 더더욱 필수다. 그러나 아이들이 커감에 따라 필터링을 줄이고 아이들이 방문하는 온라인 사이트에 스스로 책임감을 가지도록 해야 한다. 여기서 핵심은 아이들을 감시하는 것이 아니라 책임감을 심어주는 데에 있다는 것을 기억하자. 아이들에게 자신들의 온라인 발자국이 추적되고 있다는 사실을 알게 함으로써 책임감을 심어줄 수 있다. 아이들이 나쁜 웹사이트를 방문하는 순간을 실시간으로 잡아낼 필요는 없다. 소비하는 미디어에 대한 추적이 처벌을 위한 것이 아니라 단순히 집안의 문화로 자리 잡은 가정에서 자라난 아이들은 인터넷 사용 추적을 훨씬 더 잘 받아들인다.

아이들은 어릴 때부터 포르노 노출에 대응할 준비를 갖춰야 한다. 집에서 모든 보호 조치들을 취했다 하더라도 당신의 아이에게 취해진 보안 조치는 학교의 라커룸 시건장치와 동일한 수준이다. 아이의 친구들은 하드코어 포르노로 가득 찬 휴대전화를 들고 아이의 라커룸 주위를 배회한다. 당신의 아이가 포르노를 보고 어떻게 대응해야 할지를 아이가 어릴 때부터 훈련시켜야 한다.

아이들이 소리 내어 읽어볼 만한 훌륭한 책들 중에 『좋은 사진, 나쁜 사진Good Pictures Bad Pictures』이라는 책이 있다. 저자 크리스틴 젠슨은 불필요한 호기심을 자극하지 않는 방식으로 아이들에게 포르노의 존재를 경고하는 훌륭한 책을 써냈다. 이 책은 아이들이 포르노를 봤을 때 어떻게 반응해야 할지에 대한 간단한 계획들을 제시한다.

어린이와 청소년이 있는 모든 가정은 미디어 제한 규칙을 마련해야 한다. 무언가를 몰래 보는 것 자체를 생각조차 하지 못하게 해야 한다. 아이들의 휴대전화는 감시 및 필터링의 대상이어야 하며, 아이들이 밤중에 혼자 침실에서 휴대전화를 사용하도록 허락해서도 안 된다(만일 당신의 십대 자녀가 휴대전화로 알람을 맞춰야 한다는 핑계를 대거든 여전히 가게마다 알람시계를 팔고 있다는 사실을 기억하고 하나 사주도록 하자). 다시 한 번 말하지만, 조기에 수립된 규칙들은 아이들에게만 주어지는 징계가 아니라 모든 가족 구성원이 지키는 현명한 원칙으로 받아들여진다.

아이들의 성격 형성 준비하기

보호 조치는 중요하다. 하지만 보호 조치가 가장 중요하다고 보기는 어렵다. 우리 아이들은 영원히 아이로 남는 것이 아니라 언젠가 성인이 된다. 결국 우리는 집을 떠나 필터 없는 세상으로 들어갈 젊은 남녀를 양육하고 있는 것이다. 따라서 아이들이 강인하게 성장할 수 있도록 준비시키는 것은 매우 중요하다.

성교육

부모로서 아이들에게 섹스에 대해 가르친다는 건 상상만으로도 손발

이 오그라드는 일이다. 하지만 아이들의 성적 성숙화 과정에 관여하는 일을 게을리 한다면 우리는 포르노 옹호자들이 앞다투어 메우려고 하는 커다란 구멍을 아이들에게 남기는 셈이다.

좋든 싫든, 성교육은 조기에 시작된다. 아이들은 어린 나이에 자신의 성적 정체성을 발견하고 탐구하고, 이성과의 기본적인 신체적 차이를 인지하기 시작한다. 당신의 아이가 아직 어리다면, 몸의 존엄성과 가치에 대해 이야기 나눌 수 있다. 아이에게 몸의 각 부위의 명칭을 가르쳐주고 자신의 몸을 소중히 여기는 법을 가르치자. 그리고 타인의 몸을 대할 때도 겸손하고 존중하는 태도를 갖출 것을 당부하자.

전 세계 여러 나라에서는 여섯 살이라는 나이를 어린이의 인생에 있어 중대한 전환점으로 여긴다. 아이가 학교에 가고 친구들과 많은 시간을 보내기 시작하는 시기이기 때문이다. 바로 그런 환경에서 아이들은 섹스에 대한 잘못된 정보에 노출된다. 또한 6-7세 사이의 어린이들은 새로운 인지 발달 단계, 즉 논리력과 상상력을 갖추는 시기에 들어선다. 이 시기의 아이들은 자신을 둘러싼 세계에 대해 더 많은 것을 인지하게 되며, 지적 호기심이 급격히 성장한다. 또한 이 시기에는 아이들의 부신(아드레날린 및 여러 호르몬을 분비하는 기관-옮긴이 주)이 성숙하기 시작하여 체내에서 천연 성 스테로이드가 분비된다. 이러한 요인들 때문에 여섯 살이라는 나이는 부모가 자녀와 함께 생명이 어떻게 생겨나는지와 같은 특정한 성적 주제에 대해 보다 진지한 대화를 본격적으로 시작하기에 완벽한 시기다. 또한 성 착취자의 존재에 대해 경고하기에도 좋은 시기다.

자녀의 아동기에 부모는 섹스의 성격과 목적, 특히 그 힘과 아름다움에 대해 가르쳐야 한다. 웬 황당한 소리냐고 말할 부모도 있을지 모르겠다. 이와 같은 어른들의 주제를 어떤 아이가 이해할 수 있단 말인가? 하지만 이 교육의 목적은 자극적인 정보를 제공해 아이들을 당황스럽게 하는 데 있는 것이 아니라 결혼이라는 제도하에서 상호 간의 사랑과 애정을 기반으로 한 섹스가 좋은 것이라는 관점을 심어주기 위함이다.

이 시기에는 결혼을 기반으로 한 사랑에 담긴 선과, 타인의 몸을 착취하는 일에 담긴 악을 극명하게 대조해 보여주어야 한다. 사례를 찾으려고 멀리 갈 필요는 없다. 식료품점 계산대 옆에 늘어선 가판대면 충분하니까. 거의 아무것도 걸치지 않은 남녀의 생동감 넘치는 사진들이 모든 잡지의 커버를 장식하고 있지 않은가. 아이에게 이렇게 한 번 말해보자. "이 사진 속 여자를 좀 보렴. 누군가 이 여자에게 돈을 주고 전 세계에 자기 몸매를 과시하게 한 거야. 이 잡지를 사게 만들려는 거지. 하지만 인간의 몸이 이렇게 상품화되어서는 안 된다는 사실을 우린 알고 있어."

아이가 커갈수록 몸의 이미지 및 특정한 성행동에 관해 함께 이야기를 나누는 건 더 중요해진다. 부모는 언제나 흔들림 없는 현실주의자가 되어야 하며, 아이들과 솔직한 대화를 나눌 준비가 되어 있어야 한다.

학부모들을 상대로 성교육에 관해 강연을 한 적이 있었다. 청중 대부분이 이 강연에 대해 긍정적인 평가를 내놓았지만, 일부 부모들은 내가 '남근' 또는 '질' 등의 단어를 공공장소에서 사용한 것이 매우 불편했다고 말했다. 그들에게 이렇게 말하고 싶었다. "당신은 자녀와 섹스에 관한 한 단 한 마디도 나누지 않을 게 분명하군요. 섹스에 대해 이야기하려고 모인, 성인들로 가득한 방에서조차 해부학적 용어를 듣는 걸 불편해하니까요." 만약 이게 당신의 이야기라면, 연민을 담아 이렇게 말하고 싶다. "그 어색함을 극복하려고 노력하십시오. 어린이들과 십대들은 자신의 부모를 통해 섹스에 대한 신뢰할 만한 지식을 얻을 수 있어야 합니다. 집에서 이 주제에 대해 대화를 나누는 일이 자연스러운 것으로 받아들여져야 한다는 뜻이죠."

이렇게 간단히 설명했다고 해서 내가 이 주제에 대해 부모들이 느끼는 두려움을 모르는 건 아니다. 나는 부모들이 너무 일찍, 너무 많은 것을 이야기한 것은 아닌지 걱정한다는 사실을 알고 있다. 슬프게도 이러한 걱정 때문에 그들은 해야 할 말을 너무 적게, 그리고 너무 늦게 전하게 되기도 한다.

롤모델 되기

슬픈 현실은, 아이들이 성상품화에 익숙해지는 원인을 제공하는 사람이 다름 아닌 어른들이라는 점이다. 수백만 날러 규모의 광고회사를 소유한 건 어른들이다. 타인의 몸을 사고파는 사람 역시 어른들이다. 포르노를 생산하고 소비하는 것도 마찬가지. 아이들을 포르노에 노출시키는 것도 어른들이다. 그리고 그 어른이 아이의 부모인 경우도 종종 있다.

아이의 성격 형성에 영향을 미치고 싶다면, 아이들이 당신이 원하는 방향으로 성장하길 바란다면, 우리는 스스로 아이들의 롤모델이 되어야 한다. 우리가 선택하는 미디어에서부터, 우리가 타인과 관계를 형성하는 방식에 이르기까지 아이들이 보고 배울 수 있는 모범이 되어야 하는 것이다. 스스로를 솔직하게 돌아보고 질문하자. "나는 나 자신과 타인을 존중하는 방식으로 옷을 입고, 말을 하고, 행동하는가? 나는 배우자를 존경하고 아끼는가? 내가 보고 생각하는 대상에 대해 심사숙고하는가? 아이들을 보호하기 위한 경계를 적절히 설정했는가?"

당신이 아버지라면, 자극적인 이미지가 TV에 나왔을 때 고개를 돌리거나 채널을 바꾸는 아버지가 되자. 통금을 설정하고, 딸의 친구들을 만나고, 그들의 사회생활과, 필요하다면 소셜 미디어까지 규제함으로써 딸들에게 애정을 표하고 적극적인 행동을 취하는 아버지가 되자. 아들과 성적 자기통제에 대해 솔직한 대화를 나누자. 당신이 어머니라면 자신이 가진 내면의 아름다움에 대해 확신을 가지고, 외모에 집착하지 않는 어머니가 되자. 딸들을 위해 겸손의 모범이 되자. 결혼한 사람이라면, 데이트를 하고, 충분히 대화하고, 서로에게 칭찬을 아끼지 않는 부부가 되자. 당신이 남편 또는 아내라면, 거실에서 키스를 나누는 배우자가 되자. 아이들에게 결혼을 기반으로 한 사랑이 어떤 것인지, 부드러움이란 어떤 것인지를 보여줌으로써 그들이 집에서 보고 자란 사랑과 포르노 속 폭력적인 섹스 간의 극명한 차이를 보여주자.

경계 설정하기

잘못된 선택의 결과를 후회해본 적 없는 아이는 어떤 상황이든 모면할 수 있다고 배우게 된다. 권위를 존중하는 법을 배우지 못한 아이는 모든 규칙과 가이드라인이 순간의 쾌락을 위해서라면 언제든 무시되어도 좋은, 임의적인 기준 그 이상은 아니라고 생각하게 된다. 이렇게 자란 아이가 우연히 포르노를 접했을 때, 이 아이는 포르노의 노예가 된다. 아이가 명확한 규칙과 행동 규율이 세워진 가정에서 자라야 하는 이유가 바로 여기에 있다.

이 점에 있어서 우리는 대단히 주의를 기울여야 한다. 너무 많은 부모들이 엄격한 가족 규칙이라는 개념을 버렸다. 이 개념을 권위주의와 연관지어 생각하기 때문이다. 이들은 권위주의적인 가정에서 자란 아이들이 권력 투쟁 과정에서 곧잘 반항심을 가진다는 사실을 알고 있다. 그리고 그건 사실이다.

임상심리학자 다이아나 바움린드가 제시한 양육 스타일의 범주화는 가정 내 규칙을 세우는 과정에 도움을 준다. 권위 있는 양육법과 권위적인 양육법 사이에는 큰 차이가 있다.

- 권위 있는 부모는 아이들의 성격 형성 과정에 원칙을 활용한다. 권위적인 부모는 자녀의 행동을 강제하고 통제하기 위해 가혹한 처벌을 활용한다. 그리고 그 결과가 실패로 돌아갔을 때 아이들에게 고통을 가함으로써 반항심을 불러일으킨다.
- 권위 있는 부모는 원칙과 훈육을 대단히 따뜻하고 부드러운 방

식으로 활용한다. 권위적인 부모는 냉정하게 행동하며 자녀와 거리를 둔다.

- 권위 있는 부모는 아이들이 부모가 세운 규칙에 의문을 제기하도록 허락한다. 대화 역시 학습의 일부임을 알기 때문이다. 권위적인 부모는 아이의 요구와 질문에 무대응으로 일관한다.

포르노에는 규칙이 없고, 소비자에게 마치 장애물 없는 모험에 뛰어든 것 같은 기분을 선사하기 때문에, 규칙이나 행동 규율 같은 건 없다고 믿는 아이, 또는 그 규율을 쉽게 무시할 수 있다고 믿는 아이는 성인 미디어에 쉽게 빠져들 수밖에 없다.

부모는 성인 콘텐츠 및 미디어 선택에 대한 규율뿐 아니라 현명한 인생을 사는 데에 필요한 모든 규율을 포함해 가정에서 지켜야 할 행동 규율과 기준을 명확히 제시해야 한다. 물론 아이들은 자꾸 한계선을 넓히려고 할 것이다. 하지만 권위 있는 부모는 요란한 힘겨루기 없이 대화를 통해 아이들을 선 안으로 다시 되돌리는 방법을 안다. 권위 있는 부모는 아이를 '위한' 규칙을 세우는 게 아니라, 시간과 관심을 들여 아이와 '함께' 규칙을 정한다. 아이가 규칙에 담긴 지혜를 엿볼 수 있게 하는 것이다.

본성과 사랑

포르노가 피난처로 사용되는 이유는 다양하다. 판타지 세상에서 우리는 에로틱한 쾌락을 통해 짧은 시간 안에 위안을 얻을 수 있다. 그 세상에서는 무엇도 우리에게 행동 규율을 제시하지 않는다. 인생이 주는 부담감 속에서 약간의 포르노는 받아 마땅한 위안처럼 느껴질 수 있다.

따라서 부모로서 우리는, 우리 가정이 아이들이 피난처를 찾아 달아나고 싶은 곳이 되지 않도록 하기 위해 모든 노력을 기울여야 한다. 가능하다면 우리 가정은 아이들이 휴식을 위해 찾는 그런 곳이어야 한다. 하지만 아이들이 계속되는 비판과 성급한 기대, 자기중심적인 태도와 절망이 가득한 환경에서 자란다면 우리 가정은 휴식처가 되지 못할 것이다.

부모의 권위에는 두 가지가 있다는 사실을 기억하자. 제도적 권위와 개인적 권위가 바로 그것이다. 제도적 권위는 부모가 되는 순간 저절로 생기는 권위다. 아이들이 자신보다 나이가 많기 때문에 어른을 존중해야 하는 것과 같은 이치다. 개인적 권위는 부모가 아이들에게 책임감을 느끼고, 사랑과 헌신, 애정을 보여주고, 아이들이 스스로 내린 선택을 지지해줄 때 생기는 권위다. 부모가 개인적 권위를 가지고 행동하면 아이들은 부모가 전하려는 지혜를 습득하게 된다. 이 두 가지 권위 모두 중요하게 쓰일 수 있다.

제도적 권위는 자신의 이름을 수표에 적는 것과 같고, 개인적 권위는 은행 세좌에 돈을 저금하는 것과 같다. 일부 부모들은 계좌에 많은 돈을 예금하면 수표 같은 건 쓸 필요가 없을 것이라고 생각하는 실수를 저지른다. 어떠한 경계도, 어떠한 규칙도 세우지 않는 것이다. 그들은 '아이를 사랑하는 태도'만 갖추려고 하는데, 이들은 결국 만

만해 보이는 부모가 되고 만다. 또 어떤 부모들은 여전히 가계수표가 있기 때문에 돈이 떨어질 일은 절대 없을 것이라고 믿는 실수를 범한다. 다시 말하면 이들은 아이들에게 '내가 한 말'에 절대적인 복종을 요구한다. 하지만 자신의 잠재력을 발휘할 동기 부여가 전혀 없는 집에서 자란 아이들은 분노하고 자포자기한다.

양육에 확실한 길은 없다. 어떤 부모도 아이의 세상 속에 있는 모든 것을 통제할 수는 없기 때문이다. 하지만 부모인 우리에게 주어진 역할이 있는 이상, 우리는 성이 상품화된 세상에 제대로 대응할 수 있는 아이를 길러내기 위해 최선을 다해야 한다. 우리는 아이들의 눈을 보호하고, 마음이 강한 아이로 자랄 수 있게 도와야 한다. 아이들에게 섹스의 좋은 점과 그 목적에 대해 가르치고, 성적 결속력과 부부 간의 사랑의 아름다움에 대해 보여주어야 하며, 확실한 경계선을 제시하고 애정과 관심으로 아이들을 돌보아야 한다. 이건 단순히 포르노에 대한 대처를 위한 양육법이 아니라, 현명한 양육법이다.

23

배우자가 포르노를 본다는 걸 알면 신뢰는 회복할 수 없다?

가족들 앞에 선 채 배우자의 손가락에 반지를 끼우고 그녀에게 '무슨 일이 닥쳐도 오직 그대만을'을 약속하는 순간 '디지털 매춘부 앞에서 자위하고 싶을 때를 제외하고'라고 작은 글씨로 적힌 약관이 분명 어딘가에 있지 않았을까 의심스럽다.

그 모든 변명에도 불구하고, 솔직히 이와 같은 남편 또는 아내가 되고 싶은 사람은 없을 것이다. 평생 한 사람을 사랑하며 그 사람의 행복을 위해 기꺼이 스스로를 희생하고, 개인적, 성적 결속을 경험하는 그런 배우자가 되고 싶은가? 아니면 늦은 밤중에 컴퓨터와의 은밀한 조우를 위해 방을 몰래 빠져나가는 배우자가 되고 싶은가? 둘 중 어느 것이 당신이 결혼식장에서 한 맹세, 당신이 되기로 약속한 사람에 더 가까운가?

어떤 배우자가 되겠다는 소망과 별개로, 자신의 남편 또는 아내가 포르노를 몰래 봐왔다는 사실을 알게 된 배우자는 크게 좌절할 수 있다. 그건 트라우마를 남길 수도 있는 충격적인 일이기도 하다. 남편의 외도를 알게 된 아내의 약 70퍼센트가 두려움, 우울증, 불안, 강박적 생각, 불면증, 과민증, 악몽 등 외상 후 스트레스 장애의 범주에 해당하는 증상들을 경험한다고 한다.[1]

이러한 상황에 처한 배우자는 스스로를 의심하기 시작하고, 판타지 속 세상과 경쟁해야 한다는 생각에 엄청난 불안감을 느낀다. 이 배우자들이 분노와 외로움, 탈진, 깊은 절망을 경험하는 건 놀랄 일이 아니다. 그렇다면, 이토록 상처받은 배우자의 신뢰를 회복하는 게 가능한 일일까?

더그 웨이스 박사는 그의 책 『파트너Partners』에서 '믿을 수 있는 행동'이라는 핵심구 하나를 반복적으로 제시했다. 배우자의 신뢰를 회복하고 싶다면 믿을 만한 행동을 통해 증명해야 한다는 것이다. 말은 가볍다. 특히 아주 오랫동안 포르노를 몰래 봐온 파트너의 경우 그 말의 무게는 훨씬 더 가볍게 느껴진다. 상대방을 안심시키기 위해 약속을 하거나 말을 늘어놓는 건 신뢰를 재건하는 데 도움이 되지 않는다. 그러나 새로운 행동에는 힘이 있다.

신뢰를 회복하는 데 필요한 핵심적인 일곱 가지 단계를 제시하고자 한다. 이해를 돕기 위해, 잘못을 저지른 뒤 배우자의 신뢰를 회복하려고 노력하는 사람이 남편인 것으로 정했다. 남편으로부터 신뢰를 회복하고자 하는 아내에게도 동일한 단계를 적용할 수 있다.

1. 잘못을 깨끗하게 인정하자

아내에게 당신의 잘못에 대해 겸손한 태도로 명확하고 솔직하게 인정하는 것은 매우 중요한 일이다. "그동안 포르노를 봐왔어"라는 말로 잘못된 행동을 인지하는 데에서 그치지 말고, "이기적인 욕망으로 당신을 속이고 기만했어"라고 당신이 저지른 행동의 본질에 대해 인정하자. 또한 당신이 아내에게 어떤 상처를 주었는지 완전히 이해하지 못했다는 사실을 인정하고, 당신을 믿지 못하는 그녀의 마음을 이해한다고 말하자. "나에 대한 당신의 신뢰를 내가 다 부쉈다는 거 알아. 나를 못 믿는 당신을 탓하지 않아. 이 상황이 당신에게 얼마나 어려운지 모두 이해하는 척은 하지 않을게. 다만 지금보다 더 잘 이해하고 싶어." 그녀의 말을 들어주겠다고 약속하자. 도중에 끼어들거나 방어적인 변명을 덧붙이지 않도록 한다. 그녀의 말을 듣고 있는 것이 얼마나 고통스러운 일이건 간에 그 약속을 지키도록 하자.

2. 책임을 전가하지 말자

포르노에 빠져들게 된 이유가 무엇이든, 당신의 행동에 대한 책임은 오롯이 당신에게 있다는 사실을 인정하자. 어린 시절에 포르노에 노출이 되었거나, 당신의 부모가 더 나은 성교육을 해주지 못한 탓을 할 수도 있다. 어쩌면 당신의 습관은 중독 때문에 스스로를 통제하지 못했기 때문에 생긴 것이라고 느낄 수도 있고, 그래서 전문가의 도움이 필요하다고 생각할 수도 있다. 이러한 생각들은 아내와 공유할 만한 것들이다. 하지만 그 이유들을 변명거리로 사용하는 건 생각조차 하지 말자. 당신의 아내는 그 문제에 대해 당신이 온전히 이해하고 책임감을 느낀다는 말이 듣고 싶다.

이러한 상황에서 여성들은 흔히 자신에게도 아주 조금의 책임은 있다고 느낀다. 자신이 조금 더 섹시했다면, 잔소리를 덜 했더라면, 당신이 판타지와 기만의 길로 들어서지 않았을지도 모른다고 생각하는 것이다. 당신의 아내에게 그건 잘못된 생각이라는 사실을 반드시 상기시켜주어야 한다. 포르노는 아주 교묘하게 편집된, 대단히 자극적인 섹스이며 이 세상 어떤 여성도 포르노와 경쟁할 수도, 경쟁해서도 안 된다고 말하자. 여성들은 어딜 가든 어릴수록 좋다거나, 더 예뻐져야 한다거나, 가슴이 더 커야 한다는 이야기를 듣는다. 그러나 그런 말을 절대 해서는 안 되는 단 한 사람이 있다면 그건 바로 남편이다. 남편의 팔에 안긴 그녀는 스스로 아름답다고 느낄 수 있어야 한다. 왜냐하면, 그게 사실이니까.

3. 포르노로 이어지는 모든 접점을 제거하자

포르노와의 접점을 제거하기 위해 할 수 있는 모든 노력을 다하자. 그리고 당신이 포르노와의 접점 차단을 위해 어떤 노력을 하고 있는지 아내가 알게 하자. 특히 처음 한동안 남편들은 이 모든 차단 장치들이 조금 유치하고 지나치다고 느낄지도 모른다. 하지만 그렇게 생각해서는 안 된다. 포르노를 보는 습관이 생기는 데에는 몇 년이 걸린다. 며칠, 혹은 몇 주만에 그 습관을 없앨 수 있다는 순진한 생각은 넣어두자. 자신의 약점을 깨닫기 위해서는 성숙해져야 한다.

포르노와의 모든 접점(잠재적 접점 포함)을 차단함으로써 당신은 아내에게 그녀가 보고 싶은 것을 보여줄 수 있다. 즉, 당신이 휴대전화보다, 방해받지 않는 인터넷 서핑 시간보다, 성인 잡지 판매점을 지나 직장으로 가는 그 길보다, 당신의 개인 이메일 계정보다, 누구도 알지 못하는 당신의 은밀한 삶보다, 당신이 직면하는 진짜 유혹보다, 아내를 더 사랑한다는 사실 말이다.

4. 아내가 조언과 도움을 구할 수 있도록 격려하자

문제는 당신에게 있었지만, 당신의 문제가 이제 아내의 삶으로 쏟아져버렸다. 그녀가 자신의 상처, 배신당한 고통, 혼란스러운 감정을 다른 누군가에게 털어놓도록 격려하자. 당신의 값진 평판을 지키려고 아내에게 당신의 포르노 문제를 비밀로 해달라고 부탁하고 싶은 충동을 억누르자. 그런 행동은 외부의 도움이 필요한 아내를 더욱 힘들게 할 뿐이다.

종종 배우자의 포르노 사용으로 상처받은 사람들은 어떠한 도움도

원하지 않거나, 도움이 필요 없다고 느낀다. 하지만 당신의 문제가 아내에게 엄청난 트라우마를 남겼으므로, 그녀에게 그 누구도 그와 같은 트라우마를 혼자 짊어질 이유는 없다는 사실을 상기시키도록 하자. 그녀가 친한 친구나 상담사에게 자신의 이야기를 할 수 있도록 격려하는 것도 좋다. 섹스 중독자 및 포르노 중독자의 배우자를 돕는 훈련된 상담사Association of Partners of Sex Addicts Trauma Specialists, APSATS들이 도움을 줄 수도 있다.

5. 아내에게 무한한 인내심을 발휘하자

오랜 시간 비밀스럽게 포르노를 봐온 사람의 경우, 그 비밀이 마침 내 드러나게 되었을 때 역설적이게도 두려움과 함께 해방감을 느끼 게 된다. 당신에게는 그 비밀, 또는 변화에 대한 저항이 엄청난 부담 이었는데, 이제 바닥을 치고 올라갈 일만 남은 이상, 상황은 더 밝고 희망차다. 잘못을 저지른 당사자들은 종종 이 같은 기분을 느낀다. 비밀 누설에 대한 두려움, 또는 비밀을 지켜야 한다는 부담이 깨졌기 때문이다. 그러나 신뢰 역시 깨졌다. 당신의 아내가 알던 세상은 이 제 비현실적인 것으로 다가온다. 그녀는 당신과의 결혼 생활에 대한, 그리고 당신에 대한 모든 것을 의심하게 될지 모른다.

이때 인내심을 가져야 한다. 비밀을 털어놓은 것, 변하겠다고 약속 한 것으로 그녀가 '이 상황을 극복하길' 바라지 말자. 그리고 비밀을 밝힌 지 얼마 지나지 않아 아내에게 성적인 친밀감을 요구해서도 안 된다. 남편에게 포르노 문제가 있다는 사실을 알게 된 배우자는 저마다 다양한 반응을 보일 수 있다. 그리고 당신의 아내는 당신과의 섹스를 혐오스럽게 생각할지도 모른다. 당신이 머릿속으로는 포르노 장면을 떠올리면서 자신의 몸을 도구로 이용한다고 느끼는 것이다. 아니면 반대로 아직 다 끝난 것은 아니라고, 괜찮다고 스스로를 안심시키는 도구로 섹스를 활용하는 아내도 있다. 두 반응 모두 대단히 자연스러운 일이다.

그녀가 어떤 반응을 보였든, 당신은 아내와의 사랑을 섹스와 관련 없는 방식으로 표현해야 한다. 불행히도 포르노는 감정적 유대감 없는 섹스를 욕망하도록 우리를 훈련시킨다. 그렇게 얻은 습관을 떨쳐버리기 위해서는 아내와의 감정적 유대감을 회복하기 위해 노력해야 하며, 그 결과가 섹스가 되도록 해야 한다. 포옹, 키스 등 섹스와는 관련 없는 신체적 애정 표현을 하자. 그리고 감정 표현을 아끼지 말자. 당신의 추억, 꿈, 소망에 대해 마음을 털어놓고 대화해보는 건 어떨까? 배우자와 함께 의미 있는 시간을 보내고, 아내를 섬길 방법들을 찾자. 로맨틱한 태도로 아내를 놀라게 해보자.

6. 기기 사용에 책임감을 갖자

포르노와 비정상적인 관계를 맺는 사람들 대부분은 기술과도 비정상적인 관계를 맺는다. '온라인상에서 내가 뭘 하든 그건 내 일이지 다른 사람은 알 바 아니다. 온전히 내 시간이니 말이다'라는 생각을 하는 사람도 있을지 모른다. 이러한 생각은 당신으로 하여금 은밀한 판타지 세계를 형성하게 만든다.

이런 생각 자체를 바꾸는 게 중요하다. 그중 가장 효과가 좋은 방법은(이 방법은 내게도, 그리고 수없이 많은 다른 사람들에게도 도움이 되었다) 책임 추정성 소프트웨어accountability software를 사용하는 것이다. 필터링 소프트웨어와 달리 책임 추정성 소프트웨어는 그 무엇도 차단하지 않는다. 당신이 원하는 곳은 어디든 갈 수 있다. 하지만 일정 기간마다 친구, 멘토, 배우자, 상담사 등 당신이 선택한 누군가의 이메일로 '인터넷 사용 보고서'가 발송된다.

이 보고 체계에는 훌륭한 이점이 있다. 첫째, 당신이 의심스러운 온라인 웹사이트를 방문하면 누군가 그에 대한 모든 기록을 볼 것이라고 인지하게 된다는 점이다. 그것만으로도 많은 남성들에게서 자라나는 유혹의 싹을 잘라낼 수 있다. 둘째, 그럼에도 당신이 포르노를 보는 실수를 저질렀다면, 어쨌든 다른 사람들에게 이미 그에 대한 고백을 한 셈이 된다는 것이다. 당신이 지정한 그 사람이 당신이 방문한 웹사이트의 세부사항에 대해 이미 알고 있기 때문에 사실상 그 일을 숨기거나 축소할 방법은 없다. 따라서 솔직해질 수밖에 없는 것이다. 셋째, 당신을 사랑하는 사람들에게 당신이 이 변화를 얼마나 진지하게 생각하고 있는지를 증명할 수 있다. 이 소프트웨어는 그들에게 "내 인생은 당신에게 열려 있어요. 내게는 비밀이 필요 없어요"

라고 대신 말해준다.

시중에 책임 추정성 프로그램이 많이 나와 있지는 않지만, 그중 내가 유일하게 인정하는 프로그램은 코베넌트 아이스에서 만든 프로그램이다. 몇 차례 테스트를 거친 결과 나는 이 프로그램이 오랜 시간 가장 높은 효과를 낸다는 것을 알게 되었다.

7. 사람 대 사람으로서의 의무를 다하자

'책임감'이라는 단어는 입에 쓴맛을 남기곤 한다. 하지만 크게 걱정할 일은 아니다. 이 단어는 내게도 쓴맛을 남기곤 했었으니까. 내가 내릴 수 있는 책임감에 대한 가장 훌륭한 정의는 다음과 같다. "당신이 신뢰하는 사람에게, 당신이 정말로 되고 싶은 모습이 무엇인지에 대해 상기시킬 수 있도록 허락하는 것." 그렇다. 책임감을 갖게 되는 과정에는 당신의 잘못과 어려움을 다른 누군가와 공유하는 과정 역시 포함된다. 하지만 이 어려움을 소리 내어 고백한 뒤에는 당신이 무엇을 위해 그 어려움에 맞서고 있는지, 당신이 어떤 사람이 되고 싶은지 상기하는 시간도 반드시 뒤따라야 한다. 이러한 사고방식은 의기소침하게 만드는 비난으로 관계가 악화되지 않도록, 또는 겉으로만 미소 지으며 모든 게 괜찮다고 서로를 속이지 않도록 책임감을 심어준다.

이상적으로는, 책임감을 유지하기 위한 훌륭한 우정은 동성 간의 우정이다(남자 대 남자, 또는 여자 대 여자). 동성 친구는 당신이 사용하는 속임수를 더 날카로운 시선으로 볼 수 있어서, 문제의 근본 원인을 찾을 수 있게 도와준다.

아내도 책임감 파트너가 될 수 있을까? 그렇다고 할 수도 있고, 아니라고 할 수도 있다. 비밀스러운 포르노 습관을 가지고 있던 남성은 '재활도 비밀스럽게' 추진하기 쉽다. 하지만 그렇게 하지 말자. 재활 과정에서 아내를 배제해서는 안 된다. 물론 전문 재활 프로그램 운영을 위해서는 반드시 비밀로 유지해야 하는 사항들이 있다. 지지 그룹에 속해 있다면 그 그룹에 속한 다른 사람들의 정보는 비밀로 해야 한다(이와 같은 그룹을 '익명'으로 유지하는 데에는 이유가 있는 법이다). 또한 당신이 상담사, 지지 그룹, 신부에게 고백하거나 소리 내어 말한 내용을 실황 중계하듯 아내에게도 일일이 말해야 한다는 압박을 느낄 필요도 없다. 원한다면 세부적인 내용들을 공유해도 좋지만 이와 같은 환경은 당신을 혼란스럽게 하는 생각들을 꾸미지 않고 가감없이 풀어놓아도 좋은 공간이다. 그리고 그와 같은 생각들은 비밀로 하는 게 당신에게 좋다.

하지만 새로운 사람이 되겠다는 계획을 세운 이상, 당신의 아내가 중요한 사항들에 대해서는 세세하게 알 수 있도록 해야 한다. 아내가 당신을 다시 신뢰할 수 있으려면 당신의 목표가 무엇인지, 목표한 대로 실천하고 있는지를 확인할 수 있어야 한다. 아내에게 과거에 어떤 '충동' 때문에 포르노를 봤는지 이야기하고 미래에는 그 충동에 어떻게 대응할 것인지 계획을 털어놓자. 신부, 멘토, 혹은 상담사가 당신에게 어떤 충고를 했는지 말하고 그 충고를 어떻게 이행하고 있는지도 알리자. 아내에게 당신의 책임감 있는 행동을 누가 점검하고 있는지 말해주자. 당신의 재활 계획을 세세하게 공유함으로써 당신이 계획에서 벗어났을 때 그 사실을 아내도 알 수 있게 하자.

아내가 재활 과정의 세부적인 사항을 알아야 하는 것은 사실이지만 아내를 당신의 포르노 재활 사실을 알고 있는 유일한 친구이자 상담자로 삼아서는 안 된다. 어려운 질문들, 고백, 당신의 무거운 짐을 나누어 질 다른 사람들을 찾도록 하자. 당신의 아내에게는 당신이 든든한 동성 친구들과 어려움을 나누고, 그들로부터 유용한 충고를 받는 과정을 보여주어야 한다.

결혼 생활을 회복하는 건 가능한 일이다. 확신을 담아 이야기할 수 있는 이유는 포르노로 말미암은 상처를 회복한 다른 많은 커플들을 봐왔기 때문이다. 포르노 중독은 비밀이라는 어둠 속에서 활개를 친다. 반대로 책임감이라는 빛 아래에서는 살아남을 수 없다.

24

나는 결코 포르노 중독을
벗어나지 못할 것이다?

「배니티 페어」지에서 배우 제니퍼 로렌스가 남자친구에게 보낸 누드 사진의 커버 스토리를 실은 게 그리 오래전 일은 아니다(당시 해킹으로 그녀의 누드 사진이 유출되었다). 인터뷰에서 제니퍼는 애초에 누드 사진을 찍은 이유에 대해 이렇게 설명했다. "그 4년 동안 우리 관계는 사랑이 넘치는, 건전하고 훌륭한 관계였습니다. 장거리 연애긴 했죠. 그럼 남자친구는 포르노를 보거나, 당신의 사진을 보거나 둘 중 하나를 선택하게 되는 겁니다."[1]

남자가 관심 있는 건 딱 하나고, 그들은 자기통제를 할 수 있는 종족이 아니라는, 다소 성차별적인 개념에 굴복한 한 여성의 슬픈 고백이었다. 끓어오르는 호르몬과 도처에 널린 포르노. 이 상황에서 남자들이 포르노를 소비하는 건 막을 수 없으니, 포르노와 경쟁하기 위해서 여성인 자신이 포르노가 될 수밖에 없었단 얘기다. 그러나 이건 너무도 많은 남녀가 속아 넘어간 거짓말일 뿐이다.

포르노가 얼마나 만연한지, 당신의 사고방식에 어떤 영향을 끼칠 수 있는지에 대해 알면 알수록, 어쩌면 포르노 중독은 막을 수 없는 일일지 모른다고 믿고 싶어진다. 그러나 실제로는, 많은 사람들이 포르노 없는 삶이 가능한 일일뿐 아니라 훨씬 더 흥미로운 삶이라는 사실을 깨달아가고 있다. 포르노에 흠뻑 빠진 사람들은 끊임없이 그다음 자극을 찾아 헤매며, 질식할 정도로 협소한 인생을 살고 있다. 그러나 자유를 찾기 시작한 사람들은 훨씬 더 넓고 화려한 존재감을 뽐낼 수 있게 된다.

연구에 따르면 우리 뇌는, 심지어 수년간 포르노를 소비한 이후라도, 스스로를 치유할 수 있다. 이 책의 이전 장에서 설명했듯, 포르노는 신경 회로를 납치할 수 있고 실제로도 그래왔다. 하지만 시간과 노력을 들이면 우리 뇌는 스스로 치유할 공간을 마련한다. 어떤 사람들의 경우 이 과정에 아주 오랜 시간이 소요되기도 한다. 테라피스트 웬디 몰츠와 래리 몰츠는 자신들의 책 『포르노의 덫The Porn Trap』에서 이렇게 썼다.

포르노가 제공하는 흥분, 안정, 고통 회피의 경험은 대단히 강력하며 중독성이 있다. 시간이 지날수록 좋은 기분을 느끼기 위해 포르노에 의존하게 되고, 나쁜 기분을 피하기 위해 포르노를 찾기도 한다. 포르노로 말미암은 갈망, 집착, 그리고 통제 불가능한 행동이 습관으로 자리 삽는다. 포르노 섹스는 당신의 가장 거대한 욕구로 자리 잡을 수도 있다. '쾌락을 얻기 위해' 포르노를 사용해온 사람이라면, 포르노로부터 벗어나는 과정은 알코올 중독, 코카인 중독, 그리고 다른 강력한 마약 중독을 벗어나는 과정과 마찬가지로 불안과 우울, 불면을 선사할 수 있다. 실제로 포르노 중독에서 벗어나는 사람들은 도파민 수용체에 가해진 데미지를 극복하는 데에만 평균적으로 18개월이 걸린다.

현실적으로 말하자면, 포르노가 극복 불가능한, 물리칠 수 없는 적이라고 느껴질지라도, 사실은 그 반대라는 것이다. 자유를 원한다면 뇌가 회복할 시간과 공간을 확보하기 위한 전략을 실행하는 등 끈기 있게 싸워야 한다. 포르노 중독이 하룻밤 사이에 생긴 게 아니기 때문에 포르노를 향한 갈망이 하룻밤 사이에 사라지는 것도 불가능한 일이다.

당신이 무엇과 싸우고 있는지 이해하자

몇 년 전 아내가 셋째 아이를 임신했을 때, 나는 탁자 위에서 『임신한 당신이 알아야 할 모든 것What to Expect When You're Expecting』이라는 책을 발견했다. 임신한 여성들이 겪는 이상한 식욕에 대해(피클을 아이스크림에 넣어서 먹는 것 같은 행동 말이다) 다룬 섹션을 숙독하면 재미있을 것 같았다. 하지만 그 섹션 안에는 점토, 바위, 먼지, 머리카락, 세탁용

전분 등에 대한 식욕을 포함해 내가 미처 예상하지 못했던 식욕에 대한 정보들도 담겨 있었다. 이러한 현상을 '이미증(임산부에게서 나타나는 식음 도착-옮긴이주)'이라고 하는데, 영양 부족, 특히 철분 부족으로 생기는 현상일 거라고 추측하는 사람도 있다.

퇴근하고 집에 왔는데 아내가 숯 조각을 핥아먹고 있다고 생각해보자. 상상만으로도 이상하지만 조금만 더 참아보시라. 이때 당신이 보일 수 있는 두 가지 도움이 안 되는 반응들이 있다. 공포에 질린 채, 실망스러운 메뉴 선택에 대해 그녀에게 창피를 준다. "정말 역겨워! 정말 더러운 짓이야. 대체 무슨 생각으로 그러는 거야?" 아니면 그와 정반대로 행동하며 이렇게 생각한다. '아무 말도 하지 않는 게 좋아. 집이라는 개인적인 공간에서 숯을 핥아먹고 싶다는데 내가 뭐라고 말릴 수 있겠어?' 대단히 민감한 주제다. 그리고 이 같은 대응은 제대로 된 정보의 부족 때문에 발생한다. 임산부가 무엇을 소비하는지에 따라 이미증은 심각한 건강 문제를 일으킬 수도 있다. 가장 이상적인 반응은, "여보, 숯 내려놔. 그렇지. 천천히, 살살 내려놔. 이제 주방으로 가자. 자기가 좋아할 만한 맛있는 스테이크를 사왔어"다.

이게 포르노랑 무슨 상관이냐고? 이미증이 우리의 식욕을 방해하듯 포르노는 우리의 성욕을 방해한다. 건강에 해로운 식욕을 불러일으키는 이미증을 규탄한다고 해서 내가 음식을 싫어하는 것이 아니듯, 건강에 해로운 성욕을 불러일으키는 포르노를 규탄한다고 해서 내가 섹스를 싫어하는 것은 아니다. 식욕은 건강하다는 증거다. 나무, 먼지, 유리 등 영양가가 없는 물질을 먹고자 하는 욕망은 그렇지 않다. 마찬가지로 성욕은 건강하다는 증거다. 하지만 포르노에 대한 욕망은 그렇지 않다.

많은 사람들이 포르노로부터 자유로워지는 것, 그리고 그 자유를 유지하는 것을 어려워하는 이유 중 하나는 그들이 성욕과 포르노에 대한 갈망을 혼동하기 때문이다. 포르노를 멀리하기 위해 스스로 어떤 규칙을 정했든 간에, 기억해야 할 게 있다. 당신의 목표는 비정상적인 성적 갈망을 치유하여 건전하고 만족스러운 부부관계를 회복하는 것이다.

포르노 고속도로에서 유턴하기

케빈 스키너 박사는 『포르노 중독 치료하기』Treating Pornography Addiction』라는 훌륭한 저서에서 그가 '활성 시퀀스'라고 명명한 것에 대해 설명했다. 활성 시퀀스란 포르노를 찾기까지 이어지는 일련의 시퀀스(연속적인 사건)를 의미한다. 그는 이 시퀀스를 구성하는 여섯 단계에 대해 설명했는데, 일곱 번째는 결국 포르노를 보게 되는 단계다. 이 시퀀스를 고속도로에 비유해 생각해보면 더 쉽게 이해할 수 있다. 6킬로미터 구간의 포르노 고속도로 위에 1킬로미터마다 서 있는 이 표지판을 의식한다면, 표지판이 나타났을 때 그 사실을 알아차릴 수 있을 뿐만 아니라 유턴해서 도로에서 벗어날 수도 있게 될 것이다.

1. 충동 혹은 자극

충동이나 자극은 다른 무언가를 유발하는 요소다. 충동을 포르노 또는 자위와 연관지어 이야기했다면, 그건 활성 시퀀스를 촉발하는 요인들에 대해 이야기한 것과 같다. 자신의 충동에 대해 이해하는 것은, 포르노의 유혹에 맞서 싸우는 과정에 큰 도움이 되며, 심지어 포르노를 보고 싶은 충동 자체를 없애주기도 한다.

충동에는 명백한 충동과 명백하지 않은 충동이 존재한다. 명백한 충동에는 빅토리아 시크릿 카탈로그를 우편함으로 배송받는 것, 선정적인 가사를 담은 노래를 듣는 것, 팝업 광고를 보는 것 등이 있다. 명백하지 않은 충동에는 절망스럽거나 벅찬 상황을 경험하는 것, 우리를 무력하게 하는 말이나 나쁜 말을 듣는 것, 누군가에게 거절당하는 것이 있다.

스키너 박사는 그의 책에 어린 시절 아버지가 어머니를 때리는 소리를 듣고 자란 고객의 이야기를 담았다. 소년을 학대 현장에 두지 않기 위해 어머니는 그에게 남편의 「플레이보이」를 쥐여주었다. 그녀는 그 잡지를 아이의 방에 던져 넣고는 "여기 있어. 나오지 마"라고 말했다. 이 젊은 남성은 극도로 심한 스트레스 상황을 극복하는 방법을 포르노를 통해 배우게 된 것이다. 이제 삼십대가 된 이 남성이 스트레스를 받으면, 그의 몸과 뇌는 더 나은 기분을 느끼기 위해서는 어디로 가야 하는지를 정확히 안다.

충동이 생겼을 때 유턴을 하고 싶다면, 먼저 그 충동이 무엇인지 알아야 한다. 어떤 광경, 소리, 사건이 충동 모터를 가동했는가? 스스로 충동에 대해 인지할 때, 우리는 방심하지 않을 수 있다.

활성 시퀀스의 이번 단계에서(사실 모든 단계에서) 유턴을 하고 싶다면, 이 책의 도입부에서 언급한, 전전두엽 피질이라고 불리는 뇌 영역, 즉 '생각의 뇌'를 활성화시켜야 한다. 전전두엽 피질은 심사숙고를 담당하는 뇌 영역으로, 현명한 행동을 할 것인지 현명하지 않은 행동을 할 것인지 선택하는 역할을 한다. 전전두엽 피질을 활성화하는 방법에는 여러 가지가 있지만, 가장 쉬운 방법은 지금 일어나는 일에 대해 '이건 충동이야'라고 소리 내어 말함으로써 그 현상에 이름표를 붙이는 것이다. 이렇게 하면 우리는 수동적인 참가자 역할에서 벗어나, 습관의 손에서 운전대를 낚아챌 수 있다.

2. 감정적 반응

첫 번째 충동이 지나가고 나면, 그 충동에 대한 감정적 반응이 따라온다. 흥분, 호기심, 또는 기대의 감정이 생길 수 있으며, 이 감정은 매우 갑작스러운 기분 또는 자극으로 나타나거나, 시간이 지남에 따라 점점 더 커지기도 한다.

3. 처음으로 떠오른 생각

이 생각은 감정과 거의 동시에 나타난다. '지금 포르노를 보고 싶어'가 될 수도 있고 '아무도 알 필요 없잖아'라든가 '_____를 뒤지면 뭘 보게 될까?'가 될 수도 있다.

처음으로 떠오른 감정과 생각은 머릿속으로 곧장 뛰어오른다. 다시 한 번 말하지만, 이 단계에서 유턴을 하고 싶은 사람이라면 생각의 뇌를 활성화시켜야 한다. 문제의 진실을 이렇게 소리 내어 말하거나. "절망에 빠진 지금 포르노를 보는 습관이 다시 고개를 들고 있어. 포르노가 마음을 편하게 해주는 걸 아니까." 당신이 짠 대본에 따라 대사를 뱉어보자.

4. 화학적 분출

당신이 계속해서 포르노 고속도로를 따라 달리면, 몸은 포르노를 볼 준비를 하기 시작한다. 당신의 몸이 그런 식으로 훈련되었기 때문이다. 몸은 절정을 준비하고 뇌는 기억과 관련된 화학물질을 분출한다. 그리고 "지난번에 백 번째 클라이맥스를 어디서 느꼈는지 기억해? 바로 거길 다시 가야 해"라고 말한다. 포르노를 소비하기 전부터 몸은 이미 기대하고 있는 것이다.

5. 보디랭귀지

화학 물질이 분출되면 당신의 몸은 변화하기 시작한다. 심박수가 증가하고 손바닥에 땀이 나거나 손이 차가워진다. 동공이 확장되고 사타구니가 얼얼해지기도 하며, 뱃속이 울렁거리기도 한다. 근육이 긴장되는 경우도 있다.

생각 없이 포르노 고속도로를 달려 이 지점까지 왔다면, 이와 같은 신체 자극을 커다란 경고 신호로 받아들여야 한다. '해야겠어'라는 기분이 드는 순간 그것을 즉각적인 유턴 신호로 봐야 하는 것이다.

다시 한 번 말하지만, 이때 생각의 뇌를 활성화시켜야 한다. "내 몸이 화학적 분출 때문에 포르노 볼 준비를 하기 시작했어. 다른 할 일을 당장 찾아야 해"라고 지금 일어나고 있는 일의 진실을 소리 내어 말해보자.

6. 전쟁

이 단계에서는 포르노를 볼지 여부에 대한 결정을 아직 내리지는 않았지만 일촉즉발의 상황이다. 스키너 박사는 이 현상을 '재고'라고 부르는데, 이때 찬성 대 반대 의견이 탁구대를 오가는 탁구공처럼 머릿속을 빛의 속도로 오간다. 뇌의 백업 시스템이 브레이크를 걸어 당신이 진짜로 원하는 게 뭔지를 결정하려는 과정이다.

머리는 '누구도 알 필요 없어', '이번이 마지막이야. 그럼 끝이라고', '내겐 원하는 걸 할 자유가 있어', '결국 굴복하게 될 거야. 그러니 지금 끝내는 편이 나아'라고 생각할지도 모른다. 반대로 '여자친구한테 걸리면 어떻게 하지?', '가족이 실망하게 될 거야', '더 나은 일들을 해야 해', '포르노가 나를 지배하는 이 기분이 싫어'라고 생각하게 될지도 모른다. 이 전쟁에서 승리를 거두는 쪽이 당신의 행동을 결정한다.

7. 행동

그 무엇도 이 활성 시퀀스를 방해하지 않았다면, 당신은 포르노를 소비하게 된다.

포르노 고속도로에서 벗어나기 위한 두 가지 핵심 전략

포르노 고속도로에서 유턴을 하는 데 유용한 두 가지 핵심 전략이 있다. 첫 번째 전략은 자신이 이미 그 고속도로 위에 올라와 있다는 사실을 깨달았을 때를 위한 전략이고, 두 번째 전략은 애초에 고속도로를 타지 않기 위해 습관을 바꾸는 전략이다.

첫 번째 전략: 생각의 뇌

생각의 뇌를 활성화시키는 것이 중요하다는 사실은 이미 언급한 바 있다. 당신이 활성 시퀀스의 어느 단계에 있든, 핵심이 되는 진실을 소리 내어 말해보자. 이 전략이 강력한 이유 중 하나는, 언어적인 신호를 사용해 당신이 처한 현실을 일깨우고 정신을 차릴 수 있다는 데에 있다. 하지만 이 전략은 이미 흥분한 채 결단을 내리기 직전에 이르렀을 때보다, 주어진 과제를 수행하거나, 흥분의 순간에 대비하는 동안에 더 강력한 힘을 발휘한다.

포르노 중독의 손아귀에서 벗어난 수많은 사람들과 나눈 이야기를 바탕으로 정리한 경험을 통해 입증된 최고의 방법들을 여기 몇 가지 소개한다.

1. **스스로를 교육하자.** 포르노가 당신의 인생에 미칠 수 있는 영향에 대해 가능한 많이 배우는 게 좋다. 포르노가 당신의 삶에서 무엇을 앗아가는지, 당신의 뇌와 몸, 당신의 관계 특히 가장 소

중히 어기는 관계에 어떤 부정적인 영향을 미치는지에 대해 모두 알아보자. 이와 같은 정보로 머릿속을 채우면 채울수록, 활성 시퀀스가 자라나는 데에 방해가 된다.

2. **부정적인 동기, 긍정적인 동기를 부여하는 것을 적어보자.** 지속적으로 포르노를 좇는 와중에 잃은 것은 무엇인가? 포르노로 말미암아 어떤 대가를 치르고 있는가? 앞으로는 어떤 대가를 치르게 할 것 같은가? 포르노로 말미암아 우리 사회는 어떠한 대가를 치르고 있는가? 이것들은 부정적인 동기다. 포르노로부터 자유로워짐으로써 얻을 수 있는 것은 무엇일까? 당신의 삶의 질은 얼마나 개선될까? 어떤 남성 혹은 여성이 되고 싶은가? 이러한 것들은 긍정적인 동기다. 긍정적인 동기 열 개를 요약해 늘 지갑이나 가방에 지니고 다니면서 활성 시퀀스가 발동될 때마다 꺼내보자.

3. **당신의 출구 전략을 적어보자.** 당신의 생각을 붙잡아두는 것과 그다음에 무엇을 할지 정하는 일은 별개다. 또 다른 활성 시퀀스가 시작되기 전에 당신의 계획을 적어보자. 이때 활용할 수 있는 단어를 떠올려보자. 일어난다, 걷는다, 달린다, 누군가에게 전화한다, 편지를 쓴다, 밖으로 나간다 등 유혹의 순간을 예상하고 그때 어떻게 할지 계획을 적어보자.

4. **판타지를 끝내자.** 직관에 반하는 일처럼 들릴지 모르겠지만 이는 대단히 실용적인 방법이다. 첫 번째 충동이 발생하면, 우리의 머릿속은 음란한 기대로 가득 찬다. 앞으로 어떤 자극을 보

게 될지, 무엇을 할 수 있을지에 생각이 집중된다. 그 욕정을 고수하는 대신 판타지를 끝내자. 컴퓨터를 켜고 몇 시간 동안 포르노에 탐닉하다가 자위를 하고, 결국 답도 없는 실패자라고 자책하게 될 자신의 모습을 그려보자. 이렇게 하면 포르노에 대한 기대감과 흥분은 사라지고 현실감을 되찾게 된다. 그리고 이런 생각과 함께 평정심을 찾게 된다. '내가 되고 싶은 사람은 그런 게 아니야.'

5. **섹스에 대해 생각하자.** 호주 출신의 작가 프랭크 쉬드는 현대의 남성들은 사실상 섹스에 대해 전혀 생각하지 않는다고 썼다. 섹스에 대한 꿈을 꾸거나, 농담을 하거나, 노래를 만들지언정 섹스에 대해 생각하지는 않는다는 것이다. 섹스의 본질은 무엇인가? 그 목적은 무엇인가? 그저 '사정'에 이르는 것인가 아니면 더욱 의미 있는 목적을 위한 생물학적 발현일까?

인간의 뇌가 연결되고, 우리의 성기가 설계된 모양을 살펴보면, 섹스가 새로운 생명의 탄생, 그리고 사랑을 통한 유대를 목적으로 한다는 사실을 발견할 수 있다. 「플레이보이」, 「코스모폴리탄」 또는 '멍청이의 50가지 그림자'가 우리에게 제시하는 것보다 훨씬 더 벅찬 흥분을 그리게 해주는 것이다. 다음은 활성 시퀀스가 시작되었을 때 우리가 고민해볼 만한 생각이다. '나는 혼자만의 쾌락을 목적으로 섹스를 하지 않아. 생명의 탄생과 사랑을 목적으로 해.'

두 번째 전략: 습관 바꾸기

포르노 고속도로를 벗어나기 위한 가장 이상적인 방법은 애초에 그 도로에 들어서지 않는 것이다. 즉, 가능한 한 충동을 피하는 것이다. 잠재적 충동을 모두 피할 수 있는 사람은 없다. 그 사실을 인지하는 것이 중요하다. 충동의 한 예로 절망을 꼽을 수 있다. 그리고 당신이 언젠가 절망에 빠질 것이라는 건 거의 확실한 사실이다. TV나 잡지에서 야한 광고를 보는 것 역시 당신의 충동을 자극할 수 있다. 동굴 속에서 살 계획이 아니라면 성이 상품화된 미디어에 노출되는 건 피할 수 없다.

하지만 당신이 회피할 수 있는 충동은 여전히 많다. 혼자 침실에 틀어박혀 방문을 닫아걸고 홀로 휴대전화를 쥔 채 시간을 보내고 싶은 충동에 시달리는가? 그 습관을 구성하는 요소에 변화를 가해보자. 문을 닫지 않기로 하거나, 침실로 노트북을 들고 들어가지 않기로 하거나, 코베넌트 아이스와 같은 책임 추정성 소프트웨어를 컴퓨터에 설치해 친한 친구가 당신의 인터넷 사용 내역을 이메일 보고서 형식으로 받아볼 수 있도록 하자. 다시 말하면, 익명성, 그리고 비밀 옵션 자체를 없애는 것이다.

혹시 특정한 종류의 음악이 충동을 유발하는가? 그 음악을 듣지 말자. 특정한 TV 채널을 보면 충동이 생기는가? 케이블 구독을 중지하자. 집안 어딘가에 포르노를 숨겨두었는가? 내다 버리자. 휴대전화에서 무제한으로 인터넷을 사용할 수 있는가? 필터링 또는 책임 추정성 프로그램을 설치하자. 퇴근길에 '성인용품점' 앞을 지나는가?

다른 길로 돌아서 퇴근하자.

이런 조치들이 다소 지나친 듯한 느낌을 줄지 모른다. 하지만 포르노가 끊기 쉬운 것이었다면 아마 당신은 지금 이 파트를 읽고 있지도 않을 것이다. 많은 사람들이 포르노와의 접점은 끊지도 않은 채 포르노를 끊으려고 노력한다. 필 박사의 말을 인용하자면, "그게 대체 가능한 일이겠는가?" 이 주문을 기억하자. "최고의 위치에 있을 때 최악을 대비하라." 지금부터 포르노를 보지 않겠다고 다짐했다면, 기억하자. 그 다짐이 힘을 잃을 날이 반드시 올 것이다. 그러니 그때 필요한 보호장치를 미리 준비해야 한다.

활성 시퀀스에 대해 이해했다면 충동을 예방하는 데에 최선을 다하자. 그럼에도 충동이 찾아왔다면 생각의 뇌를 활성화시키자. 그러면 성공적으로 포르노를 끊을 수 있다.

마지막으로, 포르노 끊기 계획을 세울 때 중요한 것 한 가지는, 작고 측정 가능한 목표들을 세우는 것이다. "다시는 포르노를 보지 않을 것"이라는 약속은 하지 말자. 자유는 하루에 한 걸음씩 쟁취해나가는 것이다. 포르노로부터의 자유를 목표로 설정하는 순간 당신은 실망의 나락에 떨어지게 될 것이다. 자유는 우리가 닿을 수 있는 목적지도, 우리가 일상적으로 내릴 수 있는 결정도 아니기 때문이다. 오늘 당신의 목표는 "절대로 다시는 포르노를 보지 않겠어"가 아니라 "오늘 나는 내가 원하는 사람이 되기로 다짐했어. 그건, 오늘 난 포르노의 덫에 빠지지 않을 것이란 뜻이야"가 되어야 한다. 진정한 자유는 그런 오늘이 끝없이 이어지는 인생이다. 순간의 선택이 모여 자유를 완성한다. 내일 일은 걱정하지 말자. 내일 일은 내일이 염려할 것이요, 하루의 괴로움은 그날로 족하다.

자유는 쟁취하는 것이다

프랑스 소설가 비르지니 데스팡테는 "포르노 소비는 더 많은 섹스가 아니라 더 많은 포르노로 이어진다"고 말했다고 한다. 맥도날드 햄버거를 매일 먹는 습관 탓에 (맛은 있지만) 진정한 음식이라고 볼 수 없는 것에 길들여지듯이 포르노는 실제 섹스 대신 극단적인 섹스로만 만족감을 느낄 수 있도록 소비자를 길들인다.

포르노는 자유를 약속하지만 우리를 속박한다. 포르노는 흥분을 약속하지만 결국 우리를 지루하게 만든다. 포르노는 우리에게 '어른'들의 유흥거리를 약속하지만, 우리는 점점 어린아이가 되어간다. 포르노는 교감을 약속하지만 결국 우리를 고립시킨다.

한 가지 좋은 소식은, 자유를 쟁취하는 게 가능하다는 것. 이 길의 끝에 훨씬 멋진 일이 우리를 기다리고 있다는 사실이다.

부록

부록1: 빠르게 찾아보는 전문가 의견

부록2: 당사자, 배우자 및 부모를 위한 도움 자료

부록3: 포르노 사용자의 뇌 연구

빠르게 찾아보는 전문가 의견

이 책이 포르노가 개인, 관계 및 사회에 미치는 파괴적 영향을 더 잘 이해하는 데 도움이 되는 데서 그치지 않고, 독자가 다른 사람들에게 자신이 이해한 바를 전파하는 데 도움을 줄 수 있기를 바란다. 이를 위해, 이미 다룬 연구 결과들에 더해, 포르노가 뇌, 정신 건강, 성적 취향, 성폭력, 발기 불능, 결혼 생활, 청소년에 미치는 영향에 대한 결과를 공유하려고 한다.

포르노와 뇌

1. 연구자들은 포르노 사용자와 포르노 비사용자의 뇌 스캔을 비교한 뒤, 포르노를 많이 본 사람일수록 화면에 나타난 포르노 이미지에 대한 뇌의 보상센터의 활성화 정도가 낮게 나타난다는 사실을 발견했다.[1] 연구자들은 이렇게 말했다. "이 연구 결과

는 포르노 자극에 대한 잦은 노출이 성적 자극에 대한 자연스러운 신경 반응을 둔감하게 한다는 가정과 일맥상통한다."[2]

2. 보상센터가 둔감해진 사람은 도파민의 효과를 느끼지 못하며, 이내 그 기분에 익숙해진다. 그 결과 한 번 본 포르노를 다시 보면, 처음 봤을 때 느낀 만큼의 흥분을 느끼지 못하는 것이다. 이로 말미암아 대다수의 사용자들이 더 많은 도파민 분출을 위해 더 강한 자극을 담은 포르노를 찾아 인터넷을 뒤지는 것이다.[3]

3. 인터넷 중독자들은 (계획, 우선순위, 충동 조절 등을 담당하는) 전두엽, (보상센터 및 자기통제를 담당하는) 선조체, (타인에 대한 공감과 연민을 느끼게 하는) 뇌섬을 비롯한 뇌의 주요 영역 곳곳에 회백질이 부족한 것으로 밝혀졌다. 포르노 중독자들의 대다수가 인터넷에 중독되어 있다.[4]

4. 한 연구에 따르면 적당한 포르노 사용도 뇌의 회백질 감소를 야기할 수 있다. 포르노가 회백질의 감소를 유발했다는 결정적인 근거를 제시하지는 않았지만, 연구자들은 포르노 사용이 이 현상을 설명할 수 있는 가장 합당한 근거라고 결론지었다. 심지어 이들은 연구의 부제를 '포르노를 보는 뇌'라고 지었다. 이 연구는 또한 포르노를 보며 보낸 시간과, 동기 부여 및 의사 결정을 담당하는 뇌의 보상 회로의 회백질 감소 사이의 연관관계를 밝혀냈다. 회백질 감소는 쾌락 반응 둔화의 지표이기도 하다. 연구자들은 회백질의 감소를 포르노 사용의 영향이라고 해석했다.[5]

5. 중독 연구자들은 포르노 사용자의 뇌에서 발견된 문제와 마찬

가지로 인터넷 중독자의 뇌에서 발견된 문제 역시도 금욕 및 치료를 통해 개선된다는 사실을 밝혀냈다. 중독 자제가 문제지 기존에 갖고 있던 증상이 문제가 아니라는 뜻이다.[6]

6. 중독에 관한 거의 모든 연구에서 뇌의 다양한 영역, 특히 전두엽의 의지적 통제 및 보상과 연관된 뇌 영역의 위축이 증명되었다. 코카인,[7] 메스암페타민,[8] 아편[9] 등 마약 중독과 음식,[10] 섹스,[11] 인터넷[12]에 대한 병적인 소비와 관련된 행동 조건에서도 동일한 현상이 나타났다.

7. 2008년 「뉴로이미지」 저널에 한 연구 결과가 실렸다. 이 연구는 남성이 포르노로 성적 흥분을 느끼면 뇌의 거울인 뉴런도 함께 점화된다는 사실을 증명했다. 즉, 포르노 소비자의 뇌는, 그 주인으로 하여금 자신이 실제로 그 화면 속에 있다고 상상하게 한다는 것이다. 이 남성은 단순히 벌거벗은 여성에게 반응하는 것이 아니다. 포르노 소비자의 뇌는 자신을 포르노 속 주인공이라고 상상함으로써 흥분을 고조시킨다.[13]

8. 성적 흥분을 포르노와 연결 짓는 브레인 맵을 계속해서 강화하면 이 맵은 점점 자라나서 성적 흥분을 실제 사람 혹은 실제 섹스와 연결 짓는 맵을 압도한다.[14]

9. 2005년에 에릭 네슬러 박사는 중독을 뇌의 보상센터에서 발생한 기능 장애로 설명한 기념비적인 논문을 썼다. 그는 음식 섭취, 마약 복용, 섹스 등 특정한 쾌락 유발 활동이 쾌락 보상 통로를 납치할 때 중독이 발생한다고 설명했다.[15]

포르노와 정신 건강

1. 연구 결과, 포르노 사용 빈도가 우울증, 불안감, 스트레스, 사회 문제 등과 연관이 있다는 사실이 밝혀졌다.[16] 포르노에 사용자의 도파민 시스템을 망쳐놓는 능력이 있다는 점을 감안하면 포르노 사용과 우울증 사이의 연관성은 새로운 소식이 아니다.[17] 연구는 도파민 신호화가 우울증의 주된 요인이라는 사실을 밝혀냈다.[18]

2. 도파민은 목표를 좇거나 관계를 수립하는 데에 필요한 동기 부여에 지대한 영향을 끼친다. 그래서 뇌가 도파민의 효과를 느끼지 못할 때 어떤 일에 대한 흥미가 점점 사라지기 시작한다.[19]

3. 연구 결과 포르노 사용은 섹스 및 관계가 주는 만족도 감소, 성적 취향 변화 등과 관련이 있다는 사실이 밝혀졌다.[20]

4. 연구 결과 포르노 사용이 삶의 질 저하 및 건강 악화와 관련이 있다는 사실이 밝혀졌다.[21]

5. 연구 결과 포르노 사용이 여러 친밀성의 문제와 관련이 있다는 사실이 밝혀졌다.[22]

6. 옥스퍼드대학교의 연구자들은 보통-심각 단계의 인터넷 중독이 자해 위험을 높인다는 사실을 발견했다.[23]

7. 보통 정도의 포르노 사용을 통해서도 동기 부여 및 의사 결정에 관여하는 뇌의 영역이 손상될 수 있다.[24]

8. 연구자들은 또한 보통 정도의 포르노 사용은 인지 기능을 관장하

는 뇌 영역의 회백질 감소와 관련이 있다는 사실도 발견했다.[25]

9. 한 연구에 따르면 (주로 인터넷으로 포르노를 보며 시간을 보낸) 인터넷 중독자들은 인터넷을 사용하지 않을 때 '부정적인 기분'을 느꼈다.[26]

10. 벨기에의 연구자들은 14세 소년들의 학교 성적을 두 차례에 걸쳐 확인하고 두 점수를 비교했다. 그들은 '인터넷 포르노 사용의 증가가 6개월 뒤 소년들의 성적 하락을 초래했다'는 사실을 발견했다.[27]

포르노와 성적 취향

1. 연구에 따르면 포르노 사용은 섹스 및 관계를 통한 만족도 하락 및 성적 취향 변화와 관련이 있다.[28]

2. 성적 관심은 조건부다. 파블로프가 개를 훈련시켜 종을 흔들면 군침을 흘리도록 한 것과 마찬가지로 우리는 각자의 성적 관심을 훈련할 수 있다.[29]

3. 뇌의 보상센터는 '봐도 괜찮은 수준의 포르노'와 '괜찮지 않은 포르노'의 차이를 구분할 줄 모른다. 아는 것이라곤 보상센터가 도파민을 좋아한다는 사실뿐이다. 따라서 역겹거나 불쾌한 무언가가 나타나고 그것이 성적 흥분과 연결되었을 때, 뇌는 그 연관성을 기억장치에 저장한다.[30] "동시에 활성화되는 뉴런들은

서로 연결되어 있다. 따라서 (일반적으로 매력적이라고 받아들이기 어려운) 무언가를 보며 쾌락을 느끼면 뇌는 그 무언가를 즐거움의 원천으로 해석하게 되는 것이다."[31]

4. 포르노 사용자에게 내성이 생길수록, "사정이 주는 쾌락은 폭력성 분출이 주는 쾌락으로 대체되고, 성적인 이미지와 폭력적인 이미지가 점점 뒤섞이게 된다. 하드코어 포르노에 가학-피학 성애 주제가 증가하는 것도 이 때문이다."[32]

5. 연구자들은 여성들의 경우 동일한 포르노에 반복적으로 노출됐을 때, 해당 포르노가 주는 성적 흥분이 점점 줄어든다고 느끼는 반면, 새로운 포르노를 보면 다시 흥분하게 된다는 사실을 발견했다.[33]

6. 2012년에 노팹이 사용자들을 대상으로 한 여론조사에서, 응답자의 절반 이상이 "취향이 점점 '극단적' 또는 '비정상적'으로 변해갔다"는 항목에 동의했다.[34]

7. 한 연구에서 연구자들은 남성 참가자가 동일한 포르노를 반복적으로 봤을 때, 해당 포르노가 주는 성적 흥분이 점점 감소하는 것을 발견했다. 동일한 포르노를 18차례 보여주고 새로운 영상을 보여주었더니, 참가자의 성적 흥분이 급격히 치솟았다.[35]

8. 포르노를 사용한 사람의 뇌는 자신이 본 것과 그로 말미암은 흥분을 연결 짓는다. 이 때문에 그가 생각하는 섹시함의 기준과 자신의 파트너에게 기대하는 바가 반영된 새로운 브레인 맵이 탄생한다.[36]

9. 연구자들은 어린 나이에 처음 포르노를 접한 사람일수록, 해당 포르노 소비자가 수간 포르노 또는 아동 포르노를 보게 되는 경향이 증가한다는 사실을 밝혀냈다.[37]

포르노와 성폭력

1. 1962-1995년 사이에 발표된, 총 12,323명의 표본이 참여한 46건의 연구를 대상으로 진행한 메타분석에서, 연구자들은 포르노가 다음과 같은 위험을 높인다고 결론지었다.
   - 비정상적인 성적 취향을 갖게 된다(위험 31퍼센트 증가).
   - 성폭력을 저지른다(위험 22퍼센트 증가).
   - 강간에 대한 잘못된 통념을 수용한다(위험 31퍼센트 증가).[38]
2. 한 연구에서 실험군을 포르노에 노출시킨 뒤 그들에게 포르노 사용에 대해 질문한 결과, 높은 포르노 사용 빈도와 강간에 대한 잘못된 통념, 여성에 대한 폭력 수용, 이성에 대한 적대감, 강간, 성관계 강요, 성적 충동 경향 증가 사이의 연관성이 밝혀졌다.[39] 포르노를 자주 시청하는 사람들 중, 연구의 일환으로 폭력적이고 비인간적인 내용의 포르노를 보게 된 참여군의 경우, 그렇지 않은 참여군 대비 강간을 저지르거나, 성적 충동을 갖게 되거나, 성적으로 폭력적인 행동을 하게 될 가능성 측면에서 고위험군으로 분류되었다.

3. 남성들은 결국 여자도 그걸 원하고 좋아하게 될 테니까, 반항하거나, 울거나, 비명을 지르거나, 고통스러워하거나, 안 된다고 말하는 여성의 행동에 신경 쓸 필요가 없다고 배울지 모른다. 그녀의 저항은 가식에 불과하며, 오히려 오르가슴으로 이어지는 전희 같은 것이라고 결론 내릴 수도 있다. 그는 심지어 그녀의 저항을 섹시하다고 느끼며 그 행동에 더 큰 흥분을 느끼는데, 그 행동이 성적 유희의 일부라고 생각하기 때문이다.[40]

4. (소프트코어, 하드코어, 폭력, 강간 포르노를 포함하여) 모든 종류의 포르노에서 여성을 성행위에 강제로 참여시키기 위해 언어 폭력, 마약, 알코올을 사용한다.[41] 비폭력적인 포르노를 본 후보다, 폭력적인 포르노를 본 후 폭력적인 성행위를 지지하는 경향이 크게 증가했다.[42]

5. 성폭력에 관한 한 연구는 (소프트코어, 하드코어, 폭력, 강간 포르노를 포함한) 모든 종류의 포르노가 언어 폭력, 마약, 알코올을 사용하여 강압적으로 여성을 성행위에 참여시킨다는 사실을 밝혀냈다. 소프트코어 포르노를 포함한 모든 종류의 포르노는 포르노 소비자로 하여금 미래에 여성을 강간할 가능성을 높인다. 소프트코어를 제외한 모든 포르노는 실제 강간과 관련이 있다. 폭력적인 포르노물에 자주 노출된 사람들은 그렇지 않은 사람들에 비해 실제로 누군가를 강간한 적이 있다고 대답한 비율이 6배 높았다.[43]

6. 「플레이보이」, 「펜트하우스」, 「시크」, 「클럽」, 「포럼」, 「갤러리」,

「제네시스」, 「위」 등의 잡지 순환률과 강간 범죄 발생률 간의 상관관계를 연구한 결과, 해당 잡지의 순환률이 높을수록 강간률이 높게 나타났다.[44]

7. 313명의 대학생을 대상으로 진행한 설문조사 결과, 남성 잡지를 본 사람들 중 성관계는 동의하에 가지는 것이라고 생각하거나 그와 같은 결심을 한 사람의 비율이 현저히 낮게 나타났다.[45]

8. 연구자들은 남성이 포르노를 사용하는 빈도 수가 높을수록, 그들이 보는 포르노의 폭력성이 높을수록, 그들이 타인을 상대로 물리적 힘을 이용해 성관계를 강요하는 경향(강간)이 높아진다는 사실을 밝혀냈다.[46]

9. 가정폭력 피해자들을 대상으로 한 연구에 따르면, 가정 내 포르노 문제가 있을 때 성폭력을 포함한 구타 사건이 발생했다. 가해자의 포르노 및 알코올 사용이 피해 여성에 대한 성적 학대 비율을 크게 높였다. 포르노만으로도 피해자에 대한 성폭력 가능성이 2배 가까이 증가했다. 학대 피해 여성의 40퍼센트가 자신의 파트너가 폭력적인 포르노를 봤다고 응답했다. 파트너가 포르노를 사용한 학대 피해자의 53퍼센트가 남성이 보여준 포르노 장면을 재연하도록 강요 또는 강제당했다고 응답했으며, 26퍼센트는 학대가 진행되는 동안 가해자가 포르노 장면을 상기시켰다고 응답했다. 강간을 당한 가정폭력 피해자 40퍼센트 중 73퍼센트는 자신의 파트너가 포르노를 사용해왔다고 답했다.[47]

10. 포르노는 강간 범죄 사례에서 모방의 대상으로 사용되어왔다.

한 연구에서는 193건의 강간 범죄 사례에서 24퍼센트의 강간범이 포르노물에 대해 언급했다. 이 연구 결과가 중요한 이유는, 인터뷰 담당자가 응답자에게 포르노에 대한 어떠한 암시나 언급도 하지 않은 상태에서 나온 응답이었기 때문이다. 가해자들의 응답은 동일한 패턴으로 이어졌다. 가해자가 자신이 보거나 읽은 포르노물에 대해 언급한 뒤, 피해자들이 강간 자체뿐만 아니라 극단적인 폭력 역시 즐겼다고 답했다.[48]

포르노와 발기 불능

1. 포르노로 말미암은 발기 불능으로 고통받는 젊은이들의 수가 얼마나 많은지 정확히 알기는 어렵다. 하지만 이는 확실히 새로운 현상이며, 발병 빈도가 드물지 않다.[49]
2. 한 남성이 자신이 앓고 있는 성기능 장애에 대해 솔직히 털어놓으면, 나는 이 남성이 포르노를 얼마나 많이 보는지 알 수 있다. 자위를 자주 하는 사람은 파트너와 함께 있을 때 발기 관련 문제를 겪을 수 있다. 그 상황에 포르노까지 더해지면 그는 섹스를 할 수 없는 몸이 된다. 특정한 종류의 희열에 따라 발기가 되고 뒤이어 빠르게 사정에 이르는 데에 익숙해진 남근은 다른 방식의 성적 흥분에는 동일하게 반응하지 않는다. 오르가슴이 지연되거나 아예 생기지 않는 것이다.[50]

3. 초기 증상은 포르노 웹사이트에 대한 반응이 낮아지는 것이다. 그다음은 전반적으로 성욕이 떨어지고, 결국 발기 자체가 불가능해진다.[51]

4. 이탈리아에서 진행된 '포르노 그리고 포르노가 19-25세 남성들의 성기능에 미치는 영향'에 대한 연구 결과, 1-10점을 기준으로(10점 만점) 성욕을 측정했을 때 포르노 사용자들의 평균 점수는 4.21점에 그쳤고, 포르노 비사용자들의 점수는 8.02점을 기록했다. 포르노 비사용자 대비 포르노 사용자들의 발기 기능은 30퍼센트 저하된 상태였고, 전반적인 성생활 만족도와 오르가슴 기능 부문에서도 포르노 사용자들이 낮은 점수를 받았다.[52]

5. 포르노 중독 남성들을 대상으로 케임브리지대학교에서 실시한 한 연구 결과 응답자의 절반 이상이 "성적으로 노골적인 자료에 과도하게 노출된 결과(해당 자료를 보고 자위를 하지 않았더라도), 특히 여성과 육체적 접촉 시 성욕 감소 또는 발기 불능을 경험한 적이 있다고 답했다.[53]

6. (비아그라 같은) 약은 생리적인 기능을 한다. 이런 종류의 약으로 남성의 생식기에 혈류를 제공할 수는 있지만, 성적으로 가장 중요한 역할을 하는 기관, 즉 뇌를 자극하지는 못한다. 따라서 뇌가 둔감해진 상태에서는 부조화를 경험할 수 있다. 일부 남성들 중에는 "어쨌든 발기는 되니까"라고 말하는 사람도 있을 것이다. 그런 식으로 발기를 해도 이들의 감각은 여전히 둔감하다. 쾌락을 얻지 못하는 것이다. 이 약으로 쾌락 요인을 치료할 수

는 없기 때문에, 남성들은 성관계 시에도 마치 다른 사람이 섹스하는 걸 보는 느낌을 받거나, 자신의 성기를 남의 것처럼 느낄 수도 있다. 실제 경험에 거리감을 느끼는 것이다. 이들이 뇌와 성기 간의 부조화를 경험할 때, 발기가 되었든 안 되었든 상관없이 뇌에서는 어떠한 쾌락도 느끼지 못한다.[54]

7. 연구자들은 심지어 보통 수준의 포르노도 성적 신호에 대한 뇌의 반응 둔화에 영향을 미친다는 사실을 발견했다. 해당 연구가 포르노가 그와 같은 변화를 유발했다고 결론 내리지는 않았지만, 연구자들은 그게 가장 가능성이 높은 이론이라고 밝혔다. 이들은 심지어 자신들의 연구 부제를 '포르노를 보는 뇌'라고 지었다.[55]

8. 성적 흥분과 포르노를 연결 짓는 브레인 맵을 지속적으로 강화하는 사람의 경우, 해당 맵의 비중이 점점 커져 성적 흥분을 실제 사람 또는 실제 섹스와 연결 짓는 맵을 압도할 수 있다.[56]

9. 이탈리아의 연구자들은 명확한 신체적 원인을 찾지 못한 발기불능 환자들의 브레인 스캔을 촬영했다. 연구자들은 환자들의 뇌에서 보상 담당 센터와 시상하부의 성 담당 센터의 회백질이 감소했다는 사실을 발견했다(이는 도파민 신호화가 감소했다는 의미다).[57] 포르노는 회백질 감소 증상과 관련이 있다.[58]

10. 의사들과 과거 포르노 사용자들은 포르노를 끊는 것으로 발기불능 문제를 해결할 수 있다는 사실을 알아냈다.[59]

포르노와 결혼 생활

1. 포르노에 대한 잦은 노출은 친밀한 관계에 있는 파트너와의 신뢰 약화, (특히 여성의 신체에 관한) 부정적인 신체 이미지 형성 위험 증가, 난혼이 정상적인 관계라는 믿음 형성, 사랑에 대한 냉소, 상대방에 대한 이끌림 없이도 최상의 성적 만족을 얻을 수 있다는 신념, 결혼은 성욕 해소를 위한 수단이라는 믿음, 자녀 양육이나 가족 구성은 결혼을 꺼리게 만드는 요소라는 믿음과 관련이 있다.[60]

2. 상처에 소금을 뿌리는 격으로 아내들은 남편의 포르노 사용에 대해 남편 자신, 가족, 또는 절친한 친구들로부터 직-간접적인 비난의 대상이 된다. 나와 상담한 많은 여성들이 결혼은 불만족스러운 것이라거나, '스스로를 놓아주어야 한다'거나, 예전만큼 매력적이지 않다거나, 새로운 성경험에 마음이 닫혀 있다거나, 아이들에게만 지나치게 신경 쓰고 남편의 욕구 해소에는 관심이 없다는 등의 암시로 느꼈던 괴로움에 대해 이야기했다. 여성을 비난하려는 사람들은 여성들의 부부관계 경험과 남편의 포르노 습관 사이에는 관계가 없다고 일축하곤 한다.[61]

3. 2002년 11월에 열린 '미국 결혼변호사학회American Academy of Matrimonial Lawyers'에서 변호사들의 62퍼센트가 해당 연도에 다룬 이혼 사유 중 인터넷이 큰 비중을 차지했다고 말했다. 인터넷 관련 이혼 사례 중 56퍼센트는 한 당사자가 인터넷 포르노에 강

박적인 취미를 가지고 있었다.[62]

4. 부부 문제의 핵심에 포르노가 있었던, 섹스 중독자들의 아내들을 대상으로 한 연구에서 68.18퍼센트는 해당 문제를 다루는 과정에서 일종의 (감정적, 정신적, 물리적, 사회적) 고립을 경험했다고 답했다.[63] "흥미로웠던 점은, 대다수의 여성들이 강력한 지지 네트워크에 속해 있었고 가족 간의 유대가 탄탄하다고 답했지만, 이 특정한 문제가 주는 모멸감 때문에 고립된 기분을 느꼈다고 인정했다. 이러한 현상은 다른 영역에서는 훌륭한 역할을 수행하며 지지를 받는 여성들이, 해당 문제로 말미암은 수치심에 시달리고, 여전히 유아기에 머물러 있는 사회적 인식으로 말미암아 외로움을 느끼며, 도움 구하기를 미루고, 장기간 정신적인 어려움을 겪는다는 사실을 보여준다. 더불어 이로 말미암은 고립은 삶의 다른 영역에서 지지를 받는 데에 익숙한 여성들의 정신적 스트레스와 고통을 높인다. 따라서 이 문제는 해당 인구 집단 전체의 취약성을 더욱 증가시킨다."[64]

5. 파트너의 충동적 포르노 사용 또는 다른 성 중독증을 알게 된 많은 여성들은 피로, 식욕 및 성욕 변화, 자살 충동과 같은 불안 및 우울증 증상을 보이는 등 정신적인 충격을 경험한다.[65]

6. 사이버 섹스 중독이 커플들에게 어떠한 영향을 미치는지를 주제로 한 연구 결과 사이버 섹스 중독은 해당 문제에 영향을 받은 연인들의 이별 및 이혼의 주요 원인으로 지목되었다. 해당 연구에 몇몇 온라인 성 활동들이 명시되긴 했지만, 포르노 사용

은 모든 사례에 빠지지 않고 등장했다.[66]

7. 남성 포르노 사용자와 이전에 연인이었거나, 당시에 연인 관계였던 100명의 여성들을 대상으로 진행한 연구 결과, 결혼한 여성들의 경우 포르노 소비를 결혼에 상당한 위협을 끼치는 존재로 본다는 사실이 밝혀졌다. 아내가 생각하는 남편의 온라인 섹스 활동의 빈도 수에 따라 그들의 정신적 고통 역시 증가했으며, 종교적 신념으로도 괴로움은 크게 완화되지 않았다.[67]

8. 부부 중 한 당사자가 포르노 문제나 섹스와 관련된 강박을 가지고 있는 경우, 해당 부부 사이는 흔히 친밀감 하락, 민감증, 불안, 비밀, 고립, 비정상적 관계 및 실직 또는 실직이 야기한 부채로 말미암은 재정 안정성 하락 등으로 해를 입게 된다.[68]

9. 결혼한 사람들의 경우 포르노에 대한 노출이 외도에 대해 더 관대한 기준을 갖게 하는 것으로 드러났다.[69]

10. 부부 사이의 강간에 대한 어느 연구에서, 포르노 사용과 대부분의 부부 간 가학적 강간 범죄 사이의 연관성이 밝혀졌다.[70]

포르노와 청소년

1. 청소년들은 포르노가 청소년기의 성행동에 영향을 미친다고 답했다.[71]

2. 청년기 및 청소년기 등 발달에 중요한 시기에 문제가 될 만한

성적 취향을 갖게 된 사람보다 성인이 된 이후에 성적 취향의 변화를 경험한 사람이 변화된 성적 취향을 더 쉽게 벗어날 수 있다.[72]

3. 그리스 청소년들을 대상으로 진행한 한 연구에서 포르노에 노출된 청소년들이 '섹스에 대한 비현실적인 태도 및 관계에 관한 잘못된 태도'를 갖게 될 가능성이 있다는 결과가 나왔다.[73]

4. 스웨덴 청소년들에 관한 다섯 건의 연구 결과, 포르노를 정기적으로 보는 젊은 남성들이 여성과 항문 성교 및 포르노에 등장한 장면을 시도해본 경향이 더 높게 나타났고, 포르노를 정기적으로 보는 여성들의 경우 항문 성교를 시도한 경향이 그렇지 않은 여성들에 비해 더 높게 나타났다. 연구에 참여한 젊은 여성 대부분은 항문 성교를 즐기지 않았고 다시 경험하고 싶지 않다고 답했다.[74]

5. 중학생들을 대상으로 진행한 연구 결과 포르노에 대한 노출로 남아들의 경우 성희롱을 저지를 확률, 성적 규범에 관대해지는 경향, 오럴 섹스를 할 가능성 및 고등학교 진학 후 성관계를 가질 가능성이 높게 나타났다.[75]

6. 종적인(무엇의 장기적 변화 과정을 다룬-옮긴이주) 연구들은 주류 섹스 미디어에 관한 과도한 노출과 조기 성경험,[76] 조기 성교,[77] 계획하지 않은 임신 위험[78] 및 감염성 성병 발병 사이의 연관관계를 밝혀냈다.[79]

7. 2014년에 호주 버넷연구소의 공공건강센터에서 실시한 연구는

주마다 한 번씩 포르노를 사용하는 습관이 조기 성경험, 비정기적 콘돔 사용, 섹스팅 및 항문 성교와 상당한 관련이 있다는 사실을 발견했다.[80]

8. 어린아이들뿐만 아니라, 심지어 십대들조차도 판타지와 현실을 구분할 만큼 충분히 섬세하지 않다. 이들은 포르노를 필터 없이 곧장 학습한다. 이들에게는 과장이나 반어, 영향력 등에 대한 개념이 아직 정립되어 있지 않다. 포르노는 이들에게 여성들이 마땅히 가져야 할 외모와 행동, 역할에 대해 가르친다. 이들은 여성이 무엇을 '원하는지' 그리고 남성이 어떻게 여성에게 그것을 줘야 하는지를 배운다. 포르노를 보며 소년, 소녀들은 여성들이 늘 섹스를 원하며, 섹스는 관계와 별개의 것이라고 배운다. 이들은 남성들은 자신이 누구를 원하든, 그 여성이 남성이 원하는 방식으로 반응할 것이라고 배운다. 이들은 항문 성교가 일반적인 것이며, 여성들이 즉각적으로 오르가슴을 느낄 것이라고 기대한다. 이들은 이와 같은 지식을 탐욕스럽게 흡수하며, 자신들이 롤모델이라고 정한 사람들을 모방한다.[81]

9. 이와 같은 이미지를 통해 섹스를 처음 접한 소년들의 경우, 이렇게 주입된 이미지가 이들에게 평생 남는다는 사실이 슬프다. 소년들은, 섹스를 하고 싶은 기분이 들어서가 아니라, 기분이 어떻든 간에 섹스를 하게 된다고 배운다. 반면 소녀들은 관계의 형성 없이는 친밀감이 생길 수 없다고 배운다.[82]

10. 포르노물에서는 파트너에 대한 친밀감, 연민, 혹은 존중을 거

의 가치 없는 일로 그리기 때문에 포르노는 소년들이 당연히 느낄 법한 자연스러운 감정들을 차단한다. 포르노 시청이 소년들이 성폭력을 저지를 가능성과 욕구 해소를 위해 무슨 짓이든 할 가능성, 그들이 본 것을 재연해보고자 하는 욕구를 높인다는 결과를 담은 연구가 점점 늘어나고 있다.[83]

당사자, 배우자 및 부모를 위한 도움 자료

다음 자료 목록은 네 섹션으로 구분된다. 포르노 중독 치료에 도움이 필요한 당사자를 위한 자료, 포르노 중독자의 배우자에게 도움이 될 만한 자료, 자녀들을 포르노로부터 보호하고 싶은 부모를 위한 자료, 포르노의 부정적 효과에 대해 더 알고 싶은 사람들을 위한 자료가 그 것이다.

도움이 필요한 당사자들을 위한 자료

Delivered: Delivered: True Stories of Men and Women Who Turned from Porn to Purity. Matt Fradd 저

Victory: A Guide for Overcoming Pornography Addiction. Matt Fradd, Mark Hart 공저.

Treating Pornography Addiction: A Guide for Overcoming Pornography

Addiction. Dr. Kevin B. Skinner 저.

Integrity Restored: Helping Catholic Families Win the Battle Against Pornography. Peter C. Kleponis 저.

Fortify: A Step toward Recovery. Fight the New Drug 저.

Don't Call It Love: Recovery from Sexual Addiction. Carnes 저.

The Porn Trap: The Essential Guide to Overcoming Problems Caused by Pornography. Wendy Maltz, Larry Maltz 공저.

Out of the Shadows: Understanding Sexual Addiction. Patrick Carnes 저.

No Stones: Women Redeemed from Sexual Addiction. Marnie C. Ferree 저.

온라인 자료

Integrity Restored(integrityrestored.com)

포르노로부터 자유를 되찾고 관계를 회복할 수 있도록 교육과 자료를 제공하고, 포르노 중독자들을 격려한다. 자녀의 인생에 파괴적인 영향을 미치는 포르노 노출을 예방하고 대응하는 데에 도움이 되는, 부모들을 위한 조언도 마련되어 있다.

The Porn Effect(theporneffect.com)

십대들과 젊은 성인들을 위한 기독교 웹사이트. 포르노가 제공하는 판타지 이면의 진실을 공개함으로써 십대들과 성인들이 포르노로부터 자유를 찾을 수 있도록 도움을 제공한다.

NoFap(nofap.com)

포르노 중독 극복을 목적으로 한, 공동체 기반 통합 웹사이트. 사용자들을 포르노 사용 중단을 결심한 개인들로 구성된 지지 그룹과 연결시켜줌으로써 이들이 강박적 성행동으로부터 자유로워질 수 있도록 도와준다.

Beggars Daughter(beggarsdaughter.com)

기독교 여성들의 성 중독 극복을 위한 자료를 제공하는 블로그.

Dirty Girls Minstries(dirtygirlsministries.com)

교회 및 개별 여성들을 위해 온라인 회복 그룹, 온라인 공동체, 책임 그룹, 코칭/컨설팅 네트워크 등을 제공한다.

IITAP: International Institute for Trauma and Addiction Professionals(iitap.com)

전문 섹스 중독 테라피스트들이 제공하는 이 데이터베이스는 고통을 겪는 사람들과 그들의 파트너 모두에게 유용한 정보를 제공한다.

Catholic Therapist Finder(catholictherapists.com)

교회의 가르침을 신실하게 따르는, 자격을 갖춘 기독교 테라피스트들을 갖추고 있다. 이 웹사이트에는 도움이 되는 기사와 책, 오디오 자료들도 마련되어 있다.

Addo Recovery(addorecovery.com)

온라인 중독 치료 프로그램은 물론 개인들을 위한 온라인 및 대면 테라피를 제공한다. 연인의 배신으로 말미암은 트라우마 극복 치료를 전문으로 한다.

LifeStar(lifestarnetwork.com)

이 집중적인 그룹 테라피는 혁신적이며 그 효과가 입증된 세 단계 치료 프로그램을 통해 포르노 및 성적 강박 행동으로 말미암은 상처를 성공적으로 극복하는 데에 필요한 자료와 지지, 규칙을 제공한다. 미국 전역 및 캐나다 도시 40여 곳에서 치료 프로그램을 제공한다.

도움이 필요한 배우자들을 위한 자료

도서

Restored: True Stories of Love and Trust after Porn. Matt Fradd, Cameron Fradd 공저.

What Can I Do about Me? Rhyll Anne Croshaw 저.

When Your Husband Is Addicted to Pornography: Healing Your Wounded Heart. Vicki Tiede 저.

Partners: Healing from His Addiction. Doug Weiss 저.

Intimate Treason: Healing the Trauma for Partners Confronting Sex Addiction.

Claudia Black, Cara Tripodi 공저.

Your Sexually Addicted Spouse: How Partners Can Cope and Heal. Barbara Steffens, Marsha Means 공저.

Shattered Vows: Hope and Healing for Women Who Have Been Sexually Betrayed. Debra Laaser 저.

온라인 자료

Bloom(bloomforwomen.com)

파트너의 배신으로 트라우마를 경험한 개인들을 위한 온라인 및 대면 테라피 등의 프로그램을 제공한다.

The Togetherness Poject(togethernessproject.org)

여성들에게 영감을 주는 메시지와 독특한 경험을 나눌 수 있는 컨퍼런스, 지역 그룹 및 온라인 포럼을 제공함으로써 자신을 이해하는 다른 여성들과 연결해주며, 이들을 위한 장을 마련해준다.

S-Anon(sanon.org)

다른 누군가의 강박적 성행동에 영향을 받은 남녀를 위한 회복 프로그램이다. 알코올 중독자 갱생회의 원칙(12단계 및 12개의 전통)을 기반으로 하며, 섹스 중독을 극복한 커플들의 동의하에 그들의 사례를 응용한다.

Integrity Restored(integrityrestored.com)

유용한 콘텐츠로 가득 찬 섹션 하나를 통째로 배우자들을 위해 할애한다.

도움이 필요한 부모들을 위한 자료

도서

Good Pictures Bad Pictures: Porn Proofing Today's Young Kids. Kristen A. Jenson, Gail Poyner 공저.

The Joyful Mysteries of Life. Catherine Scherrer, Bernard Scherrer 공저.

30Days of Sex Talks: Empowering Your Child with Knowledge of Sexual Intimacy(1-3권)

The Story of Me: God's Design for Sex(1권). Brenna Jones, Stan Jones 공저.

Before I Was Born: God's Design for Sex(2권). Carolyn Nystrom 저.

온라인 자료

Educate and Empower Kids(educateempowerkids.org)

부모들이 성과 관련한 주제를 안전한 토론 주제로 삼을 수 있는 환경을 조성하는 데 도움을 주며, 부모가 대화의 주제를 정하고 전략적으로 이끌어갈 수 있도록 방법을 제시한다. 정기적으로 업데이트되는 뉴스 섹션은 부모가 아이에게 일어나는 일들과 위험들을 인지하는 데 도움이 된다.

Porn Proof Kids Blog(pornproofkids.com)

『좋은 사진, 나쁜 사진』을 쓴 작가가 직접 관리하는 이 블로그에는 자녀와 건전한 성에 대한 대화를 시작하는 법, 신뢰를 쌓는 법, 대화를 이어가는 법에 대한 이야기가 자주 업데이트된다.

Teen Safe(teensafe.com)

부모가 자녀의 문자메시지, 통화, 소셜미디어, 위치 등을 감시할 수 있도록 해주는 도구. 이 블로그는 디지털 세상에서 아이들이 직면한 여러 위험들에 대한 도움이 되는 정보를 제공한다.

Covenant Eyes(covenanteyes.com)

웹에서 찾을 수 있는 최고의 필터링 및 책임 추정성 소프트웨어다. 이 소프트웨어로 필터 요소 또는 책임감 요소, 또는 둘 모두를 설정할 수 있다. 둘 모두를 활용하면 포르노 웹사이트를 차단할 수 있을 뿐 아니라 접속 시도가 있었으나 차단된 웹사이트 목록에 대한 포괄적인 보고서와 해당 웹사이트 접속을 위해 어떤 단어가 검색되었는지까지 매주 확인할 수 있다.

더 많은 정보를 얻고 싶은 사람들을 위한 자료

도서

Pornified(How Pornography Is Damaging Our Lives, Our Relationships, and Our Families).
    Pamela Paul 저.

Pornland(How Porn Has Hijacked Our Sexuality). Gail Dines 저.

Getting Off(Pornography and the End of Masculinity). Robert Jensen 저.

The Drug of the New Millenium(The Brain Science behind Internet Pornography).
    Mark B. Kastleman 저.

Wired for Intimacy(How Pornography Hijacks the Male Brain). William M.
    Struthers 저.

What's the Big Deal about Pornography? A Guide for the Internet Genertion. Jill
    C. Manning 저.

Your Brain on Porn(Internet Pornography and the Emerging Science of Addiction). Gary
    Wilson 저.

온라인 자료

앞에서 언급한 웹사이트 대부분은 포르노의 부정적인 영향에 대해 배울 수 있는 유용한 자료들을 제공한다. 더 많은 웹사이트를 소개한다.

Fight the New Drug(fightthenewdrug.com)

이 기관은 십대와 젊은 성인들을 대상으로 포르노 중독을 피하고 극복하는 데에 도움이 되는 명확한 교육 도구 및 자료를 제공한다.

Your Brain on Porn(yourbrainonporn.com)

이 웹사이트는 오늘날의 극단적인 인터넷 포르노가 뇌를 어떻게 바꿔놓는지에 대해 정확히 이해할 수 있도록 돕는다. 섹스가 뇌에 미치는 영향에 대한 10년간의 연구 분석과 재활에 나선 포르노 중독자들을 대상으로 진행한 6년 동안의 인터뷰를 기반으로 만들어졌다.

Shelley Lubben 공식 웹사이트(shelleylubben.com)

셸리 루벤은 포르노 업계 종사자들을 위해 봉사하기로 결심한 전직 포르노 스타다. 그녀는 이들에게 정서적, 금전적 도움은 물론 변화에 필요한 지지도 제공한다. 이 웹사이트는 또한 성매매 피해자들을 위한 교육 및 자료를 제공한다. 전직 포르노 배우들이 직접 겪은 경험들 역시 여기에 포함되어 있다.

National Center on Sexual Exploitation(endsexualexploitation.org)

1962년에 설립된 이 기관은 포르노 반대에 앞장서는 국가기관으로, 성매매, 여성에 대한 폭력, 아동 학대, 중독 등과 포르노 사이의 연관 관계를 강조한다. NCSE는 모든 종류의 성착취 간에 존재하는 긴밀한 연관성을 폭로한다.

포르노 사용자의 뇌 연구

개리 윌슨*

본 부록에는 인터넷 포르노 사용자들의 뇌 구조 및 기능을 평가한 모든 연구가 목록으로 제공된다. 모든 연구가 포르노 중독 모델을 지지했다(포르노 중독 모델을 위조한 연구는 없었다). 이 서른 개의 신경학 연구 결과(및 향후 연구 결과)는 인터넷 중독자의 뇌를 연구한 180건 이상의 연구 결과와 일치하며, 그중 대다수가 인터넷 포르노 사용자의 뇌에 대한 연구였다. 모든 연구 자료는 최근 발표된 10건의 신경과학 기반 리뷰에서처럼 인터넷 포르노 사용이 뇌에 중독 관련 변화를 일으킬 수 있다는 주장을 담은 문헌을 지지한다.

---

* 개리 윌슨은 『유어 브레인 온 포르노Your Brain on Porn』의 저자다. 본 연구 목록은 그의 웹사이트 www.yourbrainonporn.com에서 빌려온 것이며, 저자의 승인하에 재인쇄되었다.

1. Neuroscience of Internet Pornography Addiction: A Review and Update(2015).

   본 리뷰는 인터넷 중독의 아류형, 특히 인터넷 포르노 중독에 관한 신경과학 문헌을 철저히 검증했다. 본 리뷰는 또한 포르노 중독을 '부정'하는 주장으로 최근 크게 이목을 끈 두 건의 EEG(뇌파도) 연구 결과를 비평했다.[1]

2. Sex Addction as a Disease: Evidence for Assessment, Diagnosis, and Response to Critics(2015)

   본 리뷰는 포르노/섹스 중독에 대한 특정 비평을 반박하는 도표와 인용구를 제공한다.[2]

3. Neurobiology of Compusive Sexual Behavior: Emerging Science(2016)

   CSB(강박적 성행동)와 약물 중독의 일부 유사성을 고려했을 때, 중독에 효과적인 치료법이 CSB에도 효과를 보일 수 있으며, 덕분에 미래 연구 방향을 이와 같은 가능성에 대한 조사로 곧장 연결시킬 수 있는 통찰력을 얻게 되었다.[3]

4. Should Compulsive Sexual Behavior Be Considered an Addiction?(2016)

   CSB와 물질 사용 장애 사이에는 공통적인 특징들이 존재한다. 일반 신경전달물질계도 CSB 및 물질 사용 장애를 유발할 수 있으며, 최근 뉴로이미징 연구에서는 갈망과 주의 편향 사이의 유사성이 강조되었다. 유사한 약물 및 정신 요법이 CSB와 물질 중

독 치료에 모두 적용될 수 있다.[4]

5. Neurobiological Basis of Hypersexuality(2016)

종합적으로 봤을 때, 본 증거는 전두엽, 편도체, 해마, 시상하부, 격막 및 보상을 담당하는 뇌 영역의 변화가 성욕 과다 발생에 중요한 역할을 한다는 사실을 암시한다. 유전학 연구 및 신경약물 치료 접근에서는 도파민 시스템이 이 과정에 관여한다는 사실을 지적했다.[5]

6. Compulsive Sexual Behavior as a Behavioral Addiction: The Impact of the Internet and Other Isssues(2016)

본 리뷰는 "인터넷이 문제가 되는 성행동을 유발할 가능성이 있으므로, 인터넷의 성격에 더 주목할 필요가 있다"고 주장하며, "정신 의학 공동체가 이와 같은 문제를 겪은 개인들을 돕거나 치료한 전문가들이 제시한 임상 증거에 더 큰 무게를 실어주어야 한다"고 덧붙였다.[6]

7. Cybersex Addiction(2015)

최근 발표된 여러 편의 논문에서 사이버 섹스 중독은 인터넷 중독의 한 종류로 다뤄졌다. 최근 연구 중 일부는 사이버 섹스 중독과 다른 행동 중독(인터넷 게임 장애 능) 사이의 유사점에 관해 조사했다. 신호 반응성 및 갈망은 사이버 섹스 중독에 중요한 역할을 하는 것으로 여겨진다. 뉴로이미징 연구는 사이버 섹스 중독과 기타 행동 중독, 물질 의존도 사이에 의미 있는 유사점들이 존재한다는 가정을 지지한다.[7]

8. Searching for Clarity in Muddy Water: Future Consideration for Classifying Compulsive Sexual Behavior as an Addiction(2016)

우리는 최근 강박적 성행동(CSB)의 증거들을 비물질(비행동) 중독으로 규정했다. 우리는 리뷰를 통해 CSB와 물질 사용 장애 사이에 임상, 신경생리학 및 현상학적인 유사성이 있다는 사실을 발견했다. 미국 정신의학회는 성욕 과다 장애를 DSM-5에 등재하는 것을 거부했지만, CSB 진단은 ICD-10(ICD는 질병 및 관련 건강 문제의 국제 통계다-옮긴이주)을 적용하면 해당 목록에 포함될 수 있다. CSB를 ICD-11 범주에 포함시킬지 여부에 대한 검토가 진행 중이다.[8]

9. Is Internet Pornography Causing Sexual Dysfunctions? A Review with Clinical Reports(2016)

본 리뷰는 포르노가 유발한 성 관련 문제를 다룬 문헌에 대해 확장적으로 접근했다. 7명의 미 해군 군의관과 개리 윌슨이 참여한 본 리뷰는 젊은이들의 성문제 급증을 입증하는 최신 데이터를 제공했다. 또한 포르노 중독 및 인터넷 포르노를 통해 성립된 성 개념에 관한 신경학 연구도 검토했다. 의사들은 포르노로 말미암아 성기능 장애를 얻은 남성들을 연구한 3건의 임상 보고서를 제공했다. 개리 윌슨이 2016년도에 작성한 두 번째 논문(Eliminate Chronic Internet Pornography Use to Reveal Its Effects'[9])은 실험 참여자들의 포르노 사용 중단 실험을 통해, 포르노의 영향력을 연구하는 일의 중요성에 대해 언급했다.

10. Integrating Psychological and Neurobiological Considerations regarding the Development and Maintenance of Specific Internet-Use Disorders: An Interaction of Person-Affect-Cognition-Execution Model(2016)

본 리뷰는 '인터넷 포르노 시청으로 말미암은 장애'를 포함한 특정 인터넷 사용 유발 장애의 발현 및 유지의 기저에 깔린 매커니즘을 검토했다. 저자들은 포르노 중독(및 사이버 섹스 중독)이 인터넷 사용 유발 장애의 범주에 속하며, 중독 행동으로서 물질 유발 장애와 함께 다루어져야 한다고 제안했다.[10]

뇌 연구(fMRI, MRI, EEG, 신경 내분비)

1. Brain Structure and Functional Connectivity Associated with Pornography Consumption: The Brain on Porn(2014)

막스플랑크연구소에서 진행한 이 fMRI 연구는 포르노 소비량 증가에 비례해 보상 시스템(배쪽 선조체)의 회백질이 줄어든다는 사실을 밝혀냈다. 또한 포르노를 더 많이 사용하는 사람일수록, 잠깐 보여준 야한 사진에 대한 보상 회로의 활성 빈도가 줄어들었음이 밝혀졌다. 연구자들은 이와 같은 발견이, 전과 동일한 흥분을 얻기 위해서시 더 큰 자극을 필요로 하는, 뇌의 둔화 및 내성 가능성을 암시한다고 믿었다. 본 연구는 또한 포르노를 볼수록 보상 회로와 전전두엽 피질 사이의 연결성이 약해진다고 보고 했다. 이는 중독과 관련해 흔히 관찰되는 뇌의 변화다.[11]

2. **Neural Correlates of Sexual Cue Reactivity in Individuals with and without Compulsive Sexual Behaviors**(2014)

케임브리지대학교에서 실시한 연구 시리즈 중 첫 번째 연구에서 포르노 중독자(강박적 성행동을 보이는 참여자)와 약물 및 알코올 중독자의 뇌에서 동일한 활동을 발견했다. 또한 포르노 중독자도 '그것(중독 대상)'을 더 원하지만, 전만큼 좋아하지는 않는, 일반적인 중독 모델에 들어맞는다는 사실 역시 밝혀냈다. 연구자들은 또한 참가자(평균 연령 25세)의 60퍼센트가 실제 파트너를 상대로는 발기 또는 성적 흥분에 어려움을 겪었고, 반면 포르노를 상대로는 발기에 성공했다.[12]

3. **Enhanced Attentional Bias towards Sexually Explicit Cues in Individuals with and without Compulsive Sexual Behaviours**(2014)

이 두 번째 케임브리지 연구는 다음과 같이 보고했다.

"향상된 주의 편향 연구 결과에서 (중략) 중독 장애와 약물 신호에 관한 연구에서 관찰된 향상된 주의 편향과의 유사점이 발견되었다. 이 발견은 약물 신호 반응 연구에서 나타난 것과 동일한, 포르노 중독자의 뇌 네트워크에 성적으로 노골적인 신호가 주어졌을 때 나타난 신경 반응과도 수렴한다. 따라서 본 연구의 결과는 포르노 중독자들의 뇌에서 성적 신호가 일으키는 이상 반응을 전제로 한, 중독에 관한 유인 동기 이론의 근거를 지지한 다."[13]

4. Novelty, Conditioning and Attentional Bias to Sexual Rewards(2015)

케임브리지대학교에서 실시한 이 fMRI 결과는 통제군에 비해 포르노 중독자들이 새로운 자극 및 포르노와 관련된 조건 신호 를 선호한다는 사실을 밝혀냈다. 그러나 포르노 중독자의 뇌는 성적 이미지에 더 빠르게 둔화되는 경향을 보였다. 새로운 것을 선호하는 성향은 기존에 가지고 있던 증상이 아니었기 때문에, 포르노 중독은 내성 및 둔감화 극복을 위해 새로운 것에 대한 갈망을 촉진한다.[14]

5. Neural Substrates of Sexual Desire in Individuals with Problematic Hypersexual Behavior(2015)

한국에서 진행한 이 fMRI 연구는 포르노 사용자들의 뇌를 관찰 한 다른 연구들과 동일한 결과를 도출했다. 케임브리지대학교 에서 진행한 연구와 마찬가지로 본 연구에서도 섹스 중독자들 의 뇌에서 약물 중독자들의 뇌에서 발생한 것과 동일한, 신호 유 발 뇌 활동 패턴이 관찰되었다. 몇몇 독일 연구와 같은 맥락으 로, 본 연구 역시 약물 중독자의 뇌에서와 동일한 전전두엽 피질 변화를 발견했다. 본 연구를 통해 새롭게 입증된 사실은, 포르노 중독자들의 전전두엽 피질 활성화 패턴이 약물 중독자들의 패턴과 정확히 일치했다는 점이다. 포르노 중독자들의 경우 성적인 이미지에 더 큰 신호 반응을 보였지만, 기타 일반적인 자극에는 제한적인 반응을 보였다.[15]

6. Sexual Desire, Not Hypersexuality, Is Related to Neurophysiological Responses Elicited by Sexual Images (2013)

여러 미디어에서 이 EEG 연구 결과를 포르노/섹스 중독의 존재를 부정하는 증거로 사용했다. 그러나 실제로 이 연구의 결과는 그와 다르다. 이 연구는 뒤따르는 7번 연구와 마찬가지로 포르노 중독 및 성욕을 저하시키는 포르노의 영향력을 지지하는 주장에 신빙성을 더해준다. 그 근거로, 본 연구는 짧은 시간 포르노 사진에 노출된 피험자에게서 (평소의 EEG와 비교했을 때) 더 높은 EEG 수치가 나타났다고 보고했다. 연구는 중독자들이 그들의 중독과 관련된 신호(이미지 등)에 노출되었을 때 지속적으로 P300이 증가했다는 사실을 보여주었다. 그러나 이와 같은 결과는 방법론적 허점 때문에 해석이 불가능하다. 1. 본 연구에는 비교 대상으로 삼을 비교군이 없었다. 2. 피험자들의 성별이 다양했다(남성, 여성, 성별을 밝히지 않음). 3. 피험자들의 정신 질환 또는 중독 여부에 대한 스크리닝 과정이 없었다. 4. 질문자들은 포르노 중독 분야의 전문성을 입증받지 못했다. 케임브리지대학교의 뇌 스캔 연구와 마찬가지로 이 EEG 연구 결과 역시 피험자들의 뇌에서 파트너와의 섹스보다 포르노에 더 큰 신호 반응이 나타났다고 보고했다. 다시 설명하자면, 포르노에 더 큰 뇌 반응을 보이는 개인들은 실제 사람과 섹스하는 것보다 포르노를 보며 자위하는 것을 선호한다. 해당 연구의 대변인 니콜 프로즈는 포르노 사용자들은 단지 '성욕이 높은 것'일 뿐이라고 주장했지만, 해당 연구 결과는 다른 이야기를 하고 있다.[16]

7. Modulation of Late Positive Potentials by Sexual Images in Problem Users and Controls Inconsistent with "Porn Addiction"(2015)

본 연구는 6번에서 언급한 2013년 연구의 피험자들을 실제 통제군과 비교한 또 다른 뇌파 연구 결과다(그러나 이 연구 역시 앞에서 언급한 것과 동일한 방법적 결함을 가지고 있다). 실험 결과 통제군과 대조적으로, '포르노 시청을 통제하는 데에 어려움을 겪는 개인들'은 바닐라 포르노 사진에 1초간 노출되었을 때 뇌 반응이 약하게 나타났다. 선임 연구자 니콜 프로즈는 이 연구 결과가 "포르노 중독의 존재를 반박한다"고 주장한다. 실제 과학자들은 익명으로 진행된 이 한 건의 연구가 학계 전체의 연구 결과를 반박한다는 주장에 어떤 반응을 보일까? 실제로 프로즈 사단의 2015년 연구 결과는 2014년에 진행된, 포르노의 빈번한 사용과 바닐라 포르노 사진에 대한 낮은 뇌 활동 반응을 연결시킨 쿤과 갈리나트의 연구 결과(본 목록의 1번 연구)와 정확히 일치한다. 프로즈의 연구 결과는 또한 반카 사단의 2015년 연구(본 목록의 4번 연구) 결과와도 일치한다. 게다가 또 다른 EEG 연구 결과, 여성들의 포르노 사용 증가가 포르노에 대한 반응 둔화와 관련이 있다는 사실이 발견되었다. 낮은 EEG 수치는 피험자가 사진에 관심을 덜 보였다는 뜻이다. 간단히 말하면, 포르노를 자주 사용하는 사람들은 정적인 바닐라 포르노 이미지에 둔화되었다는 뜻이다. 이들의 뇌가 지루해진 것이다(길들여진 또는 둔화된 상태).[17]

8. HPA Axis Dysregulation in Men with Hypersexual Disorder(2015)

시상하부-뇌하수체-부신축(HPA)은 우리의 스트레스 반응에 핵심적인 역할을 한다. 중독은 뇌의 스트레스 회로를 변경하여 HPA축에 장애를 유발한다. 섹스 중독(성욕 과다)에 관한 본 연구에서는 약물 중독에서 확인할 수 있는 것과 동일한 스트레스 반응 변화를 확인했다.[18]

9. Compulsive Sexual Behavior: Prefrontal and Limbic Volume and Interactions(2016)

건강한 통제군과 비교했을 때, CSB 피험자들(포르노 중독자)의 왼쪽 편도체 크기가 커졌고, 편도체와 배측 전전두엽 사이의 기능적 연결성이 감소했다. 편도체와 전전두엽 피질의 기능적 연결 감소는 물질 중독에서도 동일하게 관찰할 수 있다. 연결성 약화가 전전두엽의 중독 행위에 대한 충동 억제 능력을 약화시킨다는 이론이다. 이 연구는 약물의 독성이 회백질 감소로 이어지고, 결과적으로 약물 중독자의 뇌에서 편도체 크기가 감소한다고 보고했다. 편도체는 포르노 시청 중에는 지속적으로 활성화되는데, 특히 성적 신호에 처음으로 노출되었을 때 이 현상은 더욱 두드러진다. 새로운 성적 자극에 대한 지속적 추구와 갈구가 강박적인 포르노 사용자들의 편도체에 독특한 영향을 끼쳤을 가능성이 있다. 혹은 수년간의 포르노 중독과 그로 말미암은 심각한 부작용이 대단히 큰 스트레스를 낳았을 가능성이 있다. 그리고 사회 생활로 말미암은 만성 스트레스는 편도체 크기 증가와 관련이 있다. 본 목록의 8번 연구 결과 '섹스 중독자'들의 스트레스 시스템이 과잉 반응을 보인다는 사실이 밝혀졌다. 포르노/섹스 중독과 관련된 만성 스트레스가 섹스를 독특한 것으로 인식하게 하는 요소들과 결합해 편도체 크기를 증가시킬 수 있을까?[19]

10. Can Pornography Be Addictive? An fMRI Study of Men Seeking Treatment for Problematic Pornography Use (2016)

문제가 될 만한 포르노 사용[PPU] 증상을 보이는 남성과 그렇지 않은 남성의 뇌는 에로틱한 사진에 대한 기대 신호에 각기 다른 반응을 보였으나, 실제 사진을 봤을 때는 동일한 반응을 보였다. 이는 중독의 인센티브 유발 이론과 맥을 같이한다. 이와 같은 뇌 활동은 에로틱한 이미지를 보고자 하는 행동적 동기 증가와 함께 나타난다('욕구' 증가). 에로틱한 사진을 기대하는 신호에 대한 배쪽 선조체 반응은 PPU의 심각성 정도(주당 포르노 사용량 및 주당 자위 횟수)와 대단히 큰 연관성이 있다. 우리의 연구 결과는 물질 사용 및 도박 장애와 마찬가지로, 신호 예상 프로세스와 연결된 신경 및 행동 매커니즘이 PPU의 임상적으로 의미 있는 특징들과 큰 연관성을 가진다는 것을 암시한다. 이 연구 결과는 PPU가 행동 중독이라는 사실과, 행동 및 물질 중독을 위한 치료법이 PPU 증상을 보이는 남성들에게도 적용될 수 있다는 사실을 시사한다.[20]

11. Ventral Striatum Activity When Watching Preferred Pornographic Pictures Is Correlated with Symptoms of Internet Pornography Addictio(2016)

본 연구는 다음과 같은 사실들을 밝혀냈다. 1. 피험자가 선호한 포르노 사진에 대해 보상센터(배쪽 선조체) 활동이 더 높게 나타났다. 2. 배쪽 선조체 활동은 인터넷 섹스 중독 점수와 관련이 있다. 이 두 가지 발견 모두 민감도와 연관이 있으며, 중독 모델과도 맥을 같이한다. 본 논문의 저자는 이렇게 명기했다. "인터넷 포르노 중독의 신경 기저는 다른 중독을 비교 대상으로 삼을 수 있다."[21]

12. Altered Appetitive Conditioning and Neural Connectivity in Subjects with Compulsive Sexual Behavior(2016)

독일에서 진행된 이 fMRI 연구는 분 사단의 2014년 연구(본 목록 2번 연구) 및 쿤과 갈리나트의 2014년 연구(본 목록 1번 연구)의 두 가지 주요한 발견과 동일한 결과를 도출했다. 하나는 CSB 그룹의 욕구 조건 형성 신경 및 신경 연결성이 변화했다는 것이다. 연구자들에 따르면 첫 번째 변화(편도체 활동 증가)는 조건 형성 촉진의 결과일 수 있다(포르노 이미지를 예상한 앞선 신경 신호와의 '연결성' 증대). 두 번째 변화(배쪽 선조체와 전전두엽 피질 사이의 연결성 감소)는 충동 조절 능력 손상을 알리는 지표일 수 있다. 연구자들에 따르면 "이러한 변화는 중독 장애 및 충동 조절 장애의 신경 연결성에 대해 탐구한 다른 연구에서도 동일하게 관찰되었다." 신호에 대한 편도체 활동(민감도) 증가와 보상센터와 전전두엽 피질 사이의 연결성 감소(전두엽 기능 저하)는 물질 중독자들의 뇌에서 가장 두드러지는 두 가지 변화다. 더불어 20명의 강박적 포르노 사용자 중 세 명은 '절정감-발기 기능 장애'를 앓고 있다.[22]

13. Compulsivity across the Pathological Misuse of Drug and Non-drug Rewards(2016)

케임브리지대학교에서 진행한 본 연구는 알코올 중독, 폭식증, 비디오 게임 중독 및 포르노 중독[CSB] 환자들의 강박 양상을 비교했다. "보상이 주어졌을 때 CSB 피험자들은 건강한 피험자에 비해 습득 단계에서 학습 속도가 빨랐으며, 보상 조건의 상실 또는 습득 이후에도 보상 상태를 유지하려는 경향이 높게 나타났다. 이 결과는 성적 또는 금전적 보상을 조건으로 한 자극에 대한 선호도 향상을 다룬 우리의 기존 연구 결과와도 일치했으며, 전체적으로 보상에 대한 민감도 향상이라는 결과를 도출할 수 있었다."[23]

14. Preliminary Investigation of the Impulsive and Neuroanatomical Characteristics of Compulsive Sexual Behavior(2009)

이 연구는 충동 정서 측정 실험[Go-NoGo task]에서 섹스 중독자들이 통제군에 비해 더 충동적인 행동을 보였다고 보고했다. 브레인 스캔 결과 섹스 중독자들의 전전두엽 피질의 백질 구조는 훨씬 뒤죽박죽이었다. 이 결과와 더불어 중독의 지표인 전두엽 기능 저하도 일관적으로 나타났다.[24] 이와 같은 뇌 연구를 통해 다음 과 같은 공통적인 사실들이 발견되었다.

- 피험자들에게서 세 가지 중독 관련 뇌 변화를 관찰할 수 있었다. 민감화, 둔감화, 전두엽 기능 저하.
- 포르노 사용량이 많을수록 보상 회로의 회백질이 감소한다 (배쪽 선조체).
- 성적인 이미지를 잠깐 보여주었을 때, 포르노 사용량이 많은 피험자일수록 보상 회로 활성화 정도가 낮았다.
- 포르노 사용량이 많을수록 보상 회로와 전전두엽 피질 사이의 신경 연결성이 약했다.
- 중독자들의 전전두엽은 성적 신호에 더 큰 반응을 보였지만 일반적인 자극에는 뇌 반응이 줄어들었다(이는 약물 중독 증상과도 일치한다).
- 한 연구에 참여한 강박적 포르노 사용자의 60퍼센트가 파트너와 함께 있을 때 발기장애 또는 성욕 감소를 보였으나 포

르노에는 그와 같은 증상을 보이지 않았다. 참가자 모두 인터넷 포르노 사용이 발기장애와 성욕 감소를 야기했다고 기술했다.

- 포르노 중독자들과 약물 사용자들은 유사한 주의력 편향을 보였다. 민감화의 지표로도 해석할 수 있다.
- 포르노에 대한 욕망 및 갈망은 증대되나 만족도까지 커지지는 않는 현상은 일반적으로 중독으로 받아들여지는 모델에서 발견된 현상(유인적 민감화)과 일치한다.
- 포르노 사용자들은 새로운 성애물을 선호하지만 이들의 뇌는 성적 이미지에 더 빨리 내성이 생긴다. 이 증상은 기존에 있었던 증상이 아니다.
- 어린 포르노 사용자일수록 보상센터의 신호 유인 반응이 더 커진다.
- 포르노 사용자가 포르노 신호에 노출되었을 때 EEG(P300) 수치가 높아졌다(다른 중독 증상에서도 동일한 현상이 발생한다).
- 실제 사람을 상대로는 성욕이 줄어들지만 포르노 이미지에 대해서는 신호 반응이 더 커진다.
- 포르노를 자주 보는 피험자가 성적인 사진에 잠깐 노출되었을 때 LPP 진폭이 낮아지며, 이는 포르노에 대한 내성 또는 둔감화를 의미한다.
- HPA축 기능 장애는 뇌 스트레스 회로의 변화를 반영하며, 이와 같은 증상은 약물 중독 환자에게서 확인할 수 있다(편

도체 크기도 커지는데 이는 사회 생활로 말미암은 만성적 스트레스와 관련이 있다).

포르노 사용자들에 대한 신경심리 연구

1. Watching Pornographic Pictures on the Internet: Role of Sexual Arousal Ratings and Psychological-Psychiatric Symptoms for Using Internet Sex Sites Excessively(2011)

   연구 결과, 포르노물로 말미암은 상대적인 흥분 비율, 정신과적 증상의 전체적 심각도, 인터넷 섹스 웹사이트에 접속 중 섹스 기구 사용 횟수를 근거로 피험자가 직접 보고한 온라인 성활동과 관련된 문제들을 예측할 수 있었다. 반면 인터넷 섹스 웹사이트에서 보낸 시간(하루 기준 분단위로 측정)은 섹스 중독 스코어 분산 값을 설명하는 데에는 큰 도움이 되지 못했다. 우리는 사이버 섹스 중독에 잠재적인 영향을 미치는 인지 및 뇌 매커니즘과, 물질 의존성을 보이는 개인들에 관한 연구 결과에서 유사점을 발견했다.[25]

2. Pornographic Picture Processing Interferes with Working Memory Performance(2013)

   일부 개인들은 인터넷 성인물을 접하는 동안, 또는 그 이후에 잠을 자지 않는다거나, 약속을 잊는 등의 문제가 발생했다고 보고

했는데, 이는 결과적으로 일상생활에 부정적 영향을 미치는 요인들이다. 이와 같은 문제를 야기할 수 있는 한 가지 매커니즘은, 인터넷 성인물 사용 중 발생하는 성적 흥분이 작업 기억^{WM} 능력을 방해하는 경우다. 그 결과 중요한 환경적 정보를 무시하게 되고, 불리한 의사 결정을 내리게 되는 것이다. '포백 태스크 4-back task'라는 게임을 실시하자, 포르노 사진을 제시했을 때, 나머지 세 장의 사진을 제시했을 때보다 WM 능력이 악화되는 것으로 나타났다. 본 연구 결과는 인터넷 중독과 연결 지어 논의되었는데, 중독 관련 신호로 말미암은 WM 방해는 잘 알려진 물질 의존도 증상이기 때문이다.[26]

3. Sexual Picture Processing Interferes with Decision-Making Under Ambiguity(2013)

야한 사진을 유리한 카드 덱과 연결했을 때보다 불리한 카드 덱과 연결했을 때, 의사 결정 성과가 더 나쁘게 나타났다. 주관적인 성적 흥분은 작업 조건과 의사 결정 성과 사이의 연결고리를 약화시켰다. 이 연구는 성적 흥분이 의사 결정을 방해한다는 사실을 강조했는데, 이를 통해 사이버 섹스 사용자가 부정적인 성과를 얻는 이유에 대한 설명이 가능하다.[27]

4. Cybersex Addiction: Experienced Sexual Arousal When Watching Pornography and Not Real-Life Sexual Contacts Makes the Difference(2013)

첫 번째 연구 결과는 인터넷 포르노 신호에 대한 성적 흥분 및 갈망 지표를 통해 개인의 사이버 섹스 중독 경향을 예측할 수 있다는 사실을 보여주었다. 중증 사이버 섹스 사용자들은 포르노 신호에 더 큰 성적 흥분과 갈망을 느낀다고 보고했다. 두 연구에서 모두, 일상생활 속 성적 접촉의 질과 양은 사이버 섹스 중독과 관련이 없는 것으로 나타났다. 이 연구 결과는 강화, 학습 매커니즘 및 갈망이 사이버 섹스 중독의 발현 및 지속과 관련이 있음을 가정하는 보상 가설을 지지한다. 불충분한 혹은 불만족스러운 실제 성관계로 사이버 섹스 중독을 설명하기에는 충분하지 않다.[28]

5. Cybersex Addiction in Heterosexual Female Users of Internet Pornography Can Be Explained by Gratification Hypothesis(2014)

연구 결과, 인터넷 포르노 사용자들은 포르노 비사용자에 비해 포르노 사진을 보고 더 큰 흥분 반응을 보였으며, 더 큰 갈망을 느꼈다고 보고했다. 또한 갈망, 사진에 대한 성적 흥분 정도, 성적 흥분에 대한 민감도, 문제적 성행동, 정신과적 증상의 심각성 정도로 포르노 사용자들의 사이버 섹스 중독 경향을 예측해볼 수 있었다. 연애 여부, 성적 접촉 횟수, 성 접촉으로 말미암은 만족도 및 인터렉티브 형식의 사이버 섹스 사용과 사이버 섹스 중독 사이의 연관성은 발견되지 않았다.[29]

6. Empirical Evidence and Theoretical Considerations on Factors Contributing to Cybersex Addiction from a

Cognitive Behavioral View(2014)

이전의 연구에서는 사이버 섹스 중독[CA]에 취약한 일부 개인들이 있을 수 있다는 사실과, 긍정적 강화 및 신호 반응이 CA 발현의 핵심 매커니즘으로 작용한다는 사실을 알 수 있었다. 본 연구에서 155명의 이성애자 남성들이 100장의 포르노 사진을 보고 자신이 느낀 성적 흥분 정도를 기준으로 각각의 사진에 등급을 매겼다. 이를 통해 CA 발현 경향과 성적 흥분에 대한 민감도, 일상 속 성의 역기능적 사용에 대한 평가가 이루어졌다. 본 연구 결과는 CA에 취약한 요소가 존재한다는 사실과, CA 발현 과정에서 성적 만족감의 역할과 역기능적 대처에 대해 증명했다.[30]

7. Prefrontal Control and Internet Addiction: A Theoretical Model and Review of Neuropsychological and Neuroimaging Findings(2015)

본 논문과 동일하게, 기능적 뉴로이미징 및 기타 신경심리학적 연구 결과는 신호 반응, 갈망, 의사 결정이 인터넷 중독을 이해하는 데 중요한 개념임을 증명했다. 포르노 사용자에게서 병적 도박과 같은 기타 행동 중독 사례에서 발견되는 실행 통제 능력 감소가 발견되었다. 연구 결과는 또한 해딩 현상을 중독으로 범주화했는데, 물질 의존 증상과 여러 유사점이 발견되었기 때문이다. 더불어 현재의 연구 결과는 물질 의존성을 연구한 결과와 유사하며, 사이버 섹스 중독과 물질 의존성 또는 기타 행동 중독 사이의 유사성을 강조한다.[31]

8. Implicit Associations in Cybersex Addiction: Adaption of an Implicit Association Test with Pornographic Pictures(2015)

최근 연구는 사이버 섹스 중독과 물질 의존성 사이의 유사점을 보여주었으며, 사이버 섹스 중독을 행동 중독으로 범주화할 것을 주장한다. 물질 의존성에서는 내재적 연관성이 중요한 역할을 하는 것으로 알려져 있다. 연구 결과는 포르노 사진과, 긍정적 감정, 사이버 섹스 중독 경향, 문제적 성행동, 성적 흥분, 주관적 갈망 사이의 내재적 연관성에 정적 상관관계가 있다는 사실을 보여준다.[32]

9. Symptoms of Cybersex Addiction Can Be Linked to Both Approaching and Avoiding Pornographic Stimuli: Results from an Analog Sample of Regular Cybersex Users (2015)

연구 결과, 사이버 섹스 중독 경향을 보이는 개인들은 포르노 자극에 접근하거나 혹은 자극을 피하는 경향을 보였다. 더불어, 조정적 회귀 분석 결과 높은 성적 흥분 및 문제적 성행동을 보이는 사람들 중 높은 접근/회피 경향을 보이는 사람들은 더 심각한 사이버 섹스 중독 증상을 보였다. 연구 결과는 물질 의존성에서와 유사하게 사이버 섹스 중독에서도 접근 및 회피 경향 모두 각자 역할을 수행한다는 사실을 보여준다.[33]

10. Getting Stuck with Pornography? Overuse or Neglect of Cybersex Cues in a Multitasking Situation Is Related to Symptoms of Cybersex Addiction(2015)

사이버 섹스 중독 경향을 보이는 사람들은 중독의 동기 부여 모델에서 논의된 바와 같이 포르노물을 회피 또는 접근하려는 경향을 보인다. 연구 결과 (브랜드 사단이 2014년 주장한 바와 같이) 문제적 사이버 섹스 사용의 발현 및 유지에 전전두엽 피질의 중재 기능을 포함한 실행 조정 기능의 역할이 중요한 것으로 드러났다. 특히 포르노 소비 감시 및 포르노물을 기타 콘텐츠로 전환하는 능력 저하가 사이버 섹스 중독의 발현 및 유지에 기여하는 한 가지 매커니즘인 것으로 드러났다.[34]

11. **Trading Later Rewards for Current Pleasure: Pornography Consumption and Delay Discounting**(2015)

연구 1: 참가자들이 포르노 사용에 관한 설문지를 완성하고 1차 실험에서 지연 할인 과제를 완수한다. 그리고 4주 뒤에 이를 한 번 더 반복한다. 참가자들은 초기 포르노 사용도가 높을수록, 초기 지연 할인의 통제 자료로 쓰이는 2차 실험에서의 지연 할인률이 높게 나타났다고 응답했다.

연구 2: 포르노 사용을 절제한 참가자들은 좋아하는 음식을 절제한 참가자들 대비 지연 할인률이 낮게 나타났다. 이 결과는 인터넷 포르노가 다른 자연적 보상과 달리 지연 할인에 기여하는 성적 보상이라는 사실을 암시한다. 따라서 보상, 강박 및 중독 연구에서 포르노를 독특한 자극제로 인지하는 것이 중요하며, 개인 및 관계 치료에도 이를 적절하게 적용해야 한다.[35]

12. **Sexual Excitability and Dysfunctional Coping Determine**

Cybersex Addiction in Homosexual Male(2015)

최근 연구 결과 사이버 섹스 중독[CA]의 심각성과 성적 감수성 지표 사이의 연관 관계가 밝혀졌으며, 성행동을 통한 대처가 성적 감수성과 CA 증상 사이의 관계를 중재한다는 사실이 입증되었다. 본 연구의 목적은 이성애자 남성들로 구성된 샘플군을 통해 이 중재 효과를 테스트하는 것이었다. 질문지를 통해 CA 증상, 성적 자극에 대한 민감도, 포르노 사용 동기, 문제적 성행동, 정신과적 증상, 실생활 및 온라인 성행동에 관한 평가가 이루어졌다. 또한 참가자들은 포르노 동영상을 시청한 뒤, 동영상 시청 전후의 성적 흥분도 지표를 제출했다. 그 결과 CA 증상과 성적 흥분, 성적 감수성, 정신과적 증상 사이의 강력한 연관성이 드러났다. CA는 현실의 성행동 및 주당 사이버 섹스 사용 시간과는 관련이 없는 것으로 나타났다. 성행동을 통한 대처가 성적 감수성과 CA 사이의 연관성을 부분적으로 중재했다. 연구 결과는 이성애자 남성 및 여성들이 참여한 이전 연구 결과와도 일치했으며, 사이버 섹스 사용으로 말미암은 긍정 및 부정적 강화의 역할에 대해 강조한 CA에 관한 이론적 가설을 반박했다.[36]

13. **Subjective Craving for Pornography and Associative Learning Predict Tendencies Towards Cybersex Addiction in a Sample of Regular Cybersex Users(2016)**

사이버 섹스 중독을 어느 범주에 넣어 진단해야 하는지에 관한 합의는 이루어지지 않았다. 일부 접근은 사이버 섹스 중독과 물질 의존성 사이의 연관 관계에 대해 다룬다. 물질 의존성에서는 연상 학습이 중요한 매커니즘으로 작용한다. 본 연구에서 86명의 이성애자 남성들이 포르노 사진을 적용해 수정한 '표준 파블로프-기구적 전이 태스크Standard Pavlovian to Instrumental Transfer Task'를 마쳤는데, 그 목적은 사이버 섹스 중독에서 연상 학습의 역할을 조사하는 것이었다. 더불어 포르노 사진을 봤을 때 생기는 주관적 갈망과 사이버 섹스 중독 경향에 대한 평가도 이루어졌다. 연구 결과는 주관적 갈망이 사이버 섹스 중독 경향에 미치는 영향력을 보여주었으며, 주관적 갈망은 연상 학습을 통해 변화되었다. 종합적으로 봤을 때, 이 발견은 사이버 섹스 중독의 발현에 있어 연상 학습의 중요한 역할에 대해 강조했고, 동시에 물질 의존성과 사이버 섹스 중독 사이의 연관성에 대한 실증적인 증거를 추가로 제시했다.[37]

14. Exploring the Relationship between Sexual Compulsivity and Attentional Bias to Sex-Related Words in a Cohort of Sexually Active Individuals(2016)

본 연구는 포르노 중독자와 건강한 동세군의 주의 편향을 비교한 케임브리지대학교의 2014년 연구 결과와 동일한 결론을 도출했다(뇌 연구 목록 2번 참고). 본 연구가 새롭게 시도한 것은 다음과 같다. 본 연구는 포르노 중독자들과 통제군을 직접 비교하는 대신, 섹스 중독에 관한 질의응답 점수와 태스크를 통해 평가한 주의 편향 결과를 비교했다. 본 연구는 두 가지 핵심 결과에 대해 설명했다. 첫째, 주의 편향 태스크 진행 중 성적 충동 점수가 높아질수록 주의력 상실 정도도 높아졌다. 이 결과는 물질 남용 연구에서 도출한 결과와도 일치했다. 둘째, 높은 성중독 점수를 받은 사람 중 성경험을 한 기간이 짧을수록 주의 편향 점수가 높게 나타났다. 논문 저자들은 이 결과를 '강박적 성활동'을 하며 보낸 시간이 길수록 내성이 증가하거나 전반적인 쾌락 반응이 둔화된다고 해석할 수 있다고 결론지었다. 다음은 본 연구에서 발췌한 내용이다.

"이 결과를 통해 설명할 수 있는 한 가지는 성적으로 강박적인 사람일수록 흥분을 자극하는 성애물을 보는 등 더 강박적인 행동을 하기 마련이며, 시간이 지남에 따라 동일한 수준의 흥분에 도달하기 위해서는 더욱 극단적인 행동이 필요하다. 나아가 충동적인 행동을 일삼는 사람일수록, 그들의 신경 통로가 상대적으로 '정상적인' 성적 자극이나 이미지에 둔화되고, 그들은 성적 욕망을 만족시키기 위해 점점 더 '극단적인' 자극을 찾게 된다."[38]

15. **Mood Changes after Watching Pornography on the Internet Are Linked to Symptoms of Internet-Pornography-Viewing Disorder**(2016)

본 연구는 인터넷 포르노 장애[IPD] 경향이 좋은 기분, 깨어 있다는 느낌, 침착함 등 일반적으로 긍정적인 기분이라 여겨지는 기분들에 부정적인 영향을 미친다는 사실을 밝혔다. 반면 일상생활에서 받은 스트레스에 긍정적으로 반응하고, 그 결과 쾌락 추구 및 감정 회피 도구로서의 인터넷 포르노 사용 동기가 마련된다는 것이었다. 더불어 IPD 성향은 인터넷 포르노 시청 전후에 부정적인 기분을 느끼게 하며, 좋은 기분, 침착함 등 기분 개선에 부정적인 영향을 미친다. 인터넷 포르노 사용이 유발한 IPD 성향과 쾌락 추구 사이의 관계는 과거에 경험한 오르가슴의 만족도 평가를 근거로 계산되었다. 종합적으로, 본 연구의 결과는 IPD가 성적 만족감을 추구하고, 부정적인 감정을 회피 또는 극복하고자 하는 동기와 관련이 있다는 가정과 맥을 같이 하며, 포르노 소비 이후 발생하는 기분의 변화가 IPD와 관련이 있다는 가설과도 일치한다(쿠퍼 사단의 1999년 연구 및 라이어, 브랜드의 2014년 연구).[39]

16. Executive Functioning of Sexually Compulsive and Non-Sexually Compulsive Men before and after Watching an Erotic Video(2017)

포르노에 대한 노출은 '강박적 성행동'을 보이는 남성들의 실행 기능에 영향을 미쳤으나, 건강한 통제군에는 아무런 영향을 미치지 않았다. 중독 관련 신호에 노출되었을 때 발생하는 통제 기능의 약화는 물질 의존증의 전형적인 특징이다(두 증상 모두 전전두엽 회로와 민감성을 변화시켰다).

"본 결과는 성적 자극이 주어진 이후 성적 강박증을 가진 참여군에 비해 통제군의 인지 능력 유연성이 더 높게 나타났다는 사실을 보여준다. 이 데이터는 성적 강박증을 가진 남성들이 '경험을 통해 얻을 수 있는' 학습 효과의 이점을 누리지 못한다는 이론을 지지한다. 그 결과 이 남성들은 더 나은 행동으로 전환을 하지 못하는 것이다. 즉, 성적 자극에 노출되었을 때 성적 강박증을 가진 그룹의 학습 효과가 더 떨어지는 것으로 드러났다. 이는 성 중독 사이클의 진행 과정과 유사한데, 이 사이클은 성적 인지량 증가와 함께 시작되어, 성 각본의 활성화와 오르가슴으로 이어지고, 결국 위험한 상황에 대한 노출로 이어진다."[40]

들어가는 글

1   Donald Hilton Jr., "Slave Master: How Pornography Drugs and Changes Your Brain", Salvo 13 (2010년 여름): 34.

2   Philip Zimbardo, "The Demise of Guys?", TED 동영상, 4:46, 2011년 3월 촬영, http://www.ted.com/.

3   Michelle Freridge, White Paper 2005: A Report on the Adult Entertainment Industry (Canoga Park, Cal.: Free Speech Coalition, 2005).

4   Covenant Eyes, http://www.covenanteyes.com/pornstats.

5   Ogi Ogas and Sai Gaddam, A Billion Wicked Thoughts: What the Internet Tells Us about Sexual Relationships(New York: Plume, 2011).

6   "2014 Pornography Survey and Statistics", Proven Men Ministries, 2014년 12월 29일 기준, http://www.provenmen.org/.

7   Donna Rice Hughes, 백악관 브리핑: Internet Pornography and Predators, ProtectKids. com에 파워포인트 프레젠테이션 형태로 제공됨. August 9, 2001, http://www.protectkids. com/.

8   Blaise Cronin and Elisabeth Davenport, "E-rogenous Zones: Positioning Pornography in the Digital Economy", Information Society 17 (2001): 41.

9   Stephen Yagielowicz, "The State of the Industry", XBIZ, March 20, 2009..

10   Paul M. Barrett, "The New Republic of Porn", Bloomberg Businessweek, June 21, 2012, http://www.businessweek.com/.

11   Rakesh Sharma, "Larry Flynt's New Hustles", Forbes, August 12, 2014, http://www.forbes.com/.

12   Jack Morrison, "The Distracted Porn Consumer: You Never Knew Your Online Customers So Well", Adult Video News, 2004년 6월 1일.

13   Erik Gruenwedel, "Tricks of the Trade (Pornography on the Internet)", Brandweek 41 (2000년 10월): 1.

14   Leslie Bennetts, "The Growing Demand for Prostitution", Newsweek, July 18, 2011, http://www.newsweek.com/.

15   Larry J. Young, "The Neural Basis of Pair Bonding in a Monogamous Species: A Model for Understanding the Biological Basis of Human Behavior", in Offspring: Human

Fertility Behavior in Biodemographic Perspective, ed. Kenneth W. Wachter and Rodolfo A. Bulatao(Washington, D.C.: National Academies Press, 2003), http://www.ncbi.nlm.nih.gov/books/NBK97287.

16 Dirk Scheele et al., "Oxytocin Modulates Social Distance between Males and Females", Journal of Neuroscience 32, no. 46 (November 14, 2012): 16074 - 79, doi:10.1523/JNEUROSCI.2755-12.2012.

17 Melissa Healy, "Hormone May Help Protect Monogamous Relationships", Los Angeles Times, November 13, 2012, http://articles.latimes.com/.

18 Gary Wilson, "Staying in Love Monkey-Style", Your Brain on Porn, November 30, 2010, http://yourbrainonporn.com/.

19 William M. Struthers, Wired for Intimacy (Downers Grove, Ill.: InterVarsity Press, 2009), 105.

20 Davy Rothbart, "He's Just Not That Into Anyone", New York Magazine, January 30, 2011, http://nymag.com/nymag/. 포르노 중독자들이 포르노에 '유대감'을 느낀다는 주장에 동의하지 않는 사람들이 있다. 웹사이트 유어 브레인 온 포르노(Your Brain on Porn)의 운영자 개리 윌슨은 이 개념이 옥시토신에 대한 매우 단편적인 이해를 근거로 삼았으며, 중독에 관한 여러 연구 결과를 무시하고 있다고 주장한다. 그는 다음과 같이 말했다.
   1. 혈중 옥시토신 농도와 뇌의 옥시토신 수치는 연관성이 거의 없을지 모른다. 뇌의 옥시토신 분비를 확인하는 일은 (살상이 필요한 절차이므로) 오직 동물들을 대상으로 측정되었지 인간의 뇌에서 측정된 적은 없기 때문이다.
   2. 옥시토신의 영향을 받는 뇌의 영역은 다양하다. 각각의 영역은 저마다의 기능과 행동을 담당한다.
   3. 여러 연구에 따르면 옥시토신은 공격 성향을 유발하기도 한다. 그 영향력은 사회적인 맥락에 따라 달라질 수 있다.
   4. 만약 남성들이 포르노에 유대감을 느낀다면, 그들은 동일한 포르노 배우를 반복해서 보려고 할 테지만 그런 일은 극히 드물다. 새로운 것에 대한 탐닉은 유대감과는 반대되는 개념이다.
   5. 중독자들은 연대하지 않는다. 그들은 그저 새로운 것에 중독될 뿐이다.
   6. 중독된 동물들에게 옥시토신을 투여했을 때 그들의 갈망뿐만 아니라 중독 물질에 대한 사용도 줄었다. 옥시토신은 항 중독 신경 호르몬이다. 동물을 상대로 (그리고 인간을 상대로) 도파민 작용제를 투여했을 때 갈망과 충동적 행동이 증가했다.

21 Roger Scruton, "On the Abuse of Sex", Social Costs of Pornography video, 24:31, http://www.socialcostsofpornography.com/.

22 Karol Wojtyla, Love and Responsibility (London: William Collins Sons, 1981), 41.

23 Anthony Esolen, Defending Marriage: Twelve Arguments for Sanity (Charlotte, N.C.: Saint Benedict Press, 2014), 51.

1

1 Michael Dooley, "UT Hosts the Great Porn Debate", Tennessee Journalist, September 30, 2010, http://tnjn.org/.

2 본 연구의 자세한 목록을 확인하려면 부록 3의 "Brain Studies on Porn Users" by Gary Wilson 을 참고하라.

3 Simone Kuhn과 Jurgen Gallinat는 이 사실을 자신들의 연구 "Brain Structure and Functional

Connectivity Associated with Pornography Consumption: The Brain on Porn", JAMA Psychiatry 71, no. 7 (July 2014): 827-34, doi: 10.1001/jamapsychiatry.2014.93에서 확인했다.

4   Gary Wilson, "The Great Porn Experiment", TED video, 16:29, May 17, 2012, http://tedxtalks.ted.com/.

5   Matt Fradd, "This Is Your Brain on Porn", The Porn Effect, July 17, 2014, http://theporneffect.com/blog/.

6   William Struthers, "Porn, Addiction, and the Impact on Youth, Women, and Families" (2011년 4월 13일 Convergence Summit 발표); Nora D. Volkow and Joanna S. Fowler, "Addiction, a Disease of Compulsion and Drive: Involvement of the Orbitofrontal Cortex", Cerebral Cortex 10, no. 3 (March 2000): 318-25; Todd F. Heatherton and Dylan D. Wagner, "Cognitive Neuroscience of Self-Regulation Failure", Trends in Cognitive Science 15, no. 3 (March 2011): 132-39.

7   Gail Dines, Pornland: How Porn Hijacks Our Sexuality (Boston: Beacon Press, 2010), 6-12.

2

1   Ellen Willis, "Lust Horizons", Village Voice, October 18, 2005, http://www.villagevoice.com/.

2   Belle Knox, "In Defense of Kink: My First Role as the Duke Porn Star Was on a Rough Sex Website, and No, That Doesn't Make Me a Bad Feminist",xoJane, March 18, 2014, http://www.xojane.com/.

3   Gail Dines and Robert Jensen, "The Anti-Feminist Politics behind the Pornography That 'Empowers' Women," web server at UTS, February 2, 2008, http://uts.cc.utexas.edu/~rjensen/freelance/abbywinters.htm.

3

1   Betty Dodson, "My Wife and I Don't Have Sex. Instead I Masturbate to Online Porn", Betty Dodson with Carlin Ross, September 3, 2014, http://dodsonandross.com/.

2   Betty Dodson, "Porn Wars", in The Feminist Book of Porn: The Politics of Producing Pleasure, ed. Tristan Taormino, Constance Penley, Celine Parrenas Shimizu, and Mireille Miller-Young (New York: Feminist Press, 2013), 24–25.

3   Tamara Straus, "A Manifesto for Third Wave Feminism", AlterNet, October 23, 2000, http://www.alternet.org/.

4   Jill C. Manning, "The Impact of Pornography on Women: Social Science Findings and Clinical Observations", The Social Costs of Pornography video, 22:00, http://www.socialcostsofpornography.com/videos.php#.

5   Robert Jensen, "'Should I Do It?' Women Struggle with Porn-Driven Sex", UTS 웹서버, July 2, 2011, http://uts.cc.utexas.edu/~rjensen/freelance/shouldidoit.htm.

6   Robert Jensen, "The Cruel Boredom of Pornography", Last Exit Magazine, September

24, 2008, http://lastexitmag.com/.

7   Naomi Wolf, "The Porn Myth", New York, 2015년 7월 11일 기준, http://nymag.com/.

8   Judith Reisman, "The Impotence Pandemic", Dr. Judith Reisman, September 27, 2007, http://www.drjudithreisman.com/.

9   Raymond M. Bergner and Ana J. Bridges, "The Significance of Heavy Pornography Involvement for Romantic Partners: Research and Clinical Implications", Journal of Sex and Marital Therapy 28, no. 3 (2002년): 193 – 206, doi:10.1080/009262302760328235.

10 Ana J. Bridges, "Pornography's Effects on Interpersonal Relationships"(presentation, Princeton University, Princeton, New Jersey, December 11 – 13, 2008). Social Costs of Pornography에 게시됨 http://www.socialcostsofpornography.com/Bridges_Pornographys_Effect_on_Interpersonal_Relationships.pdf.

11 Miriam Weeks, "Chapter 1: I Googled How to Be a Porn Star", Becoming Belle Knox, The Scene video, 4:45, September 16, 2014, https://thescene.com/.

12 Matthew Miller, "The (Porn) Player", Forbes, July 4, 2005, http://www.forbes.com/.

13 Jenna Jameson and Neil Strauss, How to Make Love Like a Porn Star (New York: HarperCollins, 2004), 467.

14 앞의 책, 418.

15 "Jenna Jameson: 'I Chose the Right Profession'", CNN.com, August 28, 2004, http://www.cnn.com/.

16 Gail Dines, "So You Think You Know What Porn Is: Q&A with Gail Dines for the Mars Society", Gail Dines, September 10, 2009, http://gaildines.com/.

4

1   Frank Murray, "Smut Big Business in U.S.", Daytona Beach Sunday News-Journal, June 29, 1969.

2   Jerrold Levinson, "Erotic Art and Pornographic Pictures", Arguing about Art: Contemporary Philosophical Debates에 수록, ed. Alex Neill and Aaron Ridley(NewYork: Routledge, 2002), 382.

5

1   Dominic Timms, "Lads' Bible Loaded Appoints New Editor", Guardian, August 28, 2003, http://www.theguardian.com/.

2   Janice Turner, "Dirty Young Men", Guardian, October 21, 2005, http://www.theguardian.com/.

3   "Jacobellis v. Ohio", Legal Information Institute, 2015년 7월 12일 기준, http://www.law.cornell.edu/supremecourt/text/378/184.

4   Martin Daubney, "Experiment That Convinced Me Online Porn Is the Most Pernicious Threat Facing Children Today: By Ex-Lads' Mag Editor Martin Daubney", DailyMail.com, September 30, 2013, http://www.dailymail.co.uk/.

6

1 Tracy Clark-Flory, "Don't Believe the Sex Addiction Hype", Salon, November 29, 2011, http://www.salon.com/.

2 Stephen L. Carter, The Dissent of the Governed (Cambridge, Mass.: Harvard University Press, 1990), 90.

3 Scott Christian, "10 Reasons Why You Should Quit Watching Porn", GQ, November 20, 2013, http://www.gq.com/.

7

1 Susan Abram, "Condom Bill Dies in Key California Committee, Porn Industry Satisfied—for Now", Los Angeles Daily News, August 14, 2014, http://www.dailynews.com/; Kathleen Miles, "Measure B Passes: Condoms in Porn in LA County Will Now Be Mandated on Set (update)", Huffington Post, 2012년 11월 12일 업데이트됨, http://www.huffingtonpost.com/.

2 Kimberly Kane, "This Porn Star Doesn't Think Much of the LA Condom Law", VICE, February 20, 2012, http://www.vice.com/.

3 Aurora Snow, "The Porn Industry's Hepatitis Problem", Daily Beast, August 14, 2013, http://www.thedailybeast.com/.

4 Shelley Lubben, "Ex-Porn Star Tells the Truth about the Porn Industry", Covenant Eyes, October 28, 2008, http://www.covenanteyes.com/.

5 Robert Jensen, "Pornographic Positions", web server at UTS, October 22, 2007 http://uts.cc.utexas.edu/~rjensen/freelance/pornographicpositions.htm.

6 앞의 책.

7 Danielle Williams, From Porn to the Pulpit (Norwalk, Cal.: SOV Books, 2011), 98.

8 "Porn Star Emily Eve Leaves Porn!", Pink Cross, October 23, 2013, https://www.thepinkcross.org/

9 Lubben, "Ex-Porn Star Tells the Truth about the Porn Industry".

10 Snow, "The Porn Industry's Hepatitis Problem".

8

1 Zosia Bielski, " 'I'm an Exhibitionist, I'm Hypersexual': Porn Star Asa Akira on Why She Loves Her Job", Globe and Mail, May 23, 2014, http://www.theglobeandmail.com/.

2 Susannah Cahalan, "From Prep-School Kid to Millionaire Porn Star", New York Post, April 26, 2014, http://nypost.com/.

3 Catharine A. MacKinnon, "Pornography as Trafficking", in Pornography: Driving the Demand in International Sex Trafficking, ed. David E. Guinn and Julie DiCaro (Los Angeles: Captive Daughters Media, 2007), 34.

4 Catharine A. MacKinnon, Feminism Unmodified: Discourses on Life and

Law(Cambridge, Mass.: Harvard University Press, 1987), 136.

5   "Porn Star Emily Eve Leaves Porn!",Pink Cross, October 23, 2013, https://www.
    thepinkcross.org/

6   "Porn Stars", Shelley Lubben, 2015년 7월 18일 기준, https://www.shelleylubben.com/.

7   "Ex Porn Star Corina Taylor Story", Pink Cross, October 10, 2011, https://www.
    thepinkcross.org/

8   "Ex Porn Star Neesa Exposes Abuse and STDs in Porn", Pink Cross, February 7, 2011,
    https://www.thepinkcross.org/.

9   "Porn Star Elizabeth Rollings Finds Jesus Christ!", Pink Cross, February 1, 2011, https://
    www.thepinkcross.org/

10 "Porn Star Confessions", Pink Cross, 2015년 7월 13일 기준, https://www.thepinkcross.
    org/

11 MacKinnon, Feminism Unmodified, 136-37.

12 앞의 책, 136.

13 Rebecca Whisnant, "Contemporary Feminism in a Porn Culture"("Pornography and
    Pop Culture: Re-framing Theory, Re-thinking Activism" 컨퍼런스에서 한 연설 중, Boston,
    March 24, 2007), Against Pornography, https://www.againstpornography.org/에 게시됨.

9

1   9 to 5: Days in Porn, directed by Jens Hoffmann (Munich: F24 Film, 2008), DVD.

2   "Rose Sisters Make a Splash in Porn Valley", AVN, August 12, 2006, http://business.avn.
    com/.

3   "Inside Mia Rose", Xrent DVD, May 3, 2006,http://www.xrentdvd.com/.

4   9 to 5: Days in Porn.

5   "Former Porn Star Elizabeth Rollings' Story", Pink Cross, 2015년 7월 13일 기준, https://
    www.thepinkcross.org/

6   Michael Estrin, "Hard-Core Advocates", 캘리포니아 변호사, December 2009, http://ww2.
    callawyer.com/clstory.cfm?pubdt=NaN&eid=905853&evid=1.

7   "Exclusive Interview with Belladonna",FreeOnes Blog, September 11, 2007 (8:09
    a.m.),http://blog.freeones.com/.

8   9 to 5: Days in Porn.

9   Dennis Thompson Jr., "The Aftermath of Childhood Sexual Abuse", Everyday Health,
    July 16, 2009, http://www.everydayhealth.com/.

10 Adam Popescu, "Crissy Moran, Former Porn Star, Has a New Life and Is 'Fasting' from
    Men", LA Weekly, January 26, 2012, http://www.laweekly.com/.

11 David Richards, "Watching Porn Is Sadistic", HenryMakow.com, December 17, 2013,
    http://www.henrymakow.com/.

12 Jennifer Ketcham, "Why Your Daughter Wants to Be a Porn Star", Huffington Post, 2013
    년 10월 28일 업데이트됨, http://www.huffingtonpost.com/.

10

1 Luke Gilkerson, "Caught by a Predator: Woman Speaks Out 10 Years after Her Abduction," Covenant Eyes, January 13 2012, http://www.covenanteyes.com/.

2 Ogi Ogasa and Sai Gaddam, A Billion Wicked Thoughts: What the Internet Tells Us about Sexual Relationships (New York: Plume, 2011).

3 Gail Dines, "Childified Women: How the Mainstream Porn Industry Sells Child Pornography to Men", in The Sexualization of Childhood, ed. Sharna Olfman(Westport, Conn.: Praeger, 2009), 123 – 24.

4 "Images of Children, Crime, and Violence in Playboy, Penthouse, and Hustler Magazines", 미 국립아동실종센터 경영 종합 보고, Washington, D.C., March 24, 1988.

11

1 Aldo Forgione, "The Good, the Bad, and the Ugly: The Frontiers of Internet Law", Journal of Internet Law (July 2005).

2 David Cay Johnston, "Indications of a Slowdown in the Sex Entertainment Trade", New York Times, January 4, 2007, http://www.nytimes.com/; Matt Richtel, "For Pornographers, Internet's Virtues Turn to Vices", New York Times, June 2, 2007, http://www.nytimes.com/.

3 Paul M. Barrett, "The New Republic of Porn", Bloomberg Businessweek, June 21, 2012, http://www.businessweek.com/.

4 Kirk Doran, "Industry Size, Measurement, and Social Costs" (presentation, Princeton University, Princeton, New Jersey, December 11 – 13, 2008), Social Costs of Pornography에 게시됨, http://www.socialcostsofpornography.com/Doran_Industry_Size_Measurement_Social_Costs.pdf.

5 "Sunny Success: How Adult Websites Make Money", NDTV, December 14, 2012, http://profit.ndtv.com/.

6 Doran, "Industry Size".

7 Christopher Mims, "How the Internet Porn Business Works", MIT Technology Review, May 18, 2010, http://www.technologyreview.com/.

12

1 Isak Ladegaard, "Let's Use Porn to Change Sexual Behavior", Science-Nordic, June 30, 2012, http://sciencenordic.com/.

2 Lauren Dubinsky, "What I Wish I'd Known before Watching Porn", Huffington Post, updated September 22, 2012, http://www.huffingtonpost.com/.

3 Franklin O. Poulsen, Dean M. Busby, and Adam M. Galovan, "Pornography Use: Who Uses It and How It Is Associated with Couple Outcomes", Journal of Sex Research 50, no. 1 (January 2013): 72 – 83.

4 Ladegaard, "Let's Use Porn".

5 "2014 Year in Review", Pornhub, January 7, 2015, http://www.pornhub.com/.

6 Kayt Sukel, "The Neuroscience of Porn Viewing", Huffington Post, 2013년 5월 26일 업데이트됨, http://www.huffingtonpost.com/.

7 "Women Are Way More into Porn Than Many Think, Suggests Survey", Huffington Post, November 18, 2013, http://www.huffingtonpost.com/.

8 "2014 Year in Review".

9 The Price of Pleasure, 감독: Chyng Sun (Northampton, Mass.: Media Education Foundation, 2008), 대본.

10 Paul J. Wright and Michelle Funk, "Pornography Consumption and Opposition to Affirmative Action for Women: A Prospective Study", Psychology of Women Quarterly 38 (June 2014): 208 – 21.

11 Lauren Duca, "This Porn Study Is Super NSFW", Huffington Post, 2013년 11월 23일 업데이트됨, http://www.huffingtonpost.com/.

12 Cereb Gregorio, "Femme Porn", Cosmopolitan, November 30, 2009, http://www.cosmo.ph/.

13 Violet Blue, "Are More Women OK with Watching Porn?" CNN, July 24, 2009, http://www.cnn.com/.

14 Poulsen, Busby, and Galovan, "Pornography Use", 72 – 83.

13

1 Sigmund Freud, The Origins of Psychoanalysis Letters to Wilhelm Fliess: Drafts and Notes 1887 – 1902, ed. Marie Bonaparte (Whitefish, Mont.: Kessinger Publishing, 2009), 238 – 39.

2 Immanuel Kant, The Metaphysics of Morals (Cambridge, Mass.: Cambridge University Press, 1996), 179.

3 Jean Stengers and Anne Van Neck, Masturbation: The History of a GreatTerror, trans. Kathryn Hoffmann (New York: Palgrave, 2001), 58.

4 "Happy News! Masturbation Actually Has Health Benefits", Conversation, December 4, 2013, http://theconversation.com/.

5 Michael F. Leitzmann et al., "Ejaculation Frequency and Subsequent Risk of Prostate Cancer", JAMA 291, no. 13 (April 7, 2004): 1578 – 86, doi:10.1001/jama.291.13.1578.

6 Stuart Brody, "The Relative Health Benefits of Different Sexual Activities", Journal of Sexual Medicine 7, no. 4:1 (April 2010): 1336 – 61, doi:10.1111/j.1743-6109.2009.01677.x.

7 R. Morgan Griffin, "Male Masturbation: 5 Things You Didn't Know", WebMD, last modified August 30, 2013, http://www.webmd.com/.

8 Brody, "Relative Health Benefits".

9 Barry S. Hewlett, Intimate Fathers (Ann Arbor: University of Michigan Press, 1991), 11 – 46.

10 Barry S. Hewlett and Bonnie L. Hewlett, "Sex and Searching for Children among Aka Foragers and Ngandu Farmers of Central Africa", African Study Monographs 31, no.

3 (October 2010): 107 – 25, Washington State University – Vancouver 웹사이트에 게시됨, http://anthro.vancouver.wsu.edu/.

11   Samuel S. Janus and Cynthia L. Janus, The Janus Report on Sexual Behavior (New York: John Wiley and Sons, 1993); Alan Mozes, "Study Tracks Masturbation Trends among U.S. Teens", U.S. News, August 1, 2011, http://health.usnews.com/.

12   C. S. Lewis, The Collected Letters of C. S. Lewis, vol. 3, ed. Walter Hooper (New York: HarperCollins, 2007).

13   앞의 책.

14

1   Andrea Dworkin, Letters from a War Zone (New York: Lawrence Hill Books, 1993), 278.

2   Todd D. Kendall, "Pornography, Rape, and the Internet" (2007년 1월 19일에 프랑스 툴루소에서 열린 포스비 소프트웨어 및 인터넷 산업의 경제학에 관한 연례 회의에서 발표됨).

3   Anthony D'Amato, "Porn Up, Rape Down" (Northwestern Public Law 연구 논문 no. 913013, Northwestern University School of Law, June 23, 2006), PA.

4   Candace Kruttschnitt, William D. Kalsbeek, and Carol C. House, Estimating the Incidence of Rape and Sexual Assault (Washington, D.C.: National Academies Press, 2014).

5   "Fatal Addiction: Ted Bundy's Final Interview with James Dobson", https://vimeo.com/96877731.

6   G2010년 7월 2일 Julie Bindel이 가디언 지에 기고한 글 'The Truth about the Porn Industry'에서 Gail Dines의 말이 인용됨, http://www.theguardian.com/.

7   G. Dines and R. Jensen, "Pornography and Media: Toward a More Critical Analysis", Sexualities: Identity, Behavior, and Society에 수록, ed. M. S. Kimmel and R. F. Plante (New York: Oxford University Press, 2004).

8   Tanja Tydén and Christina Rogala, "Sexual Behavior among Young Men in Sweden and the Impact of Pornography", International Journal of STD and AIDS 15 (2004): 590 – 93.

9   Leslie L. Crossman, "Date Rape and Sexual Aggression in College Males: Incidence and the Involvement of Impulsivity, Anger, Hostility, Psychopathology, Peer Influence and Pornography Use" (1994년 1월 텍사스 주 샌안토니오에서 열린 사우스웨스트 교육연구협회 연례 회의 발표자료).

10   Robert Jensen, "Rape, Rape Culture and the Problem of Patriarchy", Waging Nonviolence, April 29, 2014, http://wagingnonviolence.org/feature/rape-rape-culture-problem-patriarchy.

11   Jill Manning, "Hearing on Pornography's Impact on Marriage and the Family" (2005년 11월 10일 미 상원 청문회: 헌법, 시민권, 지적 재산권에 관한 분과 위원회, 사법 위원회), http://s3.amazonaws.com/thf_media/2010/pdf/ManningTST.pdf.

12   E. Timothy Bleecker and Sarah K. Murnen, "Fraternity Membership, the Display of Degrading Sexual Images of Women, and Rape Myth Acceptance",Sex Roles 53 (2005): 487 – 93; Ken-Ichi Ohbuchi, Tatsuhiko Ikeda, and Goya Takeuchi, "Effects of Violent Pornography upon Viewer's Rape Myth Beliefs: A Study of Japanese Males",

Psychology, Crime and Law 1 (1994): 71 – 81.

13   Andrea Dworkin, Pornography: Men Possessing Women (New York: Plume, 1989), xxxix.

14   Dworkin, Letters from a War Zone, 283 – 84.

15   Ana Bridges et al., "Aggression and Sexual Behavior in Best-Selling Pornography Videos: A Content Analysis Update", Violence against Women 16(October 2010): 1065 – 85.

16   Trafficking in Persons Report 2014 (Washington, D.C.: U.S. Department of State, June 2014), http://www.state.gov/j/tip/rls/tiprpt/2014/index.htm.

17   Sex and Money: A National Search for Human Worth, Joel Angyal 감독 작(2011, http://sexandmoneyfilm.com/), DVD.

18   Laura Lederer, "Porn Has Reshaped Our Culture" pureHope video, 11:25 (2011년 4월 17일 볼티모어, 컨버전스 서밋 연설), http://www.covenanteyes.com/convergence.

19   Melissa Farley, " 'Renting an Organ for Ten Minutes': What Tricks Tells Us about Prostitution, Pornography, and Trafficking", Pornography: Driving the Demand in International Sex Trafficking에 수록, ed. David E. Guinn and Julie DiCaro (Los Angeles: Captive Daughters Media, 2007), 149 – 52.

20   Melissa Farley et al., "Prostitution and Trafficking in Nine Countries: An Update on Violence and Posttraumatic Stress Disorder", Journal of Trauma 2, nos. 3 and 4 (2003): 44, http://www.prostitutionresearch.com/pdf/Prostitutionin9Countries.pdf.

21   Evelina Giobbe, "Confronting the Liberal Lies about Prostitution", in The Sexual Liberals and the Attack on Feminism, ed. Dorchen Leidholdt and Janice G. Raymond (Elmsford, N.Y.: Pergamon, 1990), 67 – 81.

22   Leslie Bennetts, "The Growing Demand for Prostitution", Newsweek, July 18, 2011, http://www.newsweek.com/.

15

1   "Is Sex Addiction a Myth?", AirTalk, April 25, 2012, http://www.scpr.org/programs/airtalk/.

2   Marty Klein, "You're Addicted to What?", TheHumanist.com, June 28, 2012, http://thehumanist.com/.

3   David J. Ley, "Is Sex Addiction a Legitimate Disorder?", Addiction Professional, July 8, 2013, http://www.addictionpro.com/.

4   Robert Weiss, "Debunking David J. Ley's The Myth of Sex Addiction", Psych Central, 2012년 9월 6일 최종 수정, http://blogs.psychcentral.com/.

5   Luke Gibbons, "How Is Porn Addiction Similar to Drug Addition?", Guilty Pleasure, April 10, 2013, http://guiltypleasure.tv/.

6   "Definition of Addiction: Frequently Asked Questions", American Association of Addiction Medicine, 2011년 4월 12일 최종 수정, http://www.asam.org/.

7   Donald L. Hilton Jr., "Slave Master: How Pornography Drugs and Changes Your Brain", Salvo 13 (Summer 2010), 2015년 7월 15일 기준, http://www.salvomag.com/.

8   Eric J. Nestler, "Is There a Common Molecular Pathway for Addiction?", Nature Neuroscience 8 (2005): 1445–49, doi:10.1038/nn1578.

9   "Internet and Video Game Addiction Brain Studies", Your Brain on Porn, December 24, 2012, http://yourbrainonporn.com/.

16

1   "Best Sellers", New York Times, March 18, 2012, http://www.nytimes.com/.

2   Jim Edwards, "How Amazon's Kindle Made It OK for Women to Read Porn on the Subway", Business Insider, June 14, 2012, http://www.businessinsider.com/.

3   "Magic Mike", Box Office Mojo, 2015년 7월 15일 기준, http://www.boxofficemojo.com/.

4   Shawn Bean, "The Hypocrisy of 'Magic Mike'", Parenting, 2015년 7월 15일 기준, http://www.parenting.com/.

5   Leon F. Seltzer, "What Distinguishes Erotica from Pornography?", Psychology Today, April 6, 2011, https://www.psychologytoday.com/.

6   Erotica versus Pornography", Sexual Health Site, December 27, 2010,http://www.sexualhealthsite.info/.

7   Seltzer, "What Distinguishes Erotica from Pornography?"

8   "Softcore", Kinkly, 2015년 7월 15일 기준, http://www.kinkly.com/definition/5374/softcore.

9   Cara Buckley, "Spreading the Word (and Pictures) on 'Real' Sex", NewYork Times, September 7, 2012, http://www.nytimes.com/.

10   Wikipedia, s.v. "French Postcard," Wikipedia, 2015년 10월 6일 최종 수정, https://en.wikipedia.org/wiki/French_postcard.

11   Erin Brodwin, "Psychologists Find a Disturbing Thing Happens to Women Who Read '50 Shades of Grey'", News.Mic, August 23, 2014, http://mic.com/.

12   Amy E. Bonomi, Lauren E. Altenburger, and Nicole L. Walton, "'Double Crap!' Abuse and Harmed Identity in Fifty Shades of Grey", Journal of Women's Health 22, no. 9 (September 2013): 733–44, doi:10.1089/jwh.2013.4344.

13   Brodwin, "Psychologists Find a Disturbing Thing".

14   Wind Goodfriend, "Relationship Violence in 'Twilight': How 'Twilight' Teaches Teens to Love Abusive Relationships", Psychology Today, November 9, 2011, https://www.psychologytoday.com/.

15   Morgan Leigh Davies, "A Brief History of Slash", The Toast (blog), September19, 2013, http://the-toast.net/.

16   Sam Wolfson, "Fan Fiction Allows Teenagers to Explore Their Sexuality Freely", Guardian, October 7, 2012, http://www.theguardian.com/.

17   Kirsten Acuna, "By the Numbers: The 'Fifty Shades of Grey' Phenomenon", Business Insider, September 4, 2013, http://www.businessinsider.com/.

18   Natasha Velez, Gabrielle Fonrouge, and Natalie O'Neill, " 'Fifty Shades of Grey' Whips Sex-Toy Sales into a Frenzy", New York Post, February 14, 2015, http://nypost.com/.

17

1 "Porn's Operating System Battle", Pornhub, September 12, 2014, http://www.pornhub. com/.

2 "Video Gamers and Pornhub", Pornhub, December 9, 2013, http://www.pornhub.com/.

3 "Oooh Game Boy", Hindustan Times, June 30, 2007, High Beam Research에 포스팅됨, http://www.highbeam.com/doc/1P3-1298294031.html.

18

1 "Advertisers Will Spend Nearly $600 Billion Worldwide in 2015", eMarketer, December 10, 2014, http://www.emarketer.com/.

2 Isak Ladegaard, "Let's Use Porn to Change Sexual Behavior", ScienceNordic, June 30, 2012, http://sciencenordic.com/.

3 Neil M. Malamuth, Tamara Addison, and Mary Koss, "Pornography and Sexual Aggression: Are There Reliable Effects and Can We Understand Them?", Annual Review of Sex Research 11 (2000): 26 – 91, http://www.sscnet.ucla.edu/comm/malamuth/ pdf/00arsr11.pdf.

4 Heidi Reeder, "It Doesn't Hurt to Look, Does It?", Psychology Today, March 7, 2014, https://www.psychologytoday.com/.

5 Scott Christian, "10 Reasons Why You Should Quit Watching Porn", GQ, November 20, 2013, http://www.gq.com/.

6 Erin Hatton and Mary Nell Trautner, "Equal Opportunity Objectification? The Sexualization of Men and Women on the Cover of Rolling Stone", Sexuality and Culture 15 (2011): 256 – 78, doi:10.1007/s12119-011-9093-2.

7 Ariel Levy, Female Chauvinist Pigs: Women and the Rise of Raunch Culture(New York: Free Press, 2005).

8 Anaïs Mialon et al., "Sexual Dysfunctions among Young Men: Prevalence and Associated Factors", Journal of Adolescent Health 51, no. 1 (July 2012): 25 – 31, doi:10.1016/ j.jadohealth.2012.01.008.

9 Lucia F. O'Sullivan et al., "Prevalence and Characteristics of Sexual Functioning among Sexually Experienced Middle to Late Adolescents", Journal of Sexual Medicine 11, no. 3 (March 2014): 630 – 41, doi:10.1111/jsm.12419.

10 Paolo Capogrosso et al., "One Patient out of Four with Newly Diagnosed Erectile Dysfunction Is a Young Man—Worrisome Picture from the Everyday Clinical Practice", Journal of Sexual Medicine 10, no. 7 (July 2013): 1833 – 41, doi:10.1111/jsm.12179.

11 Edward O. Laumann, Anthony Paik, Raymond C. Rosen, "Sexual Dysfunction in the United States: Prevalence and Predictors", JAMA 281, no. 6 (1999): 537 – 44, doi:10.1001/ jama.281.6.537.

12 Valerie Voon et al., "Neural Correlates of Sexual Cue Reactivity in Individuals with and without Compulsive Sexual Behaviours", PLoS ONE 9, no. 7 (July 11, 2014): e102419, doi:10.1371/journal.pone.0102419.

13 Lawrence A. Smiley, "Pornography and Erectile Dysfunction", Your Brain on Porn, September 2, 2013, http://yourbrainonporn.com/.

19

1 Taryn Hillin, "Study Says Your Spouse's Porn Habit Might Not Be So Harmless After All", Huffington Post, 2014년 5월 9일 업데이트됨, http://www.huffingtonpost.com/.

2 Kevin B. Skinner, "Is Porn Really Destroying 500,000 Marriages Annually?", Psychology Today, December 12, 2011, https://www.psychologytoday.com/.

3 Amy Sohn, "A Laptop Never Says No", New York, 2015년 7월 15일 기준, http://nymag.com/.

4 Ferris Jabr, "How the Brain Gets Addicted to Gambling: Addictive Drugs and Gambling Rewire Neural Circuits in Similar Ways", Scientific American, November 1, 2013, http://www.scientificamerican.com/.

5 정신 장애 진단 및 통계 편람 5th 에디션(Diagnostic and Statistical Manual of Mental Disorders, DSM, fifth edition)은 포르노를 중독이라고 인정하지 않는다. 그러나 미 중독의학협회 (American Society of Addiction Medicine, ASAM)는 이와 다른 의견을 제시했다. 일부 전문가 들은 DSM의 판단을 최종적인 판단으로 보지 않으며, 사실상 국립남성건강협회(National Institute for Men's Health, NIMH)의 회장은 DSM의 진단을 기반으로 한 연구에 더 이상 기금을 지원하지 않겠다고 선언했다.

6 "Brain Activity in Sex Addiction Mirrors That of Drug Addiction", University of Cambridge, July 11, 2014, http://www.cam.ac.uk/.

20

1 Jennifer P. Schneider, "Effects of Cybersex Addiction on the Family: Results of a Survey", Sexual Addiction and Compulsivity 7, nos. 1–2 (2000): 31–58, doi:10.1080/10720160008400206.

2 Linda Hatch, "Why Sex Addicts Blame Their Partners", Linda Hatch, Ph.D., November 11, 2013, http://www.sexaddictionscounseling.com/.

3 Luke Gilkerson, "Husbands Who Watch Porn: 12 Ways to Reassure Your Wife", Covenant Eyes, 2014년 6월 16일에 최종 수정됨, 2014, http://www.covenanteyes.com/.

4 Izabella St. James, Bunny Tales: Behind Closed Doors of the Playboy Mansion(Philadelphia: Running Press, 2006), 154.

21

1 Peter Roff, "What Are We Paying for Our Children to Learn?", U.S. News and World Report, November 7, 2013, http://www.usnews.com/.

2 Nathan Harden, "When Sex Isn't Sexy: My Bizarre Education at Yale University", Daily

Beast, August 21, 2012, http://www.thedailybeast.com/.

3   Abigail Van Buren, "Husband's 'Educational' Dvds Get Flunking Grade from Wife", uexpress, September 16, 2014, http://www.uexpress.com/.

4   Dolf Zillmann and Jennings Bryant, "Pornography's Impact on Sexual Satisfaction", Journal of Applied Social Psychology 18, no. 5 (April 1988): 438 – 53, doi:10.1111/j.1559-1816.1988.tb00027.x.

5   Nathaniel M. Lambert et al., "A Love That Doesn't Last: Pornography Consumption and Weakened Commitment to One's Romantic Partner", Journal of Social and Clinical Psychology 31, no. 4 (2012): 410 – 38, http://www.fincham.info/papers/2012-porn.pdf.

6   Amanda M. Maddox, Galena K. Rhoades, and Howard J. Markman, "Viewing Sexually-Explicit Materials Alone or Together: Associations with Relationship Quality", Archives of Sexual Behavior 40, no. 2 (April 2011): 441 – 48, doi:10.1007/s10508-009-9585-4.

7   Lambert et al., "A Love That Doesn't Last".

8   Maddox, Rhoades, and Markman, "Viewing Sexually-Explicit Materials".

22

1   Martin Daubney, "Experiment That Convinced Me Online Porn Is the Most Pernicious Threat Facing Children Today: By Ex-Lads' Mag Editor Martin Daubney", DailyMail.com, 2013년 9월 30일 업데이트됨, http://www.dailymail.co.uk/.

2   Eric Spitznagel, "How Internet Porn Is Changing Teen Sex", Details, 2015년 7월 16일 기준, http://www.details.com/.

3   Chiara Sabina, Janis Wolak, and David Finkelhor, "The Nature and Dynamics of Internet Pornography Exposure for Youth", CyberPsychology and Behavior 11 (2008): 691 – 93.

4   Lisa M. Jones, Kimberly J. Mitchell, and David Filkelhor, "Trends in Youth Internet Victimization: Findings from Three Youth Internet Safety Surveys 2000 – 2010", Journal of Adolescent Health 50 (2012): 179 – 86.

5   "2014 Year in Review", Pornhub, January 7, 2015, http://www.pornhub.com/.

6   Mary Madden, Amanda Lenhart, Maeve Duggan, Sandra Cortesi, and Urs Gasser, Teens and Technology 2013, Pew Research Center, March 13, 2013, http://www.pewinternet.org/.

7   Nancy Jo Sales, "Friends without Benefits", Vanity Fair, September 26, 2013, http://www.vanityfair.com/.

8   Luke Gilkerson, "Sexting Statistics: What Do the Surveys Say?", Covenant Eyes, January 10, 2012, http://www.covenanteyes.com/.

9   Tori DeAngelis, "Web Pornography's Effect on Children", American Psychological Association, 2015년 7월 16일 기준, http://www.apa.org/.

10   Tanja Tyden and Christina Rogala, "Sexual Behavior among Young Men in Sweden and the Impact of Pornography", International Journal of STD and AIDS 15 (September 2004): 590 – 93, doi:10.1258/0956462041724299.

11   Eileen L. Zurbriggen et al., Report of the APA Task Force on the Sexualization of Girls (Washington, D.C.: American Psychological Association, 2007), http://www.apa.org/.

23

1   Barbara Steffens and Marsha Means, Your Sexually Addicted Spouse: How Partners Can Cope and Heal (Far Hills, N.J.: New Horizons Press, 2009).

24

1   Sam Kashner, "Both Huntress and Prey", Vanity Fair, October 20, 2014, November 2014, http://www.vanityfair.com/.

부록 1

1   Simone Kühn and Jürgen Gallinat, "Brain Structure and Functional Connectivity Associated with Pornography Consumption: The Brain on Porn", JAMA Psychiatry 71, no. 7 (July 2014), doi:10.1001/jamapsychiatry.2014.93.

2   앞의 책.

3   Daniel H. Angres and Kathy Bettinardi-Angres, "The Disease of Addiction: Origins, Treatment, and Recovery", Disease-a-Month 54, no. 10 (October 2008), doi:10.1016/j.disamonth.2008.07.002.

4   Matthias Brand, Kimberly S. Young, and Christian Laier, "Prefrontal Control and Internet Addiction: A Theoretical Model and Review of Neuropsychological and Neuroimaging Findings", Frontiers in Human Neuroscience 8 (May 27, 2014), doi:10.3389/fnhum.2014.00375.

5   Kühn and Gallinat, "Brain Structure".

6   Tian-Min Zhu et al., "Effects of Electroacupuncture Combined Psycho-Intervention on Cognitive Function and Event-Related Potentials P300 and Mismatch Negativity in Patients with Internet Addiction", Chinese Journal of Integrative Medicine 18, no. 2 (February 2012), doi:10.1007/s11655-012-0990-5.

7   Teresa R. Franklin et al., "Decreased Gray Matter Concentration in the Insular, Orbitofrontal, Cingulate, and Temporal Cortices of Cocaine Patients", Biological Psychiatry 51, no. 2 (January 15, 2002), doi:10.1016/s0006-3223(01)01269-0.

8   Paul M. Thompson et al., "Structural Abnormalities in the Brains of Human Subjects Who Use Methamphetamine", Journal of Neuroscience 24, no.26 (June 30, 2004), doi:10.1523/jneurosci.0713-04.2004.

9   Kyoon Lyoo et al., "Prefrontal and Temporal Gray Matter Density Decreases in Opiate Dependence", Psychopharmacology 184, no. 2 (December 21, 2005), doi:10.1007/s00213-005-0198-x.

10   Nicola Pannacciulli et al., "Brain Abnormalities in Human Obesity: A Voxel-Based Morphometry Study", NeuroImage 31, no. 4 (July 15, 2006), doi:10.1016/j.neuroimage.2006.01.047.

11   Boris Schiffer et al., "Structural Brain Abnormalities in the Frontostriatal System and

Ceiebellum in Pedophilia", Journal of Psychiatric Research 41, no. 9 (2007), doi:10.1016/j.jpsychires.2006.06.003.

12 Kai Yuan et al., "Internet Addiction: Neuroimaging Findings",Communicative and Integrative Biology 4, no. 6 (November 1, 2011), doi:10.4161/cib.17871.

13 H. Mouras et al., "Activation of Mirror-Neuron System by Erotic Video Clips Predicts Degree of Induced Erection: An FMRI Study", NeuroImage 42, no. 3 (September 1, 2008), doi:10.1016/j.neuroimage.2008.05.051.

14 The Brain That Changes Itself: Stories of Personal (New York: Viking, 2007), Norman Doidge, Frontiers of Brain Science에 수록.

15 Clark Watts and Donald L. Hilton, "Pornography Addiction: A Neuroscience Perspective", Surgical Neurology International 2, no. 1 (February 2011), doi:10.4103/2152-7806.76977.

16 Michael E. Levin, Jason Lillis, and Steven C. Hayes, "When Is Online Pornography Viewing Problematic among College Males? Examining the Moderating Role of Experiential Avoidance", Sexual Addiction and Compulsivity: The Journal of Treatment and Prevention 19, no. 3 (August 22, 2012), doi:10.1080/10720162.2012.657150.

17 John M. Bostwick and Jeffrey A. Bucci, "Internet Sex Addiction Treated with Naltrexone", Mayo Clinic Proceedings 83, no. 2 (February 2008), doi:10.4065/83.2.226.

18 Andrew Myers, "Researchers Both Induce, Relieve Depression Symptoms in Mice by Stimulating Single Brain Region with Light", Stanford Medicine, December 12, 2012, http://med.stanford.edu/.

19 Richard A. Depue and Paul F. Collins, "Neurobiology of the Structure of Personality: Dopamine, Facilitation of Incentive Motivation, and Extraversion", Behavioral and Brain Sciences 22, no. 3 (July 1999), doi:10.1017/s0140525x99002046.

20 Elizabeth M. Morgan, "Associations between Young Adults' Use of Sexually Explicit Materials and Their Sexual Preferences, Behaviors, and Satisfaction", Journal of Sex Research 48, no. 6 (November/December 2011), doi: 10.1080/00224499.2010.543960.

21 James B. Weaver III et al., "Mental-and Physical-Health Indicators and Sexually Explicit Media Use Behavior by Adults", Journal of Sexual Medicine 8, no. 3 (March 2011), doi:10.1111/j.1743-6109.2010.02030.x.

22 Andreas Philaretou, Ahmed Mahfouz, and Katherine Allen, "Use of Internet Pornography and Men's Well-Being",

23 International Journal of Men's Health 4, no. 2 (May 2005), doi:10.3149/jmh.0402.149. Kate Daine et al., "The Power of the Web: A Systematic Review of Studies of the Influence of the Internet on Self-Harm and Suicide in Young People", PLoS ONE 8, no. 10 (October 30, 2013), doi:10.1371/journal.pone.0077555.

24 Kühn and Gallinat, "Brain Structure".

25 앞의 책.

26 Michela Romano et al., "Differential Psychological Impact of Internet Exposure on Internet Addicts", PLoS ONE 8, no. 2 (February 7, 2013), doi:10.1371/journal.pone.0055162.

27 Ine Beyens, Laura Vandenbosch, and Steven Eggermont, "Early Adolescent Boys' Exposure to Internet Pornography: Relationships to Pubertal Timing, Sensation

Seeking, and Academic Performance", Journal of Early Adolescence 35, no. 8 (November 2015), doi:10.1177/0272431614548069.

28 Morgan, "Associations".

29 Mirte Brom et al., "The Role of Conditioning, Learning and Dopamine in Sexual Behavior: A Narrative Review of Animal and Human Studies", Neuroscience and Biobehavioral Reviews 38 (January 2014), doi:10.1016/j.neubiorev.2013.10.014.

30 Yukiori Goto, Satoru Otani, and Anthony A. Grace, "The Yin and Yang of Dopamine Release: A New Perspective", Neuropharmacology 53, no. 5 (October 2007), doi:10.1016/j.neuropharm.2007.07.007.

31 Doidge, The Brain.

32 앞의 책.

33 Ingrid Meuwissen and Ray Over, "Habituation and Dishabituation of Female Sexual Arousal", Behaviour Research and Therapy 28, no. 3 (February1990), doi:10.1016/0005-7967(90)90004-3.

34 NoFap Porn Genre Survey (April 2012)—Summary Results, 보고서, May 5, 2012, https://docs.google.com/file/d/0B7q3tr4EV02wbkpTTVk4R2VGbm8/.

35 Eric Koukounas and Ray Over, "Changes in the Magnitude of the Eyeblink Startle Response during Habituation of Sexual Arousal", Behaviour Research and Therapy 38, no. 6 (June 1, 2000), doi:10.1016/s0005-7967(99)00075-3.

36 James G. Pfaus et al., "Who, What, Where, When (and Maybe Even Why)? How the Experience of Sexual Reward Connects Sexual Desire, Preference, and Performance", Archives of Sexual Behavior 41, no. 1 (February 2012), doi:10.1007/s10508-012-9935-5.

37 Kathryn C. Seigfried-Spellar and Marcus K. Rogers, "Does Deviant Pornography Use Follow a Guttman-like Progression?", Computers in Human Behavior 29, no. 5 (September 2013), doi:10.1016/j.chb.2013.04.018.

38 Jill Manning, "Hearing on Pornography's Impact on Marriage and the Family" (2005년 11월 10일 열린 미 상원 청문회: 헌법, 시민권, 지적 재산권에 관한 분과 위원회, 사법 위원회), http://s3.amazonaws.com/thf_media/2010/pdf/ ManningTST.pdf.

39 James Check and Ted Guloien, "The Effects of Repeated Exposure to Sexually Violent Pornography, Nonviolent Dehumanizing Pornography, and Erotica", in Pornography: Research Advances and Policy Considerations, ed. Dolf Zillmann and Jennings Bryant (Hillsdale, N.J.: Lawrence Erlbaum, 1989).

40 Mary Anne Layden, "Pornography and Violence: A New Look at the Research", in The Social Costs of Pornography: A Collection of Papers, ed. Donna M. Hughes and James R. Stoner Jr. (Princeton, N.J.: Witherspoon Institute, 2010).

41 Scot B. Boeringer, "Pornography and Sexual Aggression: Associations of Violent and Nonviolent Depictions with Rape and Rape Proclivity", Deviant Behavior 15, no. 3 (1994), doi:10.1080/01639625.1994.9967974.

42 Mike Allen et al., "Exposure to Pornography and Acceptance of Rape Myths", Journal of Communication 45, no. 1 (March 1995), doi:10.1111/j.1460-2466.1995. tb00711.x.

43 Boeringer, "Pornography".

44 Larry Barron and Murray Straus, "Sexual Stratification, Pornography, and Rape in the United States", Pornography and Sexual Aggression에 수록, ed. Neil M. Malamuth and

Edward I. Donnerstein (New York: Academic Press, 1984).

45 Stacey J. T. Hust et al., "Establishing and Adhering to Sexual Consent: The Association between Reading Magazines and College Students' Sexual Consent Negotiation", Journal of Sex Research 51, no. 3 (March 2013), doi:10.1080/00224499.2012.727914.

46 Mary P. Koss and Cheryl J. Oros, "Sexual Experiences Survey: A Research Instrument Investigating Sexual Aggression and Victimization", journal of Consulting and Clinical Psychology 50, no. 3 (1982), doi:10.1037//0022-006x.50.3.455.

47 Janet H. Shope, "When Words Are Not Enough: The Search for the Effect of Pornography on Abused Women", Violence Against Women 10, no. 1 (January 2004), doi:10.1177/1077801203256003.

48 Mimi H. Silbert and Ayala M. Pines, "Pornography and Sexual Abuse of Women", Sex Roles 10, nos. 11 - 12 (June 1984), doi:10.1007/bf00288509.

49 Megan Rowney and Hannah James, "Live Blog Porn-Induced Erectile Dysfunction and Young Men", Global News, March 31, 2014, http://globalnews.ca/.

50 Harry Fisch and Karen Moline, The New Naked: The Ultimate Sex Education for Grown-Ups (Naperville, Ill.: Sourcebooks, 2014).

51 NewsCore, "Scientists: Too Much Internet Porn May Cause Impotence", Fox News, February 25, 2011, http://www.foxnews.com/.

52 Carlo Foresta, "Sessualita Mediatica e Nuove Forme Di Patologia Sessuale Campione 125 Giovani Maschi" ("Sexuality Media and New Forms of Sexual Pathology Sample 125 Young Males, 19 - 25 Years"), 출간 예정, "Progetto Androlife: Salute e Sesso"에서 논의됨, Fondazione Foresta Onlus per la Ricerca Biomedica, 2014년 2월 21일 발표됨.

53 Valerie Voon et al., "Neural Correlates of Sexual Cue Reactivity in Individuals with and without Compulsive Sexual Behaviours", PLoS ONE 9, no. 7 (July 11, 2014): e102419, doi:10.1371/journal.pone.0102419.

54 "Can Porn Cause Erectile Dysfunction? Pt 2", Dr. Oz Show video, 4:26, 2013년 1월 31일 게시됨, 2013, http://www.doctoroz.com/.

55 Kühn and Gallinat, "Brain Structure".

56 Doidge, The Brain.

57 Nicoletta Cera et al., "Macrostructural Alterations of Subcortical Grey Matter in Psychogenic Erectile Dysfunction", PLoS ONE 7, no. 6 (June 18, 2012), doi:10.1371/journal.pone.0039118.

58 Kühn and Gallinat, "Brain Structure".

59 "Can Porn Cause Erectile Dysfunction? Pt 1", Dr. Oz Show video, 5:36, 2013년 1월 31일 게시됨, http://www.doctoroz.com/.

60 Dolf Zillmann, "Influence of Unrestrained Access to Erotica on Adolescents' and Young Adults' Dispositions toward Sexuality", Journal of Adolescent Health 27, no. 2 (August 2000), doi:10.1016/s1054-139x(00)00137-3.

61 Jill C. Manning, "The Impact of Pornography on Women: Social Science Findings and Clinical Observations", The Social Costs of Pornography: A Collection of Papers, ed. James R. Stoner Jr. and Donna M. Hughes (Princeton, N.J.: Witherspoon Institute, 2010) 에 게재.

62 American Academy of Matrimonial Lawyers, "Is the Internet Bad for Your Marriage?

Online Affairs, Pornographic Sites Playing Greater Role in Divorces", 2002년 11월 14일 뉴스 보도, PRNewswire, http://www.prnewswire.com/.

63 Manning, "The Impact of Pornography".

64 Jill C. Manning, "A Qualitative Study of the Supports Women Find Most Beneficial When Dealing with a Spouse's Sexually Addictive or Compulsive Behaviors" (박사 논문, Brigham Young University, 2006), http://www.researchgate.net/publication/228916036_A_qualitative_study_of_the_supports_women_find_most_beneficial_when_dealing_with_a_spouse's_sexually_addictive_or_compulsive_behaviors_Insights_for_pastoral_.

65 앞의 책.

66 Jennifer P. Schneider, "Effects of Cybersex Addiction on the Family: Results of a Survey", Sexual Addiction and Compulsivity 7, nos. 1 – 2 (2000), doi:10.1080/10720160008400206.

67 A. Bechara et al., "Romantic Partners' Use of Pornography: Its Significance for Women", Journal of Sex and Marital Therapy 29, no. 1 (2003), doi:10.1080/713847097.

68 Patrick Carnes, Don't Call It Love: Recovery from Sexual Addiction (New York: Bantam Books, 1991); Schneider, "Effects of Cybersex Addiction"; M. Lynn Wildmon-White and J. Scott Young, "Family-of-Origin Characteristics among Women Married to Sexually Addicted Men", Sexual Addiction and Compulsivity 9, no. 4 (2002), doi:10.1080/10720160216042.

69 Jason S. Carroll et al., "Generation XXX: Pornography Acceptance and Use among Emerging Adults", Journal of Adolescent Research 23, no. 1 (January 2008), doi:10.1177/0743558407306348.

70 Raquel Kennedy Bergen, "The Reality of Wife Rape: Women's Experiences of Sexual Violence in Marriage", Issues in Intimate Violence에 수록, ed. Raquel Kennedy Bergen (Thousand Oaks, Cal.: Sage Publications, 1998).

71 Christina Rogala and Tanja Tydén, "Does Pornography Influence Young Women's Sexual Behavior?", Women's Health Issues 13, no. 1 (2003), doi:10.1016/s1049-3867(02)00174-3.

72 Doidge, The Brain.

73 Artemis Tsitsika et al., "Adolescent Pornographic Internet Site Use: A Multivariate Regression Analysis of the Predictive Factors of Use and Psychosocial Implications", CyberPsychology and Behavior 12, no. 5 (October 2009), doi:10.1089/cpb.2008.0346.

74 Tanja Tydén, Sven-Eric Olsson, and Elisabet Häggström-Nordin, "Improved Use of Contraceptives, Attitudes toward Pornography, and Sexual Harassment among Female University Students", Women's Health Issues 11, no. 2 (2001), doi:10.1016/s1049-3867(00)00096-7; Rogala and Tydén, "Does Pornography Influence"; Tanja Tydén and Christina Rogala, "Sexual Behaviour among Young Men in Sweden and the Impact of Pornography", International Journal of STD and AIDS 15, no. 9 (September 2004), doi:10.1258/0956462041724299; E. Häggström-Nordin et al., "Associations between Pornography Consumption and Sexual Practices among Adolescents in Sweden", International Journal of STD and AIDS 16, no. 2 (February 1, 2005), doi:10.1258/0956462053057512; Thomas Johansson and Nils Hammaré, "Hegemonic Masculinity and Pornography: Young People's Attitudes toward and Relations to

Pornography", Journal of Men's Studies 15, no. 1 (2007), doi:10.3149/jms.1501.57.

75 J. D. Brown and K. L. L'Engle, "X-Rated: Sexual Attitudes and Behaviors Associated with U.S. Early Adolescents' Exposure to Sexually Explicit Media", Communication Research 36, no. 1 (February 2009), doi:10.1177/0093650208326465.

76 Amy Bleakley et al., "It Works Both Ways: The Relationship between Exposure to Sexual Content in the Media and Adolescent Sexual Behavior", Media Psychology 11, no. 4 (2008), doi:10.1080/15213260802491986.

77 Rebecca L. Collins et al., "Watching Sex on Television Predicts Adolescent Initiation of Sexual Behavior", Pediatrics 114, no. 3 (September 2004), doi:10.1542/peds.2003-1065-L.

78 A. Chandra et al., "Does Watching Sex on Television Predict Teen Pregnancy? Findings from a National Longitudinal Survey of Youth", Pediatrics 122, no. 5 (November 2008), doi:10.1542/peds.2007-3066.

79 G. M. Wingood et al., "Exposure to X-Rated Movies and Adolescents' Sexual and Contraceptive-Related Attitudes and Behaviors", Pediatrics 107, no. 5 (May 2001), doi:10.1542/peds.107.5.1116.

80 Tracy Parish, "Burnet Studies Shed Light on Sexual Behaviour of Teenagers", Burnet Institute, October 9, 2014, https://www.burnet.edu.au/.

81 Pamela Paul, "From Pornography to Porno to Porn: How Porn Became the Norm", The Social Costs of Pornography: A Collection of Papers에 수록, ed. James R. Stoner Jr. and Donna M. Hughes (Princeton, N.J.: Witherspoon Institute, 2010).

82 Gary Brooks, 앞의 책.

83 Maggie Hamilton, "Groomed to Consume Porn: How Sexualized Marketing Targets Children", Big Porn Inc: Exposing the Harms of the Global Pornography Industry에 수록, ed. Melinda Tankard Reist and Abigail Bray (North Melbourne, Victoria: Spinifex Press, 2011).

부록 3

1 1 Todd Love et al., "Neuroscience of Internet Pornography Addiction: A Review and Update", Behavioral Sciences 5, no. 3 (September 2015): 388 – 433,doi:10.3390/bs5030388.

2 Bonnie Phillips, Raju Hajela, and Donald L. Hilton Jr., "Sex Addiction as a Disease: Evidence for Assessment, Diagnosis, and Response to Critics", The Journal of Treatment & Prevention 22, no. 2 (July 9, 2015): 167 – 92, doi:10.1080/10720162.2015.1036 184.

3 Shane W. Kraus, Valerie Voon, and Marc N. Potenza, "Neurobiology of Compulsive Sexual Behavior: Emerging Science", Neuropsychopharmacology 41(January 2016): 385 – 86, doi:10.1038/npp.2015.300.

4 Shane W. Kraus, Valerie Voon, and Marc N. Potenza, "Should Compulsive Sexual Behavior Be Considered an Addiction?" Addiction 111, no. 12(February 29, 2016): 2097 – 106, doi:10.1111/add.13297.

5 S. Kuhn and J. Gallinat, "Neurobiological Basis of Hypersexuality", International Review of Neurobiology 129 (2016): 67 – 83, doi:10.1016/bs.irn.2016.04.002.

6   Mark Griffiths, "Compulsive Sexual Behaviour as a Behavioural Addiction: The Impact of the Internet and Other Issues", Addiction 111, no. 12 (December 2016): 2107‐8, doi:10.1111/add.13315.

7   Matthias Brand and Christian Laier, "Cybersex Addiction", Suchttherapie 16, no. 4 (2015): 173‐78, doi:10.1055/s‐0035‐1559724.

8   Shane W. Kraus et al., "Searching for Clarity in Muddy Water: Future Considerations for Classifying Compulsive Sexual Behavior as an Addiction", Addiction 111, no. 12 (December 2016): 2113‐14, doi:10.1111/add.13499.

9   Gary Wilson et al., "Is Internet Pornography Causing Sexual Dysfunctions? A Review with Clinical Reports", Behavioral Sciences 6, no. 3 (2016): 17, doi:10.3390/bs6030017.

10   Matthias Brand et al., "Integrating Psychological and Neurobiological Considerations regarding the Development and Maintenance of Specific Internet‐Use Disorders: An Interaction of Person‐Affect‐Cognition‐Execution Model", Neuroscience & Biobehavioral Reviews 71 (December 2016): 252‐66, doi:10.1016/j.neubiorev.2016.08.033.

11   Simone Kühn and Jürgen Gallinat, "Brain Structure and Functional Connectivity Associated with Pornography Consumption: The Brain on Porn", JAMA Psychiatry 71, no. 7 (July 2014): 827‐34, doi:10.1001/jamapsychiatry.2014.93.

12   Valerie Voon et al., "Neural Correlates of Sexual Cue Reactivity in Individuals with and without Compulsive Sexual Behaviours", PLoS ONE 9, no. 7(July 11, 2014): e102419, doi:10.1371/journal.pone.0102419.

13   Daisy J. Mechelmans et al., "Enhanced Attentional Bias towards Sexually Explicit Cues in Individuals with and without Compulsive Sexual Behaviours", PLoS One 9, no. 8 (August 25, 2014): e105476, doi:10.1371/journal.pone.0105476.

14   Paula Banca et al., "Novelty, Conditioning and Attentional Bias to Sexual Rewards", Journal of Psychiatric Research 72 (January 2016), doi:10.1016/j.jpsychires.2015.10.017.

15   Ji‐Woo Seok and Jin‐Hun Sohn, "Neural Substrates of Sexual Desire in Individuals with Problematic Hypersexual Behavior", Frontiers in Behavioral Neuroscience (November 30, 2015), doi:10.3389/fnbeh.2015.00321.

16   Vaughn R. Steele et al., "Sexual Desire, Not Hypersexuality, Is Related to Neurophysiological Responses Elicited by Sexual Images", Socioaffective Neuroscience and Psychology 3 (July 16, 2013), doi:10.3402/snp.v3i0.20770.

17   Nicole Prause et al., "Modulation of Late Positive Potentials by Sexual Images in Problem Users and Controls Inconsistent with 'Porn Addiction' ", Biological Psychology 109 (2015), doi:10.1016/j.biopsycho.2015.06.005.

18   Andreas Chatzittofis et al., "HPA Axis Dysregulation in Men with Hypersexual Disorder", Psychoneuroendicrinology 63 (January 2016): 247‐53, doi:10.1016/j.psyneuen.2015.10.002.

19   Casper Schmidt et al., "Can Pornography Be Addictive? An fMRI Study of Men Seeking Treatment for Problematic Pornography Use", Human Brain Mapping (October 2016), doi:10.1002/hbm.23447.

20   Mateusz Gola et al., "Can Pornography Be Addictive? An fMRI Study of Men Seeking Treatment for Problematic Pornography Use", BioRxiv Beta (2016), doi:10.1101/057083.

21 Matthias Brand et al., "Ventral Striatum Activity When Watching Preferred Pornographic Pictures Is Correlated with Symptoms of Internet Pornography Addiction", NeuroImage (January 20, 2016), doi:10.1016/j.neuroimage.2016.01.033.

22 Tim Klucken et al., "Altered Appetitive Conditioning and Neural Connectivity in Subjects with Compulsive Sexual Behavior", Journal of Sexual Medicine 13, no. 4 (February 27, 2016): 627 – 36, doi:10.1016/j.jsxm.2016.01.013.

23 Paul Banca, Neil A. Harrison, and Valerie Voon, "Compulsivity across the Pathological Misuse of Drug and Non-drug Rewards," Frontiers in Behavioral Neuroscience (August 3, 2016), doi:10.3389/fnbeh.2016.00154.

24 Michael H. Miner et al., "Preliminary Investigation of the Impulsive and Neuroanatomical Characteristics of Compulsive Sexual Behavior", Psychiatry Research 174, no. 2 (November 30, 2009): 146 – 51, doi:10.1016/j.pscychresns.2009.04.008.

25 Matthias Brand et al., "Watching Pornographic Pictures on the Internet: Role of Sexual Arousal Ratings and Psychological-Psychiatric Symptoms for Using Internet Sex Sites Excessively", Cyberpsychology, Behavior, and Social Networking 14, no. 6 (June 23, 2011): 371 – 77, doi:10.1089/cyber.2010.0222.

26 Christian Laier, Frank P. Schulte, and Matthias Brand, "Pornographic Picture Processing Interferes with Working Memory Performance", Journal of Sex Research 50, no. 7 (2013): 642 – 52, doi:10.1080/00224499.2012.716873.

27 Christian Laier, Mirko Pawlikowski, and Matthias Brand, "Sexual Picture Processing Interferes with Decision-Making under Ambiguity", Archives of Sexual Behavior 43, no. 3 (April 2014): 473 – 82, doi:10.1007/s10508-013-0119-8.

28 Christian Laier et al., "Cybersex Addiction: Experienced Sexual Arousal When Watching Pornography and Not Real-Life Sexual Contacts Makes the Difference", Journal of Behavioral Addictions 2, no. 2 (June 2013): 100 – 107, doi:10.1556/JBA.2.2013.002.

29 Christian Laier, Jaro Pekal, and Matthias Brand, "Cybersex Addiction in Heterosexual Female Users of Internet Pornography Can Be Explained by Gratification Hypothesis", Cyberpsychology, Behavior, and Social Networking 17, no. 8 (August 2014): 505 – 11, doi:10.1089/cyber.2013.0396.

30 Christian Laier and Matthias Brand, "Empirical Evidence and Theoretical Considerations on Factors Contributing to Cybersex Addiction from a Cognitive Behavioral View", Sexual Addiction and Compulsivity 21, no. 4 (2014), doi: 10.1080/10720162.2014.970722.

31 Matthias Brand, Kimberly S. Young, and Christian Laier, "Prefrontal Control and Internet Addiction: A Theoretical Model and Review of Neuropsychological and Neuroimaging Findings", Frontiers in Human Neuroscience 8 (2014): 375, doi:10.3389/fnhum.2014.00375.

32 Jan Snagowski et al., "Implicit Associations in Cybersex Addiction: Adaption of an Implicit Association Test with Pornographic Pictures", Addictive Behaviors 49 (October 2015): 7 – 12, doi:10.1016/j.addbeh.2015.05.009.

33 Jan Snagowski and Matthias Brand, "Symptoms of Cybersex Addiction Can Be Linked to Both Approaching and Avoiding Pornographic Stimuli: Results from an Analog Sample of Regular Cybersex Users", Frontiers in Psychology 6 (May 22, 2015): 653, doi:10.3389/fpsyg.2015.00653.

34 Jan Snagowski, Christian Laier, and Matthias Brand, "Getting Stuck with Pornography?

Overuse or Neglect of Cybersex Cues in a Multitasking Situation Is Related to Symptoms of Cybersex Addiction", Journal of Behavioral Addictions 4, no. 1 (March 2015): 14 – 21, doi:10.1556/JBA.4.2015.1.5.

35 Sesen Nagash et al., "Trading Later Rewards for Current Pleasure: Pornography Consumption and Delay Discounting", Journal of Sex Research(August 25, 2015): 1 – 12, doi:10.1080/00224499.2015.1025123.

36 Christian Laier, Jaro Pekal, and Matthias Brand, "Sexual Excitability and Dysfunctional Coping Determine Cybersex Addiction in Homosexual Males", Cyberpsychology, Behavior and Social Networking 18, no. 10 (October 2015): 575 – 80, doi:10.1089/cyber.2015.0152.

37 Jan Snagowski et al., "Subjective Craving for Pornography and Associative Learning Predict Tendencies Towards Cybersex Addiction in a Sample of Regular Cybersex Users", Sexual Addiction & Compulsivity 23, no. 4 (July 2016): 342 – 60, doi:10.1080/10720162.2016.1151390.

38 I. P. Albery, "Exploring the Relationship between Sexual Compulsivity and Attentional Bias to Sex-Related Words in a Cohort of Sexually Active Individuals", European Addiction Research 9, no. 8 (August 25, 2014): e105476,doi:10.1371/journal.pone.0105476.

39 Christian Laier and Matthias Brand, "Mood Changes after Watching Pornography on the Internet Are Linked to Symptoms of Internet-Pornography-Viewing Disorder", Addictive Behaviors Reports 5(June 2017): 9 – 13, doi:10.1016/j.abrep.2016.11.003.

40 Bruna Messina et al., "Executive Functioning of Sexually Compulsive and Non-Sexually Compulsive Men before and after Watching an Erotic Video", Journal of Sexual Medicine 14, no. 1 (January 20, 2017), doi:10.1016/j.jsxm.2016.12.235.